大 学 用 书

中国哲学史史料学

朱谦之 著

中 华 书 局

图书在版编目(CIP)数据

中国哲学史史料学/朱谦之著. －北京:中华书局,
2012.11
(大学用书)
ISBN 978 - 7 - 101 - 08839 - 7

Ⅰ.中… Ⅱ.朱… Ⅲ.哲学史－史料学－中国－高
等学校－教材 Ⅳ.B2

中国版本图书馆 CIP 数据核字(2012)第 185554 号

书 名 中国哲学史史料学
著 者 朱谦之
丛 书 名 大学用书
责任编辑 孟庆媛
出版发行 中华书局
(北京市丰台区太平桥西里 38 号 100073)
http://www.zhbc.com.cn
E-mail:zhbc@ zhbc.com.cn
印 刷 北京瑞古冠中印刷厂
版 次 2012 年 11 月北京第 1 版
2012 年 11 月北京第 1 次印刷
规 格 开本/850×1168 毫米 1/32
印张 11¼ 插页 2 字数 257 千字
印 数 1－5000 册
国际书号 ISBN 978 - 7 - 101 - 08839 - 7
定 价 28.00 元

出版说明

朱谦之（1899—1972），字情牵，福建省福州市人，中国现当代著名哲学家、哲学史家、历史学家，研究领域包括中国哲学史、历史哲学、比较文化研究等，被誉为"百科全书式的学者"。

《中国哲学史史料学》一书，是作者上个世纪五十年代在北京大学哲学系任教时，为进修教师及北大、中国科学院的研究生开设"中国哲学史史料学"一课的讲稿。全书共有十讲，按时代先后讲了若干专题，在今天看来仍有一定参考价值。受当时政治环境影响，书中留有一些那个时代的印记，读者自能鉴别。

讲稿最初以油印本形式问世，2002年经整理后收入福建教育出版社出版的《朱谦之文集》第四卷。我们此次出版《中国哲学史史料学》，即以《朱谦之文集》本为底本，同时参考其他资料，尽可能核实引文，订正了原来的一些整理和排印错误。而《文集》本中的编辑脚注则一律保留，不作删改。限于我们的水平，书中肯定还有错误，欢迎读者批评指正。

本书的出版得到黄夏年先生的大力支持，特此致谢。

中华书局编辑部

2012 年 7 月

目　录

第一讲　史料学 / 1

什么是史料学? / 1

什么是哲学史史料学? / 4

什么是中国哲学史史料学? / 7

第二讲　殷商哲学史料 / 27

中国哲学史起源考 / 27

殷商史料试探 / 31

甲骨文字中的哲学史料 / 40

第三讲　中国人的智慧——《易经》 / 49

《易经》在中国哲学史上的位置 / 49

《易经》的作者及年代问题 / 52

《易》学的流派 / 64

第四讲　《老子》史料学 / 76

一、《老子》及其成书的年代 / 76

二、《老子》的版本问题 / 88

三、《老子》音释 / 93

四、结　语 / 95

第五讲　《庄子》书之考证 / 97

一、版本与篇目 / 101

二、内外篇之关系 / 108

三、各篇著作时代 / 111

四、庄子三派 / 117

第六讲　桓谭与王充的著作考 / 127

桓谭的著作 / 127

王充的著作 / 136

第七讲　《列子》书与魏晋清谈家之关系 / 162

《列子》伪书考证 / 165

魏晋思想与杨朱的关系 / 171

魏晋思想家的类型 / 186

第八讲　《弘明集》之研究 / 192

《弘明集》之撰集及其背景 / 192

《弘明集》中所见三教思想斗争之一般内容 / 210

《弘明集》与《广弘明集》中三教斗争史料 / 218

第九讲　四朝"学案"批判 / 223

《宋元学案》批判 / 225

《明儒学案》批判 / 244

《学案小识》批判 / 261

第十讲　近代思想史料选题 / 267

鸦片战争时期的思想史料 / 270

太平天国思想史料 / 273

戊戌维新思想史料 / 284

辛亥革命思想史料 / 304

附　录　古典哲学著作要目 / 314

Ⅰ．古代哲学 / 314

Ⅱ. 中古哲学 ／ 324

Ⅲ. 近古哲学 ／ 334

Ⅳ. 近代思想 ／ 346

第一讲

史料学

科学研究必须把握材料，愈能全面把握有关研究部门的所有材料，研究便愈成功。马克思写《资本论》时，曾经利用了在英国博物馆中所累积的关于政治经济学之庞大的材料，所以完全成功，并且把他成功的途径，作出如下结论：

> 叙述的方法，当然须在形式上与研究的方法分别。研究必须搜集丰富的材料，分析材料的种种发展形态，并探究这种种形态的内部关系，不先完成这种工作，则对于现实的运动，必不能适当的叙述。(《资本论》第一卷序言，读书出版社)

什么是史料学？

这搜集材料和分析材料的工作，就是所谓研究的方法，而历史研究的方法，则就是所谓"史料学"。换言之，即搜集和分析从事历史研究时之所依据的各种各式材料。马克思列宁主义的史料学，正如《苏联大百科全书》给"史料学"所下的定义：

> 史料学阐明史料的研究和利用方法，是历史辅助科目之一。真正科学的历史，建筑在马克思列宁主义历史研究方法论一般原则的基础上。史料学的任务，是把史料分类，予以批判的分析，确定其来源、阶级性质和用途，以及可靠程度

与实际价值，最后就史料的多样性，它们的相互关系和相互依存性综合研究整个的史料。马克思列宁主义的史料学，把历史资料看成是一定社会环境的产物。（捷列普宁：《史料学》，人民出版社）

马克思列宁主义史料学与资产阶级史料学的不同，首先就由于它一方面认为"史料学是历史辅助科目中的一个最广泛的科目"；一方面认为"由史料学创立的研究资料的一般方法，又是一切历史辅助科目的基础"。但尽管如此重要，史料学还只是史料学，不就等于是历史学。过去在胡适派主持之下《中央研究院历史语言研究所集刊》第一本第一分册，发表《历史语言研究所工作之旨趣》，其开宗明义，即宣传如下之荒谬见解：

> 历史学不是著史，著史每多多少少带点古世中世的意味，且每取伦理家的手段，作文章家的本事。近代的历史学只是史料学。

把史料学认为即是史学，这是资产阶级史家对于历史学的有意歪曲。胡适的得意弟子傅斯年曾给历史下一定义道：

> 历史本是一个破罐子，缺边、掉底、折把、残嘴，果真由我们一整齐了，便有我们主观的分数加进了。（《古史辨》第二册）

这就是说历史本来即是残缺不全的东西，所以只有史料学，没有历史学，而史料学即是历史学。就这样，在形式上有意混淆了研究的方法和叙述的方法。但是研究的方法和叙述的方法，毕竟是不同的，因此他们又另出一种说法。即将叙述的方法，作为艺术看，因而取消了历史学之科学的性质。胡适曾经说过，史学

有两方面，一方面是科学的，重在历史的搜集与整理；一方面是
艺术的，重在史料的叙述与解释(《古史辨》第二册介绍陈衡哲著
《西洋史》下册)。在这里前者是史料学，后者是历史文学。这里
虽提及历史解释，但与科学的解释无关，是可以任意涂抹的一种
艺术。因此胡适所谓历史科学，实际上只是史料学。资产阶级的
御用学者所以必须坚持历史学是史料学，其目的即在反对历史理
论，主要的是反对历史唯物主义，反对历史唯物主义所说社会发
展规律。所以傅斯年竟大胆主张：

> 历史这种东西，不是抽象，不是空谈，古来思想家无一
> 定目的，任凭他的理想成为一种思想的历史——历史哲学。
> 历史哲学可以当作很有趣的作品看待，因为没有事实作根
> 据，所以与史学是不同的。历史的对象是史料，离开史料也
> 许成为很好的哲学和文学，究其实与历史无关。(《考古学的
> 新方法》，见《史学》第一期)

历史的对象是史料，这是对的，但是"历史资料是一定社会
环境的产物"这一个社会发展规律，他们就完全忽略了。他们之
所以不注意史料学与历史理论的关系，所以一笔抹煞历史哲学
(包括历史唯物主义)，其意思是很明显的，即因科学的历史哲学
是能利用社会历史发展的客观规律来供实际的应用，这就是革
命。至于史料学，是阐明史料的研究和利用方法，是历史辅助学
科之一，资产阶级史家可以唯心主义的精神解释史料，乃至直接
捏造史料，所以宣传史料学即是史学，即是要人们蒙着眼睛，只
跟着他们所捏造的证据走，美其名曰"用严格的考据方法来评判
史料"(《胡适论学近著》卷五)，表面上是超阶级的客观主义，
实际上是把史料选择建立在反动阶级的立场观点上。史料不是从

其发展上来研究，而是从其形式上面来看待，既然脱离开社会经济关系与阶级斗争来整理史料，结果便只有走上直接捏造伪史料和隐瞒史料的一途了。

什么是哲学史史料学?

由上明了了史料学的性质，然后可以更进一步研究什么是哲学史的史料学。日丹诺夫在"西欧哲学史"讨论会上的发言中指出，我们对于哲学史教科书有权要求它遵守一些起码的条件，其中之一，就是"第四，引用的实际材料应当是经过审查，完全可靠的和适当的"(《苏联哲学问题》页3，新华书店版)。这就是哲学史史料学这一门学问。哲学史不是作为各种各样的意见的罗列，如果"只是一种某些事实的列举，并且这些事实不是互相联系，而是比肩排列着"，这"当然不能叫做分析"，因此哲学史史料学的研究方法，基本上和一般史料学，可以说没有什么不同，但一说到史料的来源，就不能不有所分歧了。黑格尔在《哲学史讲演录》第一卷里，注意到这点，并指出：

> 哲学史的来源和政治史不同。在政治史里，史料的来源是历史家，这些史料又以各个人的言论事迹为其来源——不从原始史料研究的历史家当然是从第二手史料中去汲取的。……在哲学史中史料来源并不是历史家，而是我们面前的那些史迹，这就是哲学著作本身。这些著作本身就是真实的来源，如果我们要想真诚地研究哲学史，就应该去接触这些史料。(页109—110，三联书店版)

在这里说哲学史史料就是哲学著作本身，这当然是对的，不过正如黑格尔接着下面所说："有许多哲学家，我们研究他们时绝对需要借重作者本人。不过有许多时候，原始史料已经不复存在，譬如古代希腊哲学便是如此，这时我们就必须借重历史家，借重另一些作家了。"那么哲学史史料的来源，既然和政治史一样也借重历史家，可见二者不是什么严格的区别了。依我意思，科学的哲学史必须注意哲学所产生的社会环境，因此一般史料学的研究方法，在哲学史叙述社会背景时，完全可以适用。不过就哲学史的史料的来源来说，它的重点既然是在哲学著作本身，即文字记录的哲学史料，这便和普通历史的史料来源，兼注重在文字记录以外史料的有些不同。普通历史资料的来源，依我意思，可分为三大类，即是：

（1）遗物（包括古风俗遗迹，生产方式遗迹等）——考古学的史料

（2）传说（包括语言史材料）——民俗学的史料

（3）文字记载（包括图画）——文献学的史料

史料学利用近代自然科学供给我们的一切工具，来整理研究一切历史资料，它的研究方法，不应该只限于研究文字记载的史料，如果那样它便只成其为文献学了。史料学作为一切历史辅助科学的基础，它应该研究历史资料的一般方法，包括考古学的方法，以研究遗物；与民俗学的方法，以研究口碑传说；同时也包括文献学的方法，以研究文字记载。例如我们研究印度佛教对于原始基督教之影响。从文献史料上观察，如现存有巴利文之《弥兰王问经》，与东晋（三一七——四二〇）失译之《那先比丘经》，或一八八九年经 T. W. R. Davids 英译的 "The Questions of King Milinda"（见 *The Sacred Books of the East*. Vol. XXXV）。由此文献可见希腊思想和印度思想之互相接触。次从民俗学史料观察，则如考茨基（Kautsky）所著《基督教之基础》及其所引普

夫来得勒（Pfliderer）的考证，知道照路加所载基督降生的故事，也有佛教的影响。据此传说，指出基督教取自印度佛教的元素。又从考古学史料上观察，最重要的就是纪元前三世纪，以宣扬佛法著名的阿育王（Asoka）的碑铭了，尤其是那碑文第十三中，发见刻有邻邦诸国名、王名等，给我们研究印度佛教西传史以很好的资料。总结起来，由上分析文献、民俗、考古各方面的史料，把它综合一下，便知从前罗马史学家塔西佗（Tacitus）所著《编年史》第十五卷第四十四章所述当时罗马人的见解，他们之逮捕基督教徒"是借口他们犯过痛恨人类之罪"（《万人丛书》英译本）。这痛恨人类的罪名，无疑乎就是原始基督教所受印度佛教影响的最大证据了。举此一例，可见历史资料是多样性的，是互相联系的。所以一般史料的搜集不能只限于有文字记录，而史料学也应该全面地包括史料之各方面。

但就哲学史史料来说便不然了。哲学史史料来源是哲学著作本身。此外如黑格尔在《哲学史讲演录》第一卷所指出："还有一些时代，可以希望有一些人谈过哲学家本人的著作，并且为我们作一些摘要。有很多经院学者曾经留下了十六、二十四以至二十六巨册的著作，在这种场合，就必须借重别人的作品了。有许多哲学著作很少见，非常难得。也有许多哲学家写的书大半是历史性质、文学性质的，我们搜集材料的时候，就可以限于包含哲学的部分。"但无论如何，均不出于文字记载的范围，即只限于文献学的史料。哲学史叙述可以追溯到古代的神话传说时代，但必须通过文字或古文字史料，因此可以说文字史料是哲学和哲学史起始的条件。有效地利用这些哲学文献史料，全面地批判分析，确定其来源、阶级性质和用途，以及可靠程度与实际价值，这就是所谓哲学史史料学。

什么是中国哲学史史料学?

哲学史史料学以关于哲学文献之史料为内容,但这哲学文献史料的内容,是一切都依条件、地方和时间为转移。就条件上说,如在一定条件和互相联系中,哪些历史性质、文学性质的材料,才能成为哲学史料(例如屈原、司马迁),而脱离这些条件,则不能。就时间上说,如果要适当地利用历史材料来说明某一思想形态的发生和发展,就不能不注意到时间的变化发展给与人们某些思想形态的某种决定的意义和作用,这就是说"每个时代都具有其一定典型资料的特征"。但最重要的,还有地方的问题。固然地理环境的各种条件,在社会发展中,不能成为主要的决定的力量,物质资料的生产方式才是社会发展的这种主要力量,但无疑地,地理条件在社会发展中起着一定的作用。地理条件的不同,适用于任何国家的普遍法则也将有特殊的不同的表现形式。例如哲学史无论东方和西方都一样是唯物主义与唯心主义斗争的历史,但因地理条件的不同,而中国哲学史的表现形式,即与西欧哲学史、印度哲学史的表现形式有所不同。即因这个缘故,我们研究中国哲学史史料,一方面固然十分注意到哲学史史料学的普遍法则,一方面也应该注意到在适用哲学史史料学的普遍法则时,中国哲学史史料学也将有其不同的表现形式。

哲学史史料学的先决问题,是哲学著作问题,也就是有文字记录的文献史料问题。而文字记录各国所用的文字情况不同,因之所用以处理文字史料的学问,也将具有其特殊性的不同的面貌。中国自有文字以来,即保存极丰富的有文字记录的哲学史料,以四部书而论,经、史、子、集,不但经部、子部是哲学史的主要史料,即史部、集部,也都部分包含哲学史的主要史料。

如史部中《史记》之《孔子世家》、《仲尼弟子列传》、《孟子荀卿列传》、《老子韩非列传》、《商君列传》，《汉书》之《董仲舒传》、《刘歆传》，《晋书》之阮籍、王衍、殷浩诸传，《宋史》之周敦颐、程颢、程颐、张载、邵雍、朱熹、陆九渊诸传，这虽出于历史家把哲学家事迹写进历史的本意，却也保存了许多原始史料。至于集部，文集本为一人之史，而宋元以来哲学家的专集，如《周濂溪集》、《陆象山集》、《白沙子全集》、《王龙溪全集》之类，固然是哲学著作，即如宋元以前如《贾长沙集》、《嵇中散集》、《阮嗣宗集》、《陶渊明集》，宋代如《范文正公集》、《伊川击壤集》、《王临川集》等等，也何尝不是哲学著作。以这样丰富无比的哲学史料为根据，使我们不但有可能从原始史料去研究哲学史，而且有可能很早就给研究这哲学史料的一门学问，即中国哲学史史料学，创立了基础条件。[1]

中国哲学史料的研究来源很久，唐代如《五经正义》论卦辞爻辞谁作，世有《管子》书，或是后人所录。《隋书·经籍志》论《归藏》不似圣人之言，古文《孝经》疑非古本。颜师古论《中庸》本非《礼经》，《孔子家语》非今所有《家语》，刘知几《史通》之《疑古》、《惑经》、《申左》，柳宗元之辨《列子》、《文子》、《鬼谷子》、《晏子春秋》（见《唐人辨伪集》语，《古籍考辨丛刊》第一集），这已经开始疑古辨伪的空气。到了两宋更极其盛，欧阳修之辨《易·系辞》，王安石之疑《春秋》，王柏之《诗疑》，

郑樵之《诗辨妄》，叶适之不信《管子》、《晏子》，尤其是朱熹辨伪书的方法，散见于《文集》和语录里，皆以哲学史料为对象。且此以后可称为哲学史史料学的有关著作，举其重要者如下列：

宋高似孙：《子略》

明宋濂：《诸子辨》

明胡应麟：《四部正讹》

清阎若璩：《古文尚书疏证》

清姚际恒：《古今伪书考》

清崔述：《考信录》

清康有为：《新学伪经考》

近人梁启超也有《古书真伪及其时代》之著作（《饮冰室专集》，中华书局）。他们有的从著者所生长的时代上去考订，有的从文字上去考订，有的从格式上去考订，有的从思想上去考订。考订的结果，发现书籍文字有全伪的，部分伪的，或全部伪部分伪未决定的，或撰人名氏及时代错误的。这辨伪书的考订工夫，他们把这学问叫"辨伪学"。当然辨伪学还不是中国哲学史史料学，而只是给中国哲学史史料学开辟一条道路。辨伪学之所以不能成为哲学史史料学，一则因为它的范围较广，在哲学史史料之外，更涉及一般史料；一则因为它的范围又较狭，因辨伪学只是史料的考订工夫，而此外如校勘学、目录学、训诂学、辑佚学之各种学问，尚不能全面包括在里面。近三百余年中国学者，在史料考订学即辨伪学之外，更做了许多准备工作，例如对于哲学史料之校勘、目录、训诂、辑佚的工作，贡献实在很多了。如以校勘学为例，即就校勘先秦诸子书的笔记来说，著名的有如下列：

卢文弨：《群书拾补》

王念孙：《读书杂志》（其中《读〈淮南子〉后序》最有条理）

洪颐煊：《读书丛录》

俞樾：《诸子平议》

孙诒让：《札迻》

陶鸿庆：《读诸子札记》

刘师培：《诸子校补》

刘文典：《三余札记》

史料考订学系在考订书籍的文字真伪，校勘学则在校正书籍的文字错误。他们有的是拿著作的原稿本，或最老的钞本，用他来和其他刻本对照，改正错误；有的即根据几种不同的本子来互相比较；有的根据本书发现著书人的原来所用文法、所定体例，或其自相矛盾之处，以明错误的由来；有的是根据其他资料或他书所引，校正原著之遗漏或错误。这各种校勘法，当然也适用于研究哲学著作。

次就目录学说，这是将文字史料分类的一门学问，例如《汉书·艺文志》、《隋书·经籍志》，就是在各种不同的所搜集的著作中，寻出他们彼此相同的源流派别，并且按着这些事实来分门别类。因此目录学是在材料收集具备之后，成为标明材料来源、从事卡片的登记工作之学，而且简明地说明诸家学术源流及其演变之学。关于这一方面的近三百年成绩，著名的有如下列：

《四库全书总目提要》（乾隆四十七年敕撰，殿本大字本、扬州小字本、广州小字本、《万有文库》本、大东书局本）

朱彝尊：《经义考》（浙局本、扬州马氏刻本、《四部备要》本）

缪荃孙为张之洞撰：《书目答问》（原刻本、石印本）[1]

但文字史料在搜集版本、考定源流之外，更须用客观的证据，去解释书中文字的意义，这就是所谓训诂学。训诂学所须应用的辅助科目很多。第一是古文字学，如文字的意义多随着时代的变化而变化，所以考究训诂的人，欲通典籍所用的古语，必须以今语来解说。所谓训诂，训就是顺，顺其语气来解释；诂就是古言，即以今语解古语。而欲以今语解古语，就必须通古文字学。第二是音韵学，因为古文字的意义，与古音关系很大。上古时代未造字形，先有字音。又各地方的方音也各不同，所以一个地方的文字，每每有一个地方的特殊的意义，因此考究训诂的人，又必须通古音韵学。第三是文法学，因为文字的意义，多随着著书人的习惯嗜好而变，一个著者所使用的文字，往往有一个著者的特殊的文法和字义，因此考究训诂的人，必须通文法学。关于训诂这一门学问，近代学者贡献也很多，尤以下列数书为最著名，如：

王引之：《经传释词》（家刻本、守山阁本、《万有文库》本）[1]

阮元：《经籍籑诂》（扬州原刻本、淮南书局补刊本、通行石印本、世界书局缩印精装本）

俞樾：《古书疑义举例》（《春在堂丛书》本、《续经解》本）

关于文字学一类工具书，著名的如：

戴震：《方言疏证》（《戴氏遗书》本）

王念孙：《广雅疏证》（家刻本、《清经解》本）

段玉裁：《说文解字段氏注》（原刻本、苏州重刻本、学海堂本）

---

[1] 作者在油印稿此部分，在"《经传释词》"上写有："又《述闻》十五卷。"在旁写有："为训诂经义兼及校勘之作。引之《述闻》乃传其父念孙之说。"在此段与下一段之间加入："吴昌莹：《经词衍释》，一九五五年中华书局刊本。"——编辑者

朱骏声：《说文通训定声》（道光戊申刻本、扫叶山房石印本、世界书局缩印本）

关于古音韵学，著名的如：

顾炎武：《音学五书》（朱氏校经山房《亭林先生遗书》本）

江永：《古韵标准》（渭南严氏刻本、书带草堂校刊本、《贷园丛书》本、粤雅堂本、守山阁本）

姚文田：《古音谐》（咫进斋本）

王念孙：《古韵谱》（渭南严氏校刊本）

江有诰：《音学十书》（北京直隶书局影印王静安先生校本）

关于文法学，著名的如：

马建忠：《马氏文通》（商务印书馆本）〔1〕

训诂学系在了解文字史料的真正意义，但也有许多古代著作（尤其是哲学著作）已经不复存在，须在类书或其他资料中旁搜博引、钞辑成编的（类书如《北堂书钞》、《艺文类聚》、《初学记》、《太平御览》，其他资料如李善《文选注》、马总《意林》、魏征《群书治要》之类），这就是所谓"辑佚学"一门学问。例如清乾隆三十八年开《四库》馆，即有人从《永乐大典》中辑得佚书，计经部六十六种，史部四十一种，子部一百零三种，集部一百七十五种，合计四千九百二十六卷。其中所辑如《九章算术》、《孙子算经》等，可算科学史的重要著作。其后以辑佚名家的如〔2〕任大椿（《小学钩沉》）、沈寿祺（《三家诗遗说考》、《尚书大传辑校》）、洪亮吉（《左传诂》），尤以严可均之《慎子》、《商

---

〔1〕 作者在此行上加入："王引之：《经传释词》（家刻本、守山阁本）十卷。"——编辑者

〔2〕 作者在油印稿此处勾入手写字迹："孙星衍（《仓颉考》）"——编辑者

子》、《桓子新论》，章宗源之《尸子》、《燕丹子》，和哲学著作的关系较大。大概此类辑佚书，著名的如：[1]

马国翰：《玉函山房辑佚书》（经部四百四十种，史部八种，子部一百七十八种）

黄奭：《汉学堂丛书》（经解八十六种，纬书五十六种，子史七十四种）

严可均：《全上古三代秦汉三国六朝文》（七百四十六卷，所收文共四千四百九十七家）

此外辑古子佚注的，如孙冯翼辑司马彪《庄子注》、许慎《淮南注》等皆为哲学著作，甚可宝贵。但辑佚工作并不是到此便算止境。如以王安石的研究为例，只根据《王临川集》与罗振玉辑《临川集拾遗》是不够的。王安石思想得力于《易经》、《老子》、《周礼》三书。《易传》已失传，但在北宋是极流行的书，程伊川给谢湜书说"读《易》当先观王弼、胡瑗、王安石三家"。《老子注》二卷是王安石重要著作之一，虽也失传，却可以《道藏》中彭耜《道德真经集注》、赵秉文《赵学士集解》与元刘惟永《道德真经集义》中辑得六七十条，又焦竑《老子翼》中也有二条，其中一条较彭耜所引的多八十字。又《周官新义》，朱彝尊《经义考》云未见，《四库全书》中十六卷乃据《永乐大典》本辑，实非全本。案此书为王安石亲笔写的，当时影响极大，如王兴之的《周礼订义》、王昭禹的《周礼详解》、林之奇的《周礼讲义》，又王志长《周礼注疏删翼》，及钦定《周官义疏》所引，均可据以重辑。辑佚学如此，其他如校勘、考订、训诂、

〔1〕　作者在油印稿此处勾入手写字迹："陶方琦（《□□□□□□□□》）、王谟（《汉魏遗书钞》）。"——编辑者

目录，也许很多地方正待我们去开辟。例如《老子注》中之《河上公章句》，即可根据《道藏》本与宋张太守汇刻四家注本、唐强思齐《道德真经》玄德纂疏本、瞿氏藏宋刊本、世德堂本、经纶堂本、中立四子本、嘉业堂刊《道德真经注疏》本、范应元古本集注影宋本，及《意林》、《群书治要》所引对校，成《河上公章句》定本。因为近三百年来中国史料学的研究和成绩，其中许多都包含着中国哲学史史料学的研究和成绩，而为今后这一门新学问创立了有利的历史先决条件，所以我们更应该在这一方面努力。

总而言之，史料学就是历史学者为寻求正确的历史事实所用以批判地分析各种史料之科学方法，哲学史史料学则主要以批判地分析现有的文字史料，即哲学著作为主。中国哲学史史料学则是以在马克思列宁主义历史研究方法论一般原则的基础上，与中国关于哲学著作之考订、校勘、分类、训诂、辑佚等特殊工作统一起来的学问。由于编纂马克思主义中国哲学史教科书必须有正确的史料做根据，因此中国哲学史史料学这一门学问，便成为十分必要，而且具有重大科学意义和实践意义的了。

在此讲稿之先，朱先生曾作过一次"史料学"的专题讲座，其中有不少资料为此讲所无，故将之录之于后，供学界参考。[1]

〔附录〕

（一）史料学的新意义

史料学是历史的辅助科学。——"确定事实，积累实际材料，对于

---

〔1〕 作者在此段旁写有："1. 唐宋间群书。2. 汉人□史书及经注，如史、汉注，如□□□□□。3. □□裴松之《三国志注》。"——编辑者

历史科学有非常巨大的意义"。"历史的辅助科目——史料学以及古文献
学、古文字学、年代学、钱币学等就是探讨历史资料的研究方法和研究
方式的"。(《苏联百科全书·历史》项)——史料学确定事实、积累实
际材料、同时也是思想斗争的场所。——资产阶级捏造大量的历史材料
来论证和辩护自己的反动思想体系。——恩格斯批评资产阶级把历史变
成商品。——资产阶级所谓"客观"。——以被称为东方史学界权威的
伯希和为例。——《交广印度两道考》。——《澳门之起源》。——符合
资产阶级利益而进行的所谓"科学概括"。——实际找材料的可靠性是
对每一历史研究工作提出的必要要求之一,因此史料学成为历史学的必
要的辅助科学——苏联在大学及师范学院教授史料学作为必修科。——
拉法格谈马克思怎样注重材料的准确性和原始材料。——《资本论》写
作时曾经利用英国博物院所累积关于政治经济学之大量材料,所以成
功,并把他成功的途径作如下结论:"叙述的方法,当然须在形式上与
研究的方法分别。研究必须搜集丰富的材料,分析材料的种种发展形
态,并探究这种种形态的内部关系,不先完成这种工作,则对于现实的
运动,必不能适当的叙述。"(《资本论》第一卷序言)——历史研究的
方法即史料学,即搜集和分析从事历史研究时所依据的各种材料。——
《苏联大百科全书》给"史料学"所下定义:"史料学阐明史料的研究
和利用方法,是历史辅助科目之一。真正科学的历史,建筑在马克思列
宁主义历史研究方法论一般原则的基础上。史料学的任务,是把史料分
类,予以批判的分析,确定其来源、阶级性和用途,以及可靠程度与实
际价值,最后就史料的多样性,它们的相互关系和相互依存性综合研究
整个的史料。马克思列宁主义的史料学,把历史资料看成是一定社会环
境的产物。"——史料学,一面是"历史辅助科目中的一个最广泛的科
目",一面"由史料学创立的研究资料的一般方法,又是历史辅助科学
的基础"。——史料学不等于是历史学。——胡适派宣传"近代的历史
学只是史料学"(《历史语言研究所工作之旨趣》)。——傅斯年的历史

定义"历史本是一个破罐子，缺边、掉底、折把、残嘴，果真由我们一整齐了，便有我们主观的分数加进了。"——在形式上混淆研究的方法和叙述的方法，又将叙述方法只作为艺术看，因此取消了历史学之科学的性质。——胡适认为史学有两方面，一方面是科学的，重在历史的搜集与整理，一方面是艺术的，重在史料的叙述与解释，前者是史料学，后者是历史文学，虽提及历史解释，但是可以任意涂抹的一种艺术。——资产阶级学者所以坚持历史学是史料学，其目的即在反对历史理论，主要是反对历史唯物主义。——傅斯年认为"历史的对象是史料，离开史料也许成为很好的哲学和文学，究其实与历史无关"，但是历史资料是一定社会环境的产物这一个社会发展规律，他们就完全忽略了。——资产阶级要人们蒙着眼睛，只跟着他们所捏造的证据走，美其名曰"用严格的考据方法来评判史料"，表面上是超阶级的客观主义，实际上是把史料选择建立在反动阶级的立场观点上。——史料学的新意义是在新的立场观点上，揭穿资产阶级捏造的史料和隐瞒史料，把严格经过取舍抉择的原始史料辅助历史学之科学研究。

（二）史学在历史科学中的位置

史料学的重要性，中国过去的进步史家很早就注意到，不过他们在历史学中更着重历史理论。——唐刘知几《史通》主张史家须具有史才、史识和史学，史才是历史叙述之文学方面，史学是历史考订之科学方面，史识是历史解释之哲学方面。——刘知几的历史理论偏于教训主义，以为"史之为务，申以劝诫，树之风声"，"惩恶劝善，永肃将来"，是为封建社会的历史哲学。——封建社会要借往事以应付现在，故刘知几也注意历史的真实性，抛弃修辞学的倾向。——清章学诚《文史通义》把史学分为"记注"与"撰述"二科，记注是关于史料的整理考订，是史料学，"撰述"是专门著作，注意历史哲学。——"三代以上记注有成法而撰述无定名"，有成法故史料应有搜辑及考证整理的方法，无定名故著史不应为义例所拘，"经为解晦，当求无解之初，史为例拘，当求无例之始"。——史料学的意义在征实，"无征且不信于后也，是故文献未集则搜集资访不易为功"。——章氏所谓"别识心裁"，所谓"史学著述之道，岂不可求义意所归"，即历史哲学。——史学三方面，"主义理者拙于辞章，能文辞者疏于征实。义理存乎识，辞章存乎才，征实存乎学，刘子玄所以有三长难兼之论也"。——章氏以史识即历史哲学为主，故以文比肤，以事比骨，以义比精神，又以文辞比羽翼，志识比身。以文辞比三军、舟车、品物、金石，以志识比将帅、乘者、工师、炉锤。——"史所贵者义也，而所具者事也，所凭者文也，非识无以断其义，非才无以善其文，非学无以练其事也。三者固各有所近也，其中固有似而非者也，记诵以为学也，辞采以为文也，击断以为识也，非良史之才、学、识也"。——章氏受时代限制，当然不知道历史唯物主义，却知道史料之外还有观点的问题，因此正确地认识了史料学在历史学中的位置。——现代史料学的两条路线的斗争，即一面有马克思列宁主义正确的史料观点，一面有帝国主义影响下之旧史料学观点。——新史料学主张材料与观点的统一，主张用历史唯物主义方法整理史料，与旧史料学将史料孤立起来的方法不同，又新史料学以历史为社会主义服务，旧史料学以历史为帝国主义的利益服务。

（三）中国哲学史史料学的任务

哲学史史料学如日丹诺夫在西欧哲学史讨论会上所指出，我们对于哲学史教科书有权要求它遵守一些起码的条件，其中之一就是"引用的实际材料应当是经过审查，完全可靠的和适当的"。——黑格尔《哲学史讲演录》第一卷指出："哲学史的来源和政治史不同。……在哲学史中史料来源并不是历史家，而是我们面前的那些史迹，这就是哲学著作本身。这些著作本身就是真实的来源，如果我们要想真诚地研究哲学史，就应该去接触这些史料。"——"不过有许多时候，原始史料已经不复存在，譬如古代希腊哲学便是如此，这时我们就必须借重历史家，借重另一些作家了"。——科学的哲学史必须注意哲学所由产生的社会环境，因此一般史料学的研究法，哲学史完全可以适用。不过史料的来源既在哲学著作本身，即文字记录的哲学原著，这便和普通史料学兼重记录以外的史料不同。——史料的三大类即（一）遗物（包括古风俗遗迹，生产方法遗迹等）为考古学的史料；（二）传说（包括语言史材料）为民俗学的史料；（三）文字记载（包括图画）为文献学的史料。——史料学作为一切历史辅助科学的基础，它应该研究历史资料的一般方法，包括考古学的方法以研究遗物，民俗学的方法以研究口碑传说，同时也包括文献学的方法以研究文字记载。——以研究印度佛教对于原始基督教之影响为例。——文献史料如巴利文之《弥兰王问经》，东晋失译之《那先比丘经》或英译之 *The Questions of King Milinda*。——民俗史料如考茨基《基督教之基础》中所引路加所载基督降生的故事。——考古史料如纪元前三世纪阿育王碑铭。——综合以上史料便可证明如罗马史家塔西陀（Tacitus）《编年史》所述当时罗马人的见解，他们之逮捕基督徒"是借口他们犯过痛恨人类之罪"，即原始基督教所受印度佛教之影响。——历史资料是多样性的，是互相联系的，所以一般史料的搜集，不能只限于文字记录，而史料学应全面地包括史料之各方面。——但哲学史料的特殊性是限于文献学的史料为多，哲学史叙述可以追溯到古代的神话传说时代，亦必须通过文字或古文字史料，因此可说文字史料是哲学史起始的条件，有效地利用这些哲学文献史料，全面地批判分析，确定其来源、阶级性和用途，以及可靠程度与实际价值，这就是所谓哲学史史料学。——哲学文献史料的内容也是"一切都依条件、地方和时间为转移"。——就条件上说，在一定条件和相互联系中，那些历史性质文学性质的材料，才能成为哲学史料，而脱离这些条件，则不可能。——就时间上说，如果要适当地利用历史材料来说明某一意识形态的发生和发展，就不能不注意到时间的变化发展给与人们某些思想形态的某种决定的意义和作用，这就是"每个时代都具有一定典型资料的特征"。——就地方上说，地理条件的不同，适用于任何国家的普遍法则，也将有特殊的不同的表现形式。——研究中国哲学史史料，一方面要十分注意哲学史史料学的普遍法则，一方面要注意到在使用哲学史史料学的普遍法则时，中国哲学史史料学也将有不同的表现形式。——哲学史史料学的先决问题，是哲学原著问题，也就是文字记录的哲学文献史料问题，而文字记录各国所用的文字情形不同，因之所用以处理文字史料的学问，也将具有特殊的不同的面貌。——中国自有文字以来即保存极丰富的有文字记录的哲学史料，对这史料应该集中力量用马克思主义的方法加以整理，这就是中国哲学史史料学的重要任务。——但要正确地整理中国哲学史的史料，必须注意联系具体的历史条件即时间地点和条件。以时间言，相关科目有年代学。以地点言，有地志学。以条件言，就物的条件有政治经济学（包括社会发展史），就人的条件有人谱学（或传记学）。都是历史辅助科目而与史料学密切相关，每一时代的丰富史料必然联系这些历史的先决条件，因此研究中国哲学史史料学必须具有年代学、地志学、政治经济学、人谱学等普通知识。——年代学把人类社会发展按年代的次序加以排列，只要建筑在马克思主义历史研究法的一般原则的基础之上，便可能帮助我们确定史料的时间顺序，并从而帮助我们从历史事实的年代发展的线索中，了解中国哲学史的发展规律。——恩格斯"每一时代的理论的思维（我们这一时代的理论的思维也是如此）都是一种历史的产物，在不同的时代具有非常不同的形式，并且具有不同的内容"。——地志学提供关于自然状态或文化事实之有地域性的材料，对于专门研究具有地方色彩的学派帮助最多。——政治经济学研究人类社会各个发展阶段上社会的物质资料生产和分配的规律，对于确定在一定的社会条件、阶级条件下产生的哲学史史料的社会经济背景，确定哲学史史料在社会历史中真正作用，帮助最多。——斯大林"历史科学底首要任务是要研究和指示生产规律，生产力与生产关系发展底规律，社会经济发展底规律"，因此作为反映基础的上层建筑，例如哲学史料最重要是与政治经济学的关系，所谓中国哲学史史料学必然地以环绕历史上的五种生产关系而规定其史料的实质。——人谱学或传记学，包括人表年谱之类，对于所研究的哲学家的出身、阶级、生平事迹、他的党派性和性格帮助最多。——由于编纂马克思主义的中国哲学史必须有正确的史料作根据，必须充分搜集史料、整理史料、以至对于史料作者的党派性阶级性作批判的研究，因此中国哲学史史料学这一门学问，便成为十分必要，而且具有重大科学意义和实践意义！

（四）史料学之辅助科学

中国文献的史料学需要各种处理中国文字史料的学问作为它的辅助科学，即由文献的史料学出发而与其他处理中国文字史料的各种科学发生密切关系，这即是所称为目录学（或书志学）、校勘学、考订学、训诂学、辑佚学等各门学问。——目录学是记录文字史料的分类、名称、卷数、著者、年代、版本乃至学术流变，是研究哲学史料的钥匙。考订学是考订书籍本身的真伪或时代，是鉴别正确史料的必要步骤。校勘学校正书籍的文字错误，并涉及版本学的问题。训诂学在用客观的证据，去解释文字史料的真正意义，本身又包含其他辅助科学，如古文字学、音韵学、文法学之类。辑佚学则搜集古代已经失传的著作。以上各种学问，其本身都各自成为独立学科而为史料学的辅助科学之一。——中国文献史料学的一般方法，即是在马克思主义历史研究法的基础上从事中国文献史料之目录、考订、校勘、训诂、辑佚以及作者批判等特殊工作所综合起来的一门学问。

（一）目录学——我国在印本书籍还没出现以前，已经产生了目录学。——版牍与简策。——前汉时代竹帛的书不少，便有编制目录的必要。公元二世纪以后，纸的发明，书籍更易生产，目录学也发达了。——刘向《别录》。——刘歆《七略》。——《汉书·艺文志》就是根据刘歆《七略》做成的。——清金榜说"不通《汉书·艺文志》不可以读天下书，艺文志者，学问之眉目，著述之门户也"。——《八史经籍志》、《汉书·艺文志》、《隋书·经籍志》、《旧唐书·经籍志》、《新唐书·艺文志》、《宋史·艺文志》及《三史艺文志补》、《元史艺文志补》、《明史·艺文志》。——《清史稿·艺文志》。——杨家骆《历代经籍志》。——关于《汉志》的研究著作（王应麟、姚振宗，王先谦、顾实）。——每时代的目录各有其特色，《汉志》代表最古一个历史家目录，其特色是史料分类，重分别家而不重分别人的分类法，反映古代著作的情况。——《诸子略》所分诸子十家，并倡诸子出于王官之说，本身即具哲学史料的价值。——《隋书·经籍志》根据荀勖、李充、谢灵运的四部目录，王俭《七志》、阮孝绪《七录》为总结了隋以前书籍的总目录，并确定了经史子集的四部分类法。——宋代版印书籍发达，私人藏书家也有所作目录，如晁公武《郡斋读书志》（衢州本、袁州本）与陈振孙《直斋书录解题》，其价值在《宋志》之上。——明代黄虞稷所作《千顷堂书目》较官撰《明史》更为精博。——清代编纂《四库全书》是借求书之名，行焚书之实，因而撰成的《四库全书总目提要》也是移易是非，敌视进步人士无所不至。——《四库简明目录》。——《清代禁书总目四种》。——清朱彝尊《经义考》，明智旭辑《阅藏如津》，白云霁《道藏目录详注》均是哲学史料专门目录。——史部集部也部分包含哲学史料，史部有哲学家传记，也保存一些原始史料。文集本为一人之史，而宋元以来哲学家亦多有专集。——目录学不但引导我们有可能从原始史料去研究哲学史，而且有可能给中国哲学史史料学创立了有利的条件。

（二）考订学——是一种辨别伪书的学问，当从桓谭《新论》深嫉谶纬、王充《论衡·正说》篇开始。——唐《五经正义》说卦辞爻辞谁作，世有《管子书》或是后人所作，《隋书·经籍志》论《归藏》、《孝经》，颜师古论《中庸》、《孔子家语》，刘知几《史通》之《疑古》、

《惑经》，柳宗元之辨诸子，可见唐代之疑古辨伪学风。——宋欧阳修辨《易·系辞》、王安石疑《春秋》、王柏《诗疑》、郑樵《诗辨妄》，叶适不信《管子》、《晏子》，尤以朱熹《文集》和《语录》中的辨伪以哲学史料为对象。——辨伪书著作：宋高似孙《子略》、明宋濂《诸子辨》、明胡应麟《四部正讹》、清姚际恒《古今伪书考》、章学诚《校雠通义》、崔述《考信录》、康有为《新学伪经考》、梁启超《古书真伪及其时代》、顾颉刚《古籍考辨丛刊》、张心澂《伪书通考》。——考订学不但说明伪书的种类及作伪的来历，而且指出辨别伪书及考证年代的方法。——核伪书的方法，旧说有种种：或从书中所述史事与作者所生长的时代上考订，或从其他古书所引此书原文与后世编者或注者所引此书文句上考订，或从旧志著录不著录的传授统绪上考订，或从文字内容上考订，或从文学格式上考订，或从思想上考订，或从所援引书上考订。考订的结果，发现书籍有全伪的，部分伪的，有真杂以伪的，有伪杂以真的，有真伪疑的，有伪中伪的，因此考订学又称辨伪学。——辨伪工作一面指出伪书的伪造或剽窃前文的证据，一面还它的真面目，给它以分别的评价。总之考订学是在马克思主义史料学的一般原则上以去伪存真为目的，辨伪去伪和考据事实乃考订学一门学问之两方面。

（三）校勘学——校正书籍的文字错误，这种方法在汉刘氏父子校书的时候便开始了。其所校各书，首先是广备各种副本，其次是比勘文字，后作结论。——广备副本是版本问题，比勘文字是校勘问题，二者均属于校勘学的范围。——校勘学的重要著作：卢文弨《群书拾补》，王念孙《读书杂志》，洪颐煊《读书丛录》，俞樾《诸子平议》，孙诒让《札迻》，陶鸿庆《读诸子札记》，刘师培《诸子校补》，于省吾《双剑誃诸子新证》，刘文典《三余札记》，陈垣《元典章校补释例》。——《读书杂志》中《读淮南子后序》与《元典章校补释例》均很有条理地讲校勘学的方法论。——版本学的重要著作：叶德辉《书林清话》，莫友芝《宋元旧本书经眼录》，杨守敬《留真谱》，江标《宋元本行格表》，顾廷龙《明代版本图录初编》。——近人撰述：陈钟凡《古书读校法》，蒋元卿《校雠学史》，钱基博《版本通义》可供初步研究之用。

（四）训诂学——文字史料在搜集版本考定源流之外，更须用客观的证据，去解释书中文字的意义，这就是训诂学。——训诂学的辅助科学：第一是古文字学，以今语来解说典籍所用的古语。——所谓训诂，训就是顺，顺其语气来解释，诂就是古言，即以今语解古语。——第二是音韵学，古文字的意义与声音关系很大，未造字形，先有字音，又各地方音不同。——第三是文法学，一个著者所用的文字，往往有它特殊的文法和字义。——训诂学的重要著作：王引之《经义述闻》、吴昌莹《经词衍释》、阮元《经籍籑诂》，俞樾《古书疑义举例》。关于文字学的工具书，《尔雅》、《方言》、《说文》、《广雅》乃至近人所撰字书《辞海》之类。——戴震《方言疏证》，王念孙《广雅疏证》，段玉裁《说文解字段氏注》，朱骏声《说文通训定声》。——关于古音韵学的名著：顾炎武《音学五书》，江永《古韵标准》，姚文田《古音谐》，王念孙《古韵谱》，江有诰《音学十书》。关于文法学的名著：王引之《经传释词》，马建忠《马氏文通》。——近人撰述：刘师培、马叙伦等《古书疑义举例补》四种，杨树达《古书之句读》，孙德谦《古书读法略例》可供初步研究之用。

（五）辑佚学——许多古代著作已经不复存在，须在类书或其他资料中旁搜博引，钞辑成书，这就是辑佚工作。——辑佚用的重要撰述：唐马总《意林》（道藏本），魏征等《群书治要》（日本天明刻本），欧阳询辑《艺文类聚》（宋本），虞世南《北堂书钞》（明陈禹谟刻本。清孔氏三十有三万卷堂重刻明影钞宋刻本），徐坚等《初学记》（明刻本），宋李昉等《太平御览》（《四部丛刊》三编影宋本），唐李善《文选注》（《四部丛刊》影宋本）。——辑佚书的重要著作：马国翰辑《玉函山房丛书》，孙冯翼辑《问经堂丛书》，黄奭辑《汉学堂丛书》，严可均辑《全上古三代秦汉三国六朝文》。——清开《四库》馆，有人从

《永乐大典》中辑得佚书计经部六十六种，史部四十一种，子部一百零三种，集部一百七十五种。——辑佚家：孙星衍、任大椿、沈寿祺、陶方琦、王谟，尤以严可均之《慎子》、《商子》、《桓子新论》和哲学著作关系最大。——辑佚工作的前途，以王安石研究为例，如《老子注》、《字说》、《周官新义》均可重辑，可见辑佚工作不是到此便算止境。其他如校勘、考订、训诂、目录也有许多地方正待我们去开辟。

史料学不是目录学、考订学、校勘学、训诂学、辑佚学，乃是以此处理中国文字史料的学问作为辅助科学，试举《老子》一书为例。——《老子》之目录学。——司马光《道德论》有《道藏》本而《皕宋楼藏书志》作者陆心源谓其书已亡，严可均《唐本考异》收入《铁桥金石跋》卷二，而罗振玉未见，谓力求三十年而未得此书，可见搜罗《老子》研究资料，亦须有门径。——焦竑《老子翼》中所引书目，白云霁《道藏目录》及近人所撰《老子考》尚可用。——《老子》之考订学。——王羲之的碑本《老子》是一种伪书。——《老子》本身的真伪问题。——日本帆足万里谓"老子战国好事者，剽窃庄周书作"，钱穆更一味瞎猜，以为《庄子》中的老子乃乌有先生。——老子其人的真凭实据，《庄子》以外，如《韩非子》，《史记·孔子世家》、《老子列传》，《礼记·曾子问》，《吕氏春秋》，乃至叔向（《说苑》卷十引《老子》）、《墨子》（《太平御览·兵部》五十三《墨子》佚文引《老子》）、颜斶（《战国策·齐策》引《老子》）并非孤文单证。——《老子》之校勘学。——《老子》版本我所见共一百零六种，内石本十三种，写本计敦煌本十八种，旧钞本四种，佚本十种，《道藏》本四十一种，诸重要刻本十六种，其他四种[1]。——搜集版本的用处在便于校勘，但重要的还在对校法。以《老子》第二章"有无相生，难易相成，长短相形，高

---

〔1〕 打印稿原为："……所见共一百零六种……写本计敦煌本十六种……"作者亲笔做了更改，为："……所见共一百零八种，写本计敦煌本十八种……"

下相倾"为例，"相形"二字王弼《经典释文》作"相较"。案古无"较"字，本文以"形"与"倾"为韵，较乃后人旁注之字。又他书如《文子》、《淮南子》所引作"形"。——他校法以《老子》第五十七章"法令滋章，盗贼多有"为例，"法令"二字景龙、景福、奈卷、河上均作"法物"，楼正、傅、范及《淮南子·道应训》、《文子·道原》篇、《史记·酷吏列传》、《后汉书·东夷传》引并作"法令"，法物无义，强本成疏"法物犹法令"，知法令义优。又如第六十章"治大国若亨小鲜"，遂州本作"原小腥"，范作"亨小鳞"。但据诸书所引如《淮南子》、《韩非子》、《后汉书》、《三国志》、《北堂书钞》均作"亨小鲜"，可证景龙碑本的正确。——本校法即用《老子》本文校《老子》，如第十八章"少私寡欲"，强思齐本、陈象古本、元磻溪本"私"作"思"，案《庄子·山木》篇引作"私"，河上注"少私"作"正无私也"，与经文第七章"非以其无私邪故能成其私"义合，以老解老，作"私"字是。——理校法即是无可对证或对证不多而凭理性下判断。例如第六十九章"抗兵相加，则哀者胜"，敦煌辛本"加"作"若"，毛本作"如"，此"加""若"二字两存，用理校法"如"字义胜，"加"疑形似而误。《老子》之训诂学。——第六十二章"古之所以贵此道者何？不曰求以得，有罪以勉，故为天下贵"。此前后二"贵"字有二义，《说文》"贵物不贱也"，此可训上一"贵"字；又《初学记》引《说文》"汝颍言贵声如归"，又《释名·释言语》"贵，归也，物所归往也"，此可训下一"贵"字，即所谓音训。——《老子》书中用楚方言，以第四十五章"躁胜寒静胜热"为例，"躁"乃楚方言，据《〈诗·汝坟〉释文》。——《老子》五千言为哲学诗，其用韵是自由押韵式，有通篇用韵的，有章首用韵而中间或尾声声不拘的，有问句助语自为唱叹不在韵例的。——《老子》之辑佚学。——《老子》佚文，两汉《老子》注十二家，今存仅河上公及严君平《指归》残本，魏晋六朝《老子》注七十七家，今存只王弼注有全本，如今据《正统道藏》诸《老子》集注及张君房、范应元等类书所引广为辑佚，不但可为河上、严遵、王弼诸注成一定本，更可辑出已佚之《老子》注如马融、宋衷、何晏、钟会、孙登、僧肇、鸠摩罗什等数十家。总之哲学史史料学主要是以批判的分析现存的哲学原著为主，上面以《老子》为例，说明在这一学问里，所包含的工作，有目录、考订、校勘、训诂、辑佚等各方面。

第二讲

殷商哲学史料

中国哲学史起源考

哲学史史料以文字记录为主，文字记录不一定就是哲学著作，但称为哲学史的史料，必须是有文字记录。中国记录有两种，一种是写在纸上的文字，一种是造纸方法未发明以前写在龟甲兽骨上面或青铜器上面的文字，前者为普通的书，后者为甲骨文书与金文书。中国哲学史既然起源于有文字记录以后，而文字记录既然是最古的要算殷商朝的甲骨文字，那末甲骨文字应该可以说是中国最古的哲学史料来源了。换句话说，即在殷代奴隶社会，中国才有文字记录，才有哲学史史料可言，而在殷代以前，如原始共产社会的意识诸形态，应该是无法子可以反映的了。这又不然，中国原始共产社会，虽在当时无文字记录，而可用后来文字记录的传说史料做根据，如关于原始共产制度的传说，见《孔子家语·礼运第三十二》与《礼记·礼运第九》，把这两篇比看一下，《家语》无"小康"二字，却有"礼之所具"以下二十一字，可见《礼记》是有错简。但无论二者，均认禹以前是没有阶级，没有剥削，财产公有的大同社会：

大道之行也，天下为公，选贤与能，讲信修睦。故人不独亲其亲，不独子其子，使老有所终，壮有所用，幼有所长，矜寡孤独废疾皆有所养，男有分，女有归。货恶其弃于地也，不必藏于己，力恶其不出于身也，不必为己（《家语》作"不必为人"）。是以谋闭而不兴（据《家语》，"谋"上有"奸"字），盗窃乱贼而不作，故外户而不闭，是谓之大同。

范文澜同志认为这一段儒家学派的话，如果不依据原始公社制度的传说，不能虚构"大同"的思想（《中国通史简编》）。所以大同的思想虽属出于伪造，而断不是无中生有，是反映传说中的原始共产社会的。又如传说中尧舜禹的时代，见《尚书》中之《虞夏书·尧典》等篇，所叙述尧舜禹禅让的故事，有如次一段的记载：

> 曰："咨四岳……汝能庸命，巽朕位？"岳曰："否德忝帝位。"曰："明明扬侧陋。"师锡帝曰："有鳏在下，曰虞舜。"帝曰："俞，予闻，如何？"岳曰："瞽子，父顽，母嚚，象傲。克谐以孝，烝烝乂，不格奸。"帝曰："我其试哉！……"

在这里尧请四岳推荐他的继任者，而众皆共举虞舜，这是反映古代氏族社会民主制度。所谓"禅让"的传说，尧让舜，舜又让禹，其选举的手续，据《虞书》还完全是一个公式。（参看吕振羽：《史前期中国社会研究》）这禅让的思想和制度，以后成为中国旧式的最高政治理想，当然也具有作为古代哲学史料的价值，即是这种史料，正如范文澜同志（《中国通史简编》）所指出的，大概是周初史官，掇拾传闻，组成有系统的记录，虽然不一定有意捏造，夸大虚饰，却所难免。其中"禅让"帝位的故事，在传子制度实行已久的周代史官，不容无端发此奇想，其为远古遗留下来的史实，大致可信。这就是说，这些传说式的史料，不能抹煞他所反映的远古遗留下来的史实，但也不要相信得他太过火。而且这种传说史料，基本上还是通过文字记录而来，是出于后人的追记。而如殷商的甲骨文字史料，便不如此，他已经不是传说史料，而是文字史料，尤其这种古代文字史料是从殷墟出土，有确切不易的物证。殷墟文字在中国古史研究上已据不朽的地位，而表现于殷墟文字中的社会意识诸形态，不能不说就是中国古代哲学史的起源。

从前有许多人主张孔子以前没有私人著述的事，也没有系统的思想可以称为哲学，因此中国哲学史当从孔子开始，孔子以前既然没有真正的哲学史料，也就没有中国哲学史可言。这种说法，我以为是把哲学史料看得太狭窄了，且不合于历史事实。实在孔子以前，中国很早就有极丰富的哲学史料了。我们从《周书·多士》中，周成王诰命说："惟殷先人，有册有典。"这些典册流传，即使不是私人著述，即使私人著述而著者姓名不自著于册，但只要其中具有哲学思想，即是哲学史的史料。孔子因为文献不足，所以说："殷礼吾能言之，宋不足征也。"孔子所不能征实的，现在我们却能从殷墟甲骨文字里，考究中国古代奴隶制社会，乃至于其意识诸形态。这虽然不算有系统的哲学著作，却不能不说是古代有系统的哲学著作的起源。

固然也有一派人主张中国的历史生活当起源于殷周革命以后，殷人是营自然生活，未见有何等文化之发端，中国最古的历史记述，当始于《尚书》中所传之五诰。主此说的是日本丹羽正义（江侠庵译：《先秦经籍考》卷上，原文载《内藤博士还历祝贺支那学论丛》），其所持的理由是：

第一，殷是部落的时代，祭卜的时代，对于史之价值，尚没有自觉的事，到周才有史之价值的认识，这才是历史始源的时代。

第二，盛周的五诰——《康诰》、《酒诰》、《梓材》、《召诰》、《洛诰》——在《尚书》中，其文体似今日现存周初彝器毛公鼎的文章，极其佶屈，这文体的流传，不传自简策，而实由讽诵而来，这是中国最古历史记述的发端。

第三，由于殷周文化的差异，政治中心，由巫而移于史。殷代的巫，当宰相的位置，到周而以史相代。古铜器史作 **史**，为手执简形，即掌文书的叫做史。有了史而后才有记录流传。

因为中国古史的起源，也就是哲学史史料的起源，所以否认殷商为中国古史的起源，也就是否定了殷商为中国哲学史的起源。实际来说，把殷代社会只认作所谓部落时代，是不符于历史事实的。殷代的生产方式、生产关系和意识形态都证明了是奴隶社会，这是已经毫无疑问的结论（参看郭沫若：《甲骨文字研究》一九五二年新版序）。即因殷人是光辉灿烂的中国文化的奠基者，所以对于史的价值，也有明确的认识。卜辞和《殷本纪》、《三代世表》、《古今人表》等所载殷世次，历历可考。王国维作《卜辞中所见先公先王考》，据地下材料以补正纸上材料的缺误，又据纸上材料以补正地下材料的脱略，使我们知道成汤以前先公先王有十四代，可见历史文化的悠久，不得不加以肯定。举此一例，已可打破殷不是中国古史起源的旧说。至于谓由巫而移于史，这也是未深考殷代史和巫的关系。在殷代掌贞卜祭礼的僧侣贵族，叫做史也叫做巫，史、巫同义，《易经·巽卦九二》云："巽在床下，用史、巫纷若；吉，无咎。"卜辞中讲史巫的，如：

才南土，告史(《甲》二九〇二)

史以右告戍(《上海》一四)

丁酉史其酚告（于）南室(《续》二·六·三)

史其征三兄(《甲》一九四九)

卿史于尞北宗不□大雨(《前》四·二一·七)

方祸象取乎御史(《乙》·六三六〇)

若兹陟帝，余利，朕御史不句(《侯》一一)〔1〕

　　"史"字见此，其意义据王国维、罗振玉谓史即使，即吏，事亦史，史、吏、事三字一义，而史本为巫师，史、卿史、御史，似皆主祭祀之事（参照陈梦家：《殷虚卜辞综述》，朱芳圃：《甲骨学文字编》文三，吴泽：《中国历史大系：古代史》）。"大史"即大使，是代表中央王室的使臣，由于史在殷代握有大权，可见殷代是祭卜的时代，也是史巫官的时代，即以原始史官而掌握宗教政治大权的时代。于此可见中国古史不始于周，殷代早就有了，而从文化史观点上说，周人文化原较殷人低，所以周人学习殷文化，如册典的册字，卜辞作卌或卌，周人也写作卌，殷史官有乍册之制，到西周依然存在（陈梦家：同上书"乍册"），既然这些制作策命宣读策命的人，都承袭殷制，可见周人的关于史的记录这一学问，也是学习殷人的，那么肯定中国古史和哲学史的起源是始于殷商，不也是很可靠的吗？

殷商史料试探

　　当然以卜辞为哲学史史料，也是极其有限度的，但在卜辞之

---

〔1〕　此处引文删去两条。——本版编辑

外，尚有许多与殷商有关的文献史料，可以互相参证，例如《尚书》中之《商书》，《诗经》中之《商颂》，其中即有不少关于意识诸形态的材料。又如《史记》之《殷本纪》、《三代世表》，此外如《竹书纪年》、《世本》、《楚辞》等，凡涉及殷人事迹的纸上史料，虽与哲学的史料无关，却可用以证史。而且甲骨文字自从一八九九年即清光绪二十五年开始发现以至今日，统计文字材料出土，已著录与未著录的，总共竟有十六、七万片之多，研究论著在短短五十年间，约计也有一百六七十万言（此据胡厚宣：《五十年甲骨学论著目》"自序"言）。在这样庞大的地下史料之中，找出和哲学史有关的部分，用以探究中国哲学史的起源，并参以地上史料来作说明，这就是王国维所开始提倡的史料研究方法，所谓"二重证据"便是。[1]

甲骨学的研究，目前尚在发展之中，大概五十多年来这一门学问的发展，可分为三个时期。第一时期，是注意文字的考释，代表著作如：

刘鹗：《铁云藏龟》（一九〇三）

孙诒让：《契文举例》（一九〇四）

罗振玉：《殷虚书契前编》（一九一三）、《殷虚书契后编》（一九一六）、《殷虚书契待问编》（一九一六）、《铁云藏龟之余》（一九一五）、《殷商贞卜文字考》（一九一〇）、《殷虚书契考释》（一九一五）

王国维：《殷卜辞中所见先公先王考》（一九一七）、《殷周制度论》（一九一七）、《殷礼征文》（一九一六）、《戬寿堂所藏

---

[1] 此段油印稿旁作者有一些手写资料，大多是关于甲骨文数量、字数的，由于字迹模糊，故不录。——编辑者

殷虚文字考释》（一九一七）

在这里王国维已开卜辞综合比较研究之始，而自他以后，古文字学才渐渐成为殷商史研究的一个重要工作。

第二时期是注意一般文化的研究，代表著作如：

徐中舒：《殷周文化之蠡测》（一九三一）

董作宾：《卜辞中所见之殷历》（一九三一）、《殷历中几个重要问题》（一九三四）、《殷商疑年》（一九三六）、《殷历谱》（一九四五）、《甲骨文断代研究例》（一九三五）、《五等爵在殷商》（一九三六）

吴其昌：《殷代人祭考》（一九三二）、《甲骨金文中所见的殷代农稼情况》（一九三七）

丁山：《由三代都邑论其民族文化》（一九三五）、《宗法考源》（一九三四）

李济：《殷商陶器初论》（一九二九）、《现代考古学与殷墟发掘》（一九三〇）

第二时期以旧中央研究院历史语言研究所为中心之文化研究，到了后来便成为全国性的研究的方向。如：

朱芳圃：《甲骨学文字编》（一九三三）、《甲骨学商史编》（一九三五）

胡厚宣：《甲骨商史论丛》（一九四四）

杨树达：《积微居甲文说》（原为湖南大学古文字学研究讲义）

第三时期注意社会史的研究，这是甲骨学与马克思主义历史方法的开始联系，起源于一九三〇年，郭沫若所著《卜辞中之古代社会》（收入《中国古代社会研究》）与《甲骨文字研究》（一九三一）、《卜辞通纂》（一九三三），其后遂成一种研究的新方向。如吕振羽所著《殷周时代的中国社会》（一九三四），郭沫若所著《古代研究的自我批判》（一九四四，收入《十批判书》），吴泽所著《古代史——殷代奴隶制度史》（一九四九），乃至李亚农所著《殷代社会生活》（一九五五），都可以说是应用了马克思《资本论》第一卷[1]中所说的"考古学的方法"，站在龟甲兽骨的遗骸上，来建设新的古史学。

但是由于甲骨学研究的扩大和深入，就现有论著的成绩来说，已经从一般文化的研究中，渐渐注意到特殊的文化部门，例如关于宗教和哲学的研究，这一类可举的代表著作，如：

胡厚宣：《殷代之天神崇拜》（一九四四，收入《甲骨学商史论丛初集》第二册）

陈梦家：《商周之天神观念》（一九三五）、《商代的神话与巫术》（一九三六）、《五行之起源》（一九三八）

杨树达：《甲骨文中之四方神名与风名》（一九四五，收入一九五四《积微居甲文说》）

杨荣国：《殷人的思想》（见《中国古代思想史》第一章，一九五四）

就中尤其是一九五六年陈梦家所著《殷虚卜辞综述》第十七章（科学出版社版）所述宗教，最有条理。由此可见，关于这一方面的史料，已经开始有人注意研究，因此进一步从甲骨文研究殷商的社会意识形态，也便成为中国哲学史工作者的重要任务

---

〔1〕　作者在油印稿"卷"字与"中"字间作了一个符号，而在旁边空白处由此符号引带一段手写文字："遗首构造的理解可以帮助我们认识已经灭亡动物底种类，劳动工具之遗物底理解，对于判断古代社会底经济形态也有同样的重要。"——编辑者

了。言古代哲学而不注意殷商，言殷商哲学而不注意甲骨文字的史料，这都是不可以的。甲骨文中哲学史料之所以重要，是因为它可以和其他文献史料比较，而知其为他哲学史料的张本。例如相传中国最早的哲学书——《周易》，是古代卜筮的书，其作者无疑是在殷商之后。而受殷卜辞的影响，如甲骨文中言"亡文"有数百处，王静安《戬寿堂所藏殷虚文字考释》，谓其形"不可识"，其义"犹言亡咎，亡它"，丁山在《历史语言研究所集刊》第一本第一分册《殷契亡文说》，证明"亡文"即无尤，乃殷周以来的成语，甲骨文之亡文，即《易·贲》六四、《剥》六五、《蹇》六二、《旅》六二《象传》所云"终无尤也"。《易经》言"终无尤"，犹言终无灾异，无灾害；如风雨不时为灾害，山崩水涸皆灾异。这是卜筮用语，从殷卜辞来的。而且《易经》中有许多语气同卜辞一样，余永梁曾将卦爻辞与卜辞比较，如句法的比较十六条，成语的比较八条（见《古史辨》第三册《易卦爻辞的时代及其作者》）。现在这里我也举几个例：

> 《易经》："离，利贞；亨，畜牝牛吉。"
> 卜辞："庶子卜，贞，牧□羊。"
> 《易经》："旅贞吉。"
> 卜辞："贞我旅吉。"
> 《易经》："丰其沛；日中见沫（昧）折其右肱，无咎。"
> 卜辞："旬又祟，王疾首，中日霉咎。"

就《易经》内容来说，卦爻辞中关于殷代，有殷先王王亥的故事，殷高宗的故事，帝乙的故事，箕子的故事，可见《易经》可以证明殷史实，同时在思想上也发生联系是无疑的。殷商哲学史料除了甲骨文比较重要之外，余如《尚书》中的《商书》，今古文篇数不同，均传为孔子删定。今文《尚书》二十九篇，《商书》五篇，汉初伏胜传授，是比较可靠的。古文《尚书》五十八篇，《商书》十三篇，汉时自孔子宅壁中得，是伪书。关于今古文《尚书》之辨，不在这里详说，现在只就今文《尚书》的五篇来说，即：

《汤誓》第五　　《盘庚》第六　　《高宗肜日》第七　　《西伯戡黎》第八　　《微子》第九

大小夏侯传伏生经为五篇，欧阳传伏生经分《盘庚》为上、中、下三篇，共为七篇。孔壁所传古文《尚书》则为十三篇：

《汤誓》　　《汤诰》　　《咸有一德》　　《典宝》　　《伊训》
《肆命》　　《说命》　　《盘庚》上、中、下　　《高宗肜日》
《西伯戡黎》　　《微子》

因为今古文篇数不同，文辞也不同。今文多艰深难解，而古文反平易易读。古文的伪，自宋吴棫已提出异议。朱熹更指出："《书》凡易读者皆古文，岂有数百年壁藏之中，不能损一字哉？伏生所传皆难读，如何伏生偏记其难而易者不能记也！孔《书》至东晋方出，前此诸儒皆未之见，可疑之甚。"古文《尚书》在汉不列学官，至东晋梅赜始显著，可见本非孔壁旧藏。即以《商书》而论，伪古文《尚书》中，如以《伊训》为例，郑瑗《井观琐言》中指出：

> 如《伊训》全篇平易，惟《孟子》所引二言独艰深。且以商诗比之周诗自是奥古，而《商书》比之《周书》乃反平易，岂有是理哉！

崔述在《古文尚书辨伪》中，录及其弟迈所查出伪《古文尚书》字句所本，《汤诰》本离合增减《周语》内史过引《汤誓》

及《论语》载《汤诰》一节，《伊训》"百官总己以听冢宰"，语本《论语》。"造攻自鸣"条，"朕哉自亳"语，本《孟子》"天诛造攻自牧宫，朕载自亳"。"立爱惟亲，立敬惟长"学《礼记》语。《咸有一德》"天难谌，命靡常"，上句《诗·大明》篇语，下句《诗·文王》篇语；"天难"篇，《书·君奭》篇语（此引《伪书通考》上册）。此即阎若璩所云"凡晚出之古文，所谓精诣之语，皆无一字无来处，独惜后人读书少，遂谓其自作此语耳"（见同上，上册，惠栋《古文尚书考》引阎氏语）。辨此一节，便知伪古文《尚书》中之《商书》，不可作为史料，而可为真正作史料用的，却只有今文《尚书》中之《商书》，而采用今文《尚书》，也须十分谨慎。王国维在《古史新证》中，考得《尚书》一书所得结论是：

> 《虞夏书》中如《尧典》、《皋陶谟》、《禹贡》、《甘誓》；《商书》中如《汤誓》，文字稍平易简洁，或系后世重编，然至少亦必为周初人所作。至《商书》中之《盘庚》、《高宗肜日》、《西伯戡黎》、《微子》；《周书》中之《牧誓》、《洪范》、《金縢》、《大诰》、《康诰》、《酒诰》、《梓材》、《召诰》、《洛诰》、《多士》、《无逸》、《君奭》、《多方》、《立政》、《顾命》、《康王之诰》、《吕刑》、《文侯之命》、《费誓》、《秦誓》诸篇，皆当时所作也。

关于《周书》的问题，这里暂不说。关于《商书》，则王国维所得的当为定论。而因此如《盘庚》篇之说"德"，《西伯戡黎》篇之说"天"，当然也可以算做哲学史料来采用了。

《商书》之外，还有《诗经》中之《商颂》，其作者为商人抑周人，自来各家颇有争论，其诗共五篇，列于《鲁颂》之后，这即是：

《那》、《烈祖》、《玄鸟》、《长发》、《殷武》。

据《毛诗序》，《商颂》为商人祭祖的诗。《国语·鲁语》："昔正考父校商之名颂十二篇于周太师，以《那》为首。"郑司农云："自考父至孔子，又亡其七篇，孔子录诗之时，只得五篇而已。"（《郑笺诗谱》）《毛诗序》在《那》序上说："微子至于戴公，其间礼乐废坏，有正考甫者，得《商颂》十二篇于周之太师，以《那》为首。"在这里"校"之一字，依魏源所著《诗古微·商颂（鲁韩）发微》篇，则"校"作"审校音节"解，他举十三条证据，认《商颂》乃宋襄公时正考父祭商先祖所作，今文家多持这种见解。《史记》用鲁诗说，在《宋世家》云宋"襄公之时，修行仁义，欲为盟主，其大夫正考父美之，故追道契、汤、高宗，殷所以兴，作《商颂》"。韩诗说同。《薛君章句》云"正考父，孔子之先也，作《商颂》十二篇"（《后汉书·曹褒传》注引），这就是认《商颂》为宋襄公时大夫正考父所作。但据王国维《说商颂上》，则"考汉以前，初无校书之说，即令校字作校理解，亦必考父自有一本，然后取周太师之本以校之，不得言得，是《毛诗序》改校为得，已失《鲁语》之意矣。余疑《鲁语》校字当读为效，效者献也，谓正考父献此十二篇于周太师"；"且以正考父时代考之，亦以献诗之说为长"（《观堂集林》卷二）。然则《商颂》应该是商人的诗了，那又不然。在《说商颂下》，王国维以《商颂》与卜辞相比较，证明商颂当为宋诗，不为商诗，他说：

又自其文辞观之，则殷虚卜辞所记祭礼与制度文物，于《商颂》中无一可寻，其所见之人地名，与殷时之称不类，而反与周时之称相类，所用之成语，并不与周初类，而与宗周中叶以后相类，此尤不可不察也。卜辞称国都曰商不曰殷，而《颂》则殷商错出。卜辞称汤曰大乙[1]不曰汤，而《颂》则曰汤曰烈祖曰武王，此称名之异也，其语句中亦多与周诗相袭。……由是言之，则《商颂》盖宗周中叶宋人所作，以祀其先王，正考父献之于周太师，而太师次之于《周颂》之后，逮《鲁颂》既作，又次之于鲁后，若果为商人作，则当如《尚书》例，在《周颂》前，不当次于《鲁颂》后。(《观堂集林》二)

至于宋诗何以称商，则梁启超在《古书真伪及其年代》里也有说明，盖因《左传》常以商代宋，故宋诗名《商颂》。又皮锡瑞《诗经通论》上说"商质而周文，不应《周颂》简，《商颂》反繁"。又其第五首《殷武》篇，有"挞彼殷武，奋伐荆楚。深入其阻"，考据家均认商朝尚无荆楚之称。可见《商颂》乃宋诗，不是商诗，如崔述《商考信录》，竟采《商颂》为商的真实史料，而不加以批判，这就未免犯了错误。实则《商颂》之中，也未尝不保藏殷商的传说史料，如应用《商颂》来说明殷代有玄鸟为其始祖的神话之类，但在其与殷卜辞比较之下，卜辞可算原始的史料(original source)，而如《商颂》之类，只好算做补助史料(secondary source)了。

---

[1] 作者在油印稿此处做了一个符号，而在此段旁由符号引带一段手写文字：大乙，《史记》作天乙。《索隐》引谯周曰：天□，予也。殷人□汤故曰天乙。罗振玉说天与大形近而讹，□为曲说。王国维识天乙之为己见，《荀子·成相》篇□□□□□□□□□如大甲如大唐皆冠以大，则□自□大乙。又卜辞屡见"唐"，唐即汤之□字，《说文》"晹，古文唐，从□昜"，与汤字形相近。——编辑者

甲骨文字中的哲学史料

晓得殷商的原始史料，最重要的是甲骨文字，就知道殷商的哲学史的原始材料，也只有在甲骨文字中去探讨了。固然甲骨文字作为史料看，只是一鳞半爪，不成为有系统的哲学著作，但只要我们能博搜旁证，用了一番爬罗搜剔的工夫，也可以在很贫乏的史料之中，整理出一个头绪，组成一个系统。依我初步研究的结果，认为甲骨文字中的哲学史料，是包括有三个方面。

（一）多神崇拜

（二）五行说之起源

（三）殷礼

古代奴隶制社会是多神教的时代，希腊如此，中国也不是例外。由卜辞所记殷商人的崇拜，和《周礼·大宗伯》所记祭礼的对象之天神、地示、人鬼，大概相同，可分为三类，即第一，天神崇拜，包括上帝及一群分掌天象诸神，如曰东母、西母、云、风、雨、雪等，叫做"臣正"。这一类研究资料，参看陈梦家《殷虚卜辞综述》。在这里上帝作威作福，有无上的权能，他是主宰农业生产的神，能福人也能祸人。依据卜辞材料，上帝可以令雨，令风，令蛴（霁），降莫（馑），降祸，降𡆟（一种灾害），降食，降若（诺），又可以受右（佑），受与。例如：

帝令雨足年，帝令雨弗其足年（《前》一·五〇·一）

今三月帝令多雨（《前》三·一八·五）

今二月帝不令雨（《铁》一二三·一）

羽癸卯帝其令风——羽癸卯帝不令风（《乙》二四五二，三〇九四）

帝其及今十三月令臍——帝其子生一月令臍(《乙》三二八二)

上帝降莫(《存》一·一六八)

帝不降大莫(《哲庵》一七七)

帝其降莫(《前》三·二四·四)

帝其降我莫(《甲》七六六)

贞卯，帝弗其降祸 十月(《佚》三六)

雨，帝异□降兹邑祸(《库》一三四)

兹邑凶降祸(《乙》六五九四)

帝降食受又(《乙》五二九六)

我其已宾乍，帝降若——我勿已宾乍，帝降不若(《前》七·三·八·一、《粹》一一一三)

伐邛方，帝受我又(《林》一·一一·一三)

勿伐邛，帝不我其受又(《前》五·五八·四)

不雨，帝受我年，二月(《掇一》四六四)

再把这地下发现的材料和纸上的材料相对证，则卜辞中所称"帝"，即是《尚书》中所称的"天"，卜辞也有"天"字作突，象天为人顶之状。《说文》一部"天，颠也，至高无上，从一大"。天、帝义可通，《史记索隐》引谯周说"天亦帝也"，故《商书》中既称"帝"又称"天"。如云：

有夏多罪，天命殛之。……予惟闻汝众言，夏氏有罪，予畏上帝，不敢不正。……尔尚辅予一人，致天之罚，予其大赉汝。 (《汤誓》)

呜呼！我生不有命在天。 (《西伯戡黎》)

惟天监下民，典厥义，降年有永，有不永。 (《高宗肜

日》）

      天其永我命于兹新邑。（《盘庚上》）

      予迓续乃命于天。（《盘庚中》）

      肆上帝将复我高祖之德。（《盘庚下》）

  第二，社神崇拜。由于古代中国人崇拜大自然的力量，把大自然中具最高力量和掌管农业生产的大神，叫做天帝。"帝"受义的根源，是由于"蒂"字，还是为"日"字的别名，虽尚成为问题，但其为自然崇拜，则无疑义。而在自然崇拜中格外突出的，是社神崇拜，包括社、四方、山、川、河、诸神（研究资料见《殷虚卜辞综述》，《甲骨学商史编》卷六）。卜辞祭土即祭社，祭某土即某地之社，《商颂》"宅殷土茫茫"，《史记·三代表》引作"殷社茫茫"。殷社见于史籍有名的为桑林，《吕氏春秋·顺民》篇"天大旱，五年不收，汤乃以身祷于桑林"，《帝王世纪》（《艺文类聚》二引）、《尚书大传》（《左传·襄十》正义引）均作"汤祷于桑林之社"，《路史馀论》六"桑林者社也"，卜辞"其㞢于桑重大牢"（《粹》四七〇），闻一多云："卜辞言祀桑用㞢，祭牲用太牢，其隆重如此，今谓桑即桑林，亦即殷人之社，庶几足以当之。"（《释桑》，见《古典新义》）见于《史记》，见于《尸子》。法国汉学家格拉勒（Granet. M. M）所著《古中国的跳舞与神秘故事》第三卷第二章中亦举此为例，认为"这种献身办法，是用魔术建立圣地及朝代威权的办法"；"开国的英雄在他同族类中建立威权，往往用他自身贡献于圣地，全凭这种献身，当了首领的他以及其后嗣，都保有一种半魔半宗教的权德，他便行使这种权德，以福其民，他和他的子孙，在他领土内，都算是惟一的人（原注惟一的人与天子的意义相等）。他造福一切，负担一切，圣地便是他的权力的灵魂"（中华书局译述本）。可见祭社之思想上的重大意义了。又祭四方是祭东南西北不同方向的农业作物生长的土地，祭山如祭十山五山，祭川如祭洹、洹泉、滴，又祭河均与求年祈雨有关，尤其是河神，卜辞"河弗跎我年"（《库》四〇七），这可以说是神话中河伯的起源。

第三，是祖先崇拜。《殷商制度论》云："商人祭法见于卜辞所纪者至为繁复，自帝喾以下，至于先公先王先妣，皆有专祭。"（《观堂集林》卷一十）又对于先妣举行特祭，其祀典与先王同，可见殷代母权尚很尊重。祖先崇拜包括先王、先公、先妣、和多父、多母、多子等，研究资料见《殷虚卜辞综述》第十章、十一章。因为人世求年祈雨，均须通过先公先王的关系，而先公先王有时也能下雨丰年。卜辞"唯王亥跎雨"（《粹》七五），"贞于王亥求年"（《后上》一·一），又"求年于且丁"，"求禾于妣庚"等均可见。又卜辞"祖妣"二字，乃"牡牝"的初字，这也可见生殖神崇拜之思想的本源（郭沫若：《释祖妣》，见《甲骨文字研究》，又见《甲骨学商史编》卷六）。

由上史料，可见殷代是多神崇拜的时代，因此殷代思想也应从诸神的神话中去探求。求助于《山海经》、《竹书纪年》、《楚辞》中取得二重证据，再求助于民俗学、神话学，还他一个神话时代的思想价值。

其次是关于五行说的起源。胡厚宣所作《甲骨文四方风名考证》（《甲骨学商史论丛初集》第二册）有卜辞云：

东方曰析，凤（风）曰劦

南方曰夹，凤曰光

西方曰彝，凤曰彝

□□□□，凤曰役

把这一段和《山海经》比较，知四方之名乃神名。《山海经》云：

东方曰折，来风曰俊，处东极以出入风。　（《大荒东经》）

南方曰因乎，夸风曰乎民，处南极以出入风。　（《大荒南经》）

有人名曰石夷，（西方曰夷，）来风曰韦，处西北隅以司日月之长短。　（《大荒西经》）

北方曰𩂣，来之风曰狻，是处东极隅以止日月，使无相间出没，司其短长。　（《大荒东经》）

胡厚宣以为甲骨文仅言四方名某方曰某，《山海经》则以四方之名为神人，故能出入风，司日月之长短，即是已将四方之名神人化。杨树达否认此说，以为四方之名，在甲骨中已为神名，即据胡厚宣所举其他二卜辞文为证，并得一结论（见《积微居甲文说》卷下《甲骨文中之四方神名与风名》）：

1、殷人以为草木各有神为职司，其神为四，分司四季，为后来《月令》句芒等神所自出。

2、殷人早以四时分配于四方，为《尧典》所自本。

这里认殷人以草木为有神，是合于奴隶制社会之多神崇拜思想的。而且指出了四方四时和农耕的关系，是合乎当时的生产情况，不过还没有更进一层指出这四方说实为五行说的起源。甲骨文中有四方说，也有五方说。胡厚宣在《论五方观念及"中国"称谓之起源》中（《甲骨学商史论丛初集》第二册）有一段说：

今按……殷代确有五方之观念，则可由卜辞证之，如帝乙帝辛卜辞有曰：

　　己巳壬卜贞囗山：商受囗，王囬曰吉

　　东土受年

　　南土受年

　　西土受年

　　北土受年(《粹》九〇七)

此卜商与东南西北四方受年之辞也。"商"者亦称"中商"，如武丁时卜辞曰：

　　戊寅卜，王贞受中商年，十月(《前》八·一〇·三)

　　□巳卜，王贞于中商乎御方(《佚》三四八)

"中商"即商也，中商而与东南西北并贞，则殷代已有中东南西北五方之观念明矣。……然则此即后世五行学说之滥觞。五行之观念，在殷代颇有产生之可能，未必即全为战国以后之物也。

杨向奎曾据此作《五行说的起源及其演变》(《文史哲》一九五五年第十一期)。在此之外，尚有陈梦家《五行之官起于卜辞帝五工臣之说》[1](《燕京学报》第二十四期《五行之起源》页四九——五一《殷墟卜辞综述》)。卜辞帝五工臣[2]和《左传·昭十七》郯子所述五纪之帝、五鸟、五鸠有关，发展而为

------

〔1〕 作者在油印稿此处旁写了一段文字：陈梦家云《左传》郯子一段为《左传》所存有关殷代神话之最宝贵一段。——编辑者

〔2〕 作者在油印稿此处旁写有一段文字：陈之帝工臣当指帝庭的诸执事其成员，当□□《九歌》的东皇太一、东君、云中君、大司命、少司命或《周礼·大宗伯》中的司中、司命、风师、雨师或郑玄注《大宗伯》五帝之日月、风师、雨师和司中、司命。——编辑者

《左传·昭廿九年》蔡墨所说的五行之官，五官即木火金水土。由此可见，五行说最早可能即卜辞的五方说与帝五工臣说，以后才发生五材说。《左传·襄公二十七年》："天生五材，民并用之。"杜预注："金木水火土。"这完全是将物质区为五类，是唯物主义的。其说最早见于《尚书·洪范》，相传为殷末箕子所作。相反地，五方说和帝五工臣说见于卜辞中的，均与自然崇拜有关，可认为是中国五行学说尚未完成前的原始的思想形式。从此原始的五行说，一转再转而为《月令》与《吕氏春秋》的五帝神，《淮南子·天文训》的五方帝，于是五行说乃更为整齐，而具有唯物主义思想的因素，这应该可说是哲学思想之一大进步。

还有就是关于殷礼的史料了。孔子称殷礼不足征，"文献不足故也，足则吾能征之矣"。但由卜辞发现以后，这不足征的礼足征了。参考资料如王国维《殷礼征文》（《王忠悫公遗书二集》石印本），叶玉森《掔契枝谭》（一九二九年北京富晋书社影印本），均未接触殷礼与古代巫术的关系，所以许多故实，尚待整理。案礼字卜辞作：

豐（《后下》）八 豐（《前》伍·五）豐（《铁》二·三八）

王国维云："《说文·示部》云，礼，履也，所以事神致福也，从示从豐，豐亦声。又《豐部》豐，行礼之器也，从豆象形。按殷虚卜辞……此诸字皆象二玉在器之形；古者行礼以玉，故《说文》云豐行礼之器，其说古矣。惟许君不知玨字即珏字，故但以从豆象形解之，实则豐从珏在口中，从豆乃会意字而非象形字也。盛玉以奉神人之器谓之豐若豐，推之而奉神人之酒醴，亦谓之醴，又推之而奉神人之事，通谓之禮。"知道殷代是多神崇拜的时代，就知道礼的起源，是一种具有感应巫术的宗教仪式，如行礼用玉，玉即巫术的一种法物，可以辟禳，可以避水旱（如《左昭》定三、襄十八济河必沉玉，说见《燕京学报》第二十期陈梦家：《商代的神话与巫术》附《论玉》）。玉之外，以血为更具有巫术能力，其宗教仪式为祓禳时杀牲以祭，为扮像跳舞。如卜辞宁字，作𡥀（《前》五·一八四）𡥀（《上》一九·八），从血从乎，为宁息风雨所用以祓禳四方及风雨的专祭，其祓禳手续，即重血祭（陈梦家说，见同上第三章）。《墨子·兼爱下》"汤曰惟予卜子履，敢用玄牝，告于上天后"，这里履即礼字，这就是说汤用玄牝在上天后之前行礼。殷代祖先用血祭有四，一𡙈，燔牲于火；二沈，瀸牲于水；三狸，瘗牲于土；四卯，刑牲以刃（吴其昌说）。《周官·大宗伯》"以血祭祭社稷五祀五岳，以狸沉祭山林川泽"，这也是一准殷礼而来。殷礼乃周礼的张本，所以《周书·君奭》篇中述及：

> 故殷礼陟配天，多历年所。

这是说殷礼祀天，而以宗祖相配，所以能享国历六百年之久。又同书《洛诰》中间周公说：

> 王肇称殷礼，祀于新邑，咸秩无文。

可见推究典礼思想的来源，不得不求之于殷商，所以孔子说"周于殷礼，所损益可知"。先有殷商人以祭天帝祭宗祖为礼，周人才推广其意，而以礼为"经国家，定社稷，序民人"（《左传·隐十一年》），完全变成统治的工具了。

殷人有礼也有乐。《易经·豫卦·象》云："雷出地奋，豫，先王以作乐崇德，殷荐之上帝，以配祖考。"这分明是说殷时作乐。考殷乐器有南（郭沫若云即钟镈之类之乐器，盖即铃也），有龢（郭云龢为乐器，《尔雅》云"大笙谓之巢，小者谓之和"），有壴（郭云壴谓用鼓以助祭）。乐有大蒦之乐（卜辞蒦，罗振玉云谓祭用大蒦之乐）、侑食之乐（卜辞"又"董作宾云通作侑，是侑食之乐）。有乐也必有舞，《墨子·非乐》引"汤之官刑曰其恒舞于宫，谓之巫风"，巫是殷代舞蹈专家，《说文》巫象人两袖舞形，与卜辞舞作众人夵夵形合，可见巫即舞，且以求雨为其专业。卜辞屡言"今日隶舞，屮从雨"（《拾》七·一六，《前》三·三〇），可见舞与求雨的关系，而隶舞又为《楚辞·九歌》代舞的起源。又《商颂》"万舞有奕"，万舞当是武舞。卜辞"伐"字，罗振玉、董作宾证之以《山海经·海外西经》有"大乐之野，夏后氏于此舞九伐"，《礼记·乐记》"夹振之以驷伐"，注"一击一刺为伐"，知伐也是武舞。《公羊传》何注"周武王以万人服天下，殷汤亦以万人服天下"，这就是武舞称万称伐的实际意义。由上所述可见礼乐的思想在殷商时代已经发达，而关于这一类史料的搜集和研究，对于孔子所认为不可能的，现在也成为可能的了。

总之，中国远古哲学的史料是很丰富的，殷商时代地下材料的发掘，已给我们哲学史的鸿荒时代开辟一条道路。再加以文献史料可相参证，民俗学、神话学的学问可资比较，而地下所获史料，尚日出不穷，这是三重证据的史料研究法。固然以卜辞证哲学史，尚事属创举，但利用此种材料，而努力完成大部殷商思想史，使哲学史的第一环节，不致成为空白，这种工作，无疑是刻不容缓的了。

第三讲

中国人的智慧——《易经》[1]

《易经》在中国哲学史上的位置

《周易》是古代的卜筮书，从其性质来看，和甲骨卜辞同起源于占卜，虽然两者体制不同，就内容来说，范围也不相同，但无疑都是卜筮者流所做的。即因《易》是一部卜筮书，所以秦焚《诗》《书》而《易》独以卜筮书保存下来。也即因其为一部卜筮书，可以附会解释，所以到了儒家手里，便给它添上了许多道德政治和哲学的解释。如《彖辞》、《象辞》、《文言》、《系辞》之类，都只是儒家把原有的《易》加以发挥，《易》变成中国哲学胚胎的书，而且变成最早保有中国辩证的素朴唯物主义的哲学传统的书了。

《易经》在中国哲学史中的位置，一方面有人认为是儒家经典中最古最神圣的东西，所谓"人更三圣，世历三古"（《汉书·艺文志》语，指伏羲画卦，文王重卦，孔子作《十翼》）。《周易》既然是六经之首，那么其中所代表的思想，也应该是居中国哲学的第一位了。但也有相反的看法，认为《周易》的形成决不能最早而因

---

〔1〕《宗教学研究》2001 年第 3 期曾以"中国人的智慧——《周易》"刊载此讲内容。——编辑者

此竟把它放在战国百家争鸣之学中讲。平心而论，《周易》作者和时代虽有问题，如云卦辞为文王作、爻辞为周公作、《十翼》为孔子作，证据虽均薄弱，但即使弄不清楚这些问题，仍不能否认《周易》是一部古代极有价值的代表中国人的智慧的书，何况《周易》经部的关键本在卦辞和爻辞上。就卦爻辞来看，《周易》很明白是西周时代的书。把它来代表西周哲学——即使卦爻辞只停留在最素朴的思想里——是可以的。黑格尔《哲学史讲演录》第一卷讲到中国哲学，他即很注意关于《易经》起源于伏羲的传说，认为完全是神话、虚构的、无意义的，但他同时却指出：

> 第二件须要注意的事情是：中国也曾注意到抽象的思想和纯粹的范畴。古代的《易经》（论原则的书）是这类思想的基础。《易经》包含着中国人的智慧（是有绝对权威的）。（三联书店版）

黑格尔认为"他们也达到了对于纯粹思想的意识，并不深入"，其所以不深入的原因，因为《易经》"从抽象过度到物质是如何地迅速"，又《易经》"第一个符号包含着太阳与阳本身，乃是天（乾）或是弥漫一切的气"。黑格尔是唯心主义者，所以以对于中国代表素朴唯物主义的《易经》中所说的"气"，不能接受，因此也就贬低了中国古代哲学的价值，然而我们却相反地承认《易经》具有最早的素朴唯物主义的思想，因此价值也高些，但无论如何，说《易经》是中国人的智慧，这确是真的。郭沫若同志不承认《易经》时代之早，却承认《易经》里有辩证法的思想。在他所著《中国古代社会研究》第一篇《周易的时代背景与精神生产》中，上篇讲"《周易》时代的社会生活"，下篇即讲"《易传》中辩证观念之展开"。《易经》既然有早期的素朴唯物主义的思想，又有辩证的观念之展开，这就可见是一部有绝大意义的哲学书，尽管这部哲学书，追溯其来源，还是出于占卜，但占卜是一回事，哲学又是一回事。《系辞上传》很明白地说："《易》有圣人之道四焉，以言者尚其辞，以动者尚其变，以制器者尚其象，以卜筮者尚其占。"在四者之中，哲学是第二项"以动者尚其变"。这已经把占筮书变样，而达到了对于纯粹思想的意识了。

《易经》之成为讲变化的书，这只就《易》所用名词来看，便可知道，如就字义说，"易，蜥易也。日十二时变色，取其变易"。陆佃、罗泌、吾丘衍、罗喻义均有此说。又孔颖达论《易》的名义，他说："夫易者变化之总名，改换之殊称，自天地开辟，阴阳运行，寒暑迭来，日月更出，孚萌庶类，亭毒群品，新新不停，生生相续，莫非资变化之力、换代之功。……谓之为《易》，取变化之义。"但在变化之外，孔颖达更相信有不易和易简之二义。刘熙《释名》谓："易一言而含三义，所谓易也，变易也，不易也。"郑玄依此义作《易赞》及《易论》，云："易简一也，变易二也，不易三也。"《正义》本此。其实《易》言变易，即不应再说什么不易。俞樾在《湖楼笔谈》中驳其说道：

推寻其义，殊不可通。《系辞》云："夫《乾》确然示人易矣，夫《坤》 然示人简矣。"是易简之德，分属乾坤。《易》首《乾》、《坤》，应题易简，去简著易，于义何居？若夫天尊地卑，乾坤以定，不易之义，亦有可言。然义取不易，而书则名《易》，翩其反而，抑何悠谬？若如斯言，则吉为不吉，凶为不凶矣。是故易简之说，或者以乾包坤；不易之说，实乃以白为黑。郑君信纬，遵用其义，孔氏《正义》列之首篇，支离之谈，所未敢徇。

《易经》本以变化为主，所以《系上》说"非天下之至变，其孰能与于此"，《系下》说"变动不居，周流六虚，上下无常，刚柔相易，不可为典要，惟变所适"。《系辞》虽出于孔子门人，但以《易》为讲变化的书，却是正确的。讲变化乃中国人一切智慧的基础，是唯物主义世界观及其规律的胚胎思想，忽视这一点，中国哲学就无从讲起了。

再说到"周易"这个名称，也是把变化的意义形象化了。郑玄解释"周易"说："周易者，言《易》道周普，无所不备也。"贾公彦《周官·太卜》疏云："周非地，号以《周易》，以纯乾为首。乾为天，天能周于四时，故名《易》为《周易》也。"这本没有错，惟孔颖达《易》疏云："文王所演故谓之《周易》，犹《周书》《周礼》，题周以别余代，故《易纬》云周代以题周是也。"这本《易纬》之说，实不足信。《周礼·太卜》"三易"云："一曰《连山》，二曰《归藏》，三曰《周易》。"《连山》、《归藏》，均不题名夏易、商易，何以《周易》独以地名为题，实不可解。而且《易》既为讲变化的，则《周易》称周，亦所以明变化的曲折路线，所谓"日中则昃，月盈则食，天地盈虚，与时消息"（《丰》卦）；所谓"无平不陂，无往不复"；所谓"终则有始"。在这里"周"是周流不息之意，这也可以说是中国人古代辩证法思想的表现，知道变化是无穷无尽的，是一阴一阳按辩证法的法则展开的。但同时我们也不要忘记，《周易》固非指地方而言，而《易经》哲学的发展，却正在西周初期，所以孔颖达等的误会，也决不是偶然的。

《易经》的作者及年代问题

《易经》哲学何以是始终西周呢？这当然是就卦爻辞说，而不是就《十翼》说的。就《十翼》说，决不能在春秋中叶以前，而就卦辞爻辞说，则却可决定在西周初期。卦爻辞既然均为筮占的筮辞，与甲骨卜辞同类，则其年代决不会太晚。

据《系辞传》云："《易》之兴也，其于中古乎？作《易》者，其有忧患乎？"虽不言中古是什么时候，忧患为什么事情，但另一段说："《易》之兴也，其当殷之末世，周之盛德耶？当文王与纣之事邪？是故其辞危。"因此卦爻辞还被认为文王所作。《史记·太史公自序》"西伯拘而演《周易》"；又《周本记》"西伯盖即位五十年，其囚羑里，盖益《易》之八卦为六十四卦"；又曰传"自伏羲作八卦，周文王演三百八十四爻，而天下治"。《汉书·艺文志》更肯定说："殷周之际，纣在上位，逆天暴物，文王以诸侯顺命而行道，天人之占可得而效，于是重《易》六爻，作上下篇。"这就是说在文王之前已有八卦，文王演之为六十四卦三百八十四爻，叫做《周易》。但文王演《易》是否同时做了卦爻辞呢？如爻辞多文王后事，若爻辞是文王作，不应《升》卦六四有"王用亨于岐山"（追号文王为王乃武王克殷后事），不应《明夷》六五有"箕子之明夷"（箕子被囚为奴，乃武王观兵后事）。又《左传·昭公二年》："晋侯使韩宣子来聘，……观书于太史氏，见《易象》与《鲁春秋》曰：周礼尽在鲁矣，吾乃今知周公之德与周之所以王也。"而周公当放谤流言的时候，也算得起是忧患极了，所以马融、陆绩、孔颖达均主张卦辞为文王作，爻辞则为周公作。其实是文王作，还是周公作，都无明文可据。《史记》称"文王演三百八十四爻"，也不曾说作卦爻辞，若云爻周公作，这也不过东汉古文家如郑兴、贾逵、马融等的异说，西汉今文家便不如此说，所以这个问题还是没有解决的。最好的解决，是承认卦爻辞为西周初期所作，尽管不识作者为谁，但可明白卦爻辞的作者，只将商代及商周之际的故事叙述于各卦爻中。例如"帝乙归妹"两见，"高宗伐鬼方"

（《既济》九三、《未济》九四）亦两见；又如"丧羊（牛）于易"（《大壮》六五、《旅》上九）亦两见。可见卦爻辞虽著作人无考，却可决定其为两周初卜官所作的书。在周初这些卦爻辞当皆太卜所掌，直到孔子时代，才根据于此而加以整理发挥，成为中国珍贵之哲学遗产。卦爻辞决非孔子所作，但其产生则无疑是在孔子以前，是西周哲学思想的代表作。尽管这种较为素朴的作品，尚不脱出占筮书性质，但就其所列六十四卦次序，及卦爻的结构，已可看出辩证法思想的萌芽了。在六十四卦中，有表示对立的，有表示矛盾的，而即在这对立和矛盾之中，说明了一阖一辟、刚柔相摩、八卦相荡的阴阳变化之反复无穷的意义。只这一点，已经指示后来中国哲学以无限的发展前途。如下《易》卦原次序：

　　在上列卦中，此卦与彼卦参伍错综，便产生各种卦变之法，约略说来有三种：

　　（一）变易　即阳变阴，阴变阳，如乾变坤，坎变离。但也可成为旁通之卦，如需䷄下乾上坎，下卦旁通坤，上卦旁通离，重卦旁通晋䷢，故晋为进，需为不进，义正相反。

　　（二）交易　即阴交于阳，阳交于阴，如否䷋泰䷊为乾☰坤☷相交，既济䷾与未济䷿为坎☵离☲相交之类。

　　（三）反易　如屯反为蒙，蒙反为屯。临䷒下兑上坤，反易则为观䷓，而观反易亦为临䷒。又渐䷴下艮上巽，反易则为归妹䷵，而归妹反易亦为渐䷴，以此类推。

　　《易》六十四卦，惟上经泰、否与下经既济、未济，兼变易、反易、交易三义，说见《仲氏易》。惟《仲氏易》尚有对易与移易二爻法。移易指阴阳二爻，往来上下，例如泰，三爻移为上爻，三阳往而上阴来则为损，又如否䷋四爻移为初爻，四阳来而初阴往则为益。推此则一爻往来移易，如蛊䷑下巽上艮，初六易九二为贲䷕，九三易六四为未济䷿，六五易上九为井䷯，上九易初六为泰䷊，亦可为移易。如履䷉下兑上乾，使乾居下而兑居上，则对易为夬䷪；豫䷏下坤上震，使震居下而坤居上，则对易为复䷗；临䷒下兑上坤，使坤居下而兑居上则对易为萃䷬。可见对易是有的，不是如《仲氏易》所说那样罢了（此参见《仲氏易》卷一与刘师培说卦变，见《经学教科书》第二册）。

　　由上可见《易经》是讲变化的书，而在讲变化中，还既寓着民主性的精华。如《易》义扶阳抑阴，然而立天之道，不曰阳与阴，而曰阴与阳，又云一阴一阳之谓道，又云分阴分阳，均阴居先而阳居后。又《系辞》云："列贵贱者存乎位"，那应该是拥护阶级制度了，但《易经》言位至为无定，所以说"上下无常，刚柔相易，不可为典要，惟变所适"。如果平民而有君德，也自然为利见之大人，君位岂有一定。又如《易》坤上乾下卦反为泰，其《象》曰"天地交而万物通也，上下交而其志同也"；乾上坤下卦反为否，其《象》曰"天地交而万物通也，上下不交而天下无邦也"。楼钥《通下情疏》认为"此皆圣人之深意"。吕振羽（《中国政治思想史》）亦认为"否"是说乾上坤下的统治和被统治者所形成的现社会已不合理，已达到其自身否定的形势了，只有把阶级的地位变过来而达到坤上乾下的☷☰形式，才是合理的"泰"。据此他断定说："六十四卦和三百八十四爻，都是由这样矛盾对立斗争的形势中变化出来的。"这不是说在西周初期中国已有辩证法思想的萌芽和很优良的古代哲学遗产吗？然而不幸地，这在早期形成的思想系统，其年代很早便成问题。在中国宋欧阳修有《〈易〉童子问》三卷，其下卷专言《系辞》、《文言》、《说卦》而下皆非孔子所作，在日本则远如伊滕东涯，近如本田成之均疑作《易》年代，这应该怎样去解释呢？

案《论语》中关于《易》的有三段话：

> 子曰："加我数年，五十以学《易》，可以无大过矣。"（《述而》）

> 子曰："南人有言曰：'人而无恒，不可以作巫医。'善夫！""不恒其德，或承之羞。"子曰："不占而已矣。"（《子路》）

> 曾子曰："君子思不出其位。"（《宪问》）

据陆氏《释文·述而》篇出"学易"二字注："如字，《鲁论》读易为亦，今从古。"因此许多人以为《鲁论》"易"字作"亦"，"五十以学"句，五十是知命之年，此时若能再学，自今以后，可以无误云云，是谦逊语，而非谓说《易》。即依《鲁论》，《述而》全文为："加我数年，五十以学，亦可以无大过矣。"

　　不知陆氏《释文》原意，只是说《鲁论》"读易为亦"，古文读易为异（孔颖达《周易正义》："救易者易也，作难易之易"），《鲁论》读易为亦，不误，孔颖达从古读易为异，则系音读问题。如《学而》篇"传不习乎"，郑注"鲁读传为专，今从古"；《公冶长》篇"崔子"，郑注"鲁读崔为高，今从古"（王国维《书敦煌本〈论语〉郑氏注残卷后》，见《观堂集林》卷四）。在这里"传不习乎"不是"专不习乎"，"崔子"不是"高子"，这和读易为亦，均为音读问题，辨这一点，可见易不作亦。且"亦可以无大过矣"，"大过"乃《易》卦名，学《易》而言可以无大过，分明与《易》有关，把易字改为亦字，就亦字也似为衍文。其次《子路》篇"不恒其德，或承之羞"，显系孔子引《恒》卦九三爻辞二句，所以接着说"不占而已矣"。《易》为卜筮之书，此言"不占"证明是指《易》而言，而且是《荀子·大略》篇"善为《易》者不占"一说所本。

　　而且《易》和孔子的关系，在《论语》之外尚有旁证。如《庄子·天运》篇载孔子见老聃说"丘治《诗》、《书》、《礼》、《乐》、《易》、《春秋》六经"。又《天下》篇云："其明而在度数者，《诗》、《书》、《礼》、《乐》，邹鲁之士搢绅先生多能明之，《诗》以道志，《书》以道事，《礼》以道行，《乐》以道和，《易》以道阴阳，《春秋》以道名分。"即使认此均为庄子后学所作，也不足以证明在孔子当时《易》的经部还没有构成，相反地却证明了和孟子同时不久，庄子之徒已认《易》在孔子时代早已完成了。还有就是汉人对孔子和《易》的关系，均无异论，《史记》所述，尤为明显。如：

（一）《吕氏春秋·慎行论·壹行》："孔子卜，得《贲》。孔子曰：'不吉。'子贡曰：'夫《贲》亦好矣，何谓不吉乎？'孔子曰：'夫白而白，黑而黑，夫《贲》又何好乎？'"（《说苑·反质》略与此同）

（二）《淮南子·人间训》："孔子读《易》至《损》《益》，未尝不愤然而叹，曰：'益损者，其王之事与！'事或欲以利之，适足以害之；或欲害之，乃反以利之。利害之反，祸福之门户，不可不察也。'"

（三）《说苑·敬慎》篇："孔子读《易》至于《损》《益》，则喟然而叹。子夏避席而问曰：'夫子何为叹？'孔子曰：'夫自损者益，自益者缺，吾是以叹也。'……孔子曰：'……是非损益之征与？吾故曰：谦也者，致恭以存其位者也。'"

（四）《韩诗外传》卷八："孔子曰：'《易》先《同人》后《大有》，承之以《谦》，不亦可乎？'故天道亏盈而益谦，地道变盈而流谦，鬼神害盈而福谦，人道恶盈而好谦。谦者，抑事而损者也。持盈之道，抑而损之，此谦德之于行也。顺之者吉，逆之者凶。"

（五）《史记·孔子世家》："孔子晚而喜《易》，序《彖》、《象》、《说卦》、《文言》。读《易》，韦编三绝。曰：'假我数年，若是，我于《易》则彬彬矣。'"

（六）《史记·滑稽列传》："孔子曰：'六艺于治一也。《礼》以节人，《乐》以发和，《书》以道事，《诗》以达意，《易》以神化，《春秋》以义（《长短经》作以道义）。'"

在这里最可注意的是《史记》。太史公世治《周易》，而所记

如此，可见孔子与《易》关系，无可讳言。惟谓今《十翼》皆是
孔子所作，似亦成为问题。《十翼》内容是上《彖》一，下
《彖》二，上《象》三，下《象》四，上《系》五，下《系》
六，《文言》七，《说卦》八，《序卦》九，《杂卦》十。其中
《说卦》、《序卦》、《杂卦》，均属后出，《文言》、《系辞》均有
"子曰"，当属孔子弟子述孔子之言。孔子所作，现存的《十翼》
中，一部分是孔子所作，一部分为孔子的后学所作，要之均与孔
子之治《易》有关。孔子对于《易》的大贡献，即在把卜筮书之
《易》变为道德政治哲学书之《易》。如传孔子之学的子思，即于
《易》极有心得。杭辛斋《学易笔谈》卷四《〈大学〉、〈中庸〉易
象》"与武内义雄《〈易〉与〈中庸〉之研究》（岩波书店版）均
认《中庸》本于《大易》，如《中庸》有"庸德之行，庸言之
谨，有所不足，不敢不勉，有余不敢尽，言顾行，行顾言"，首
二句本《易·文言》"庸言之信，庸行之谨，闲邪存其诚"。又
"君子依乎中庸，遁世不见知而不悔，惟圣者能之"，亦与《易·
文言》"潜龙勿用"，"子曰：'龙，德而隐者也。不易乎世，不
成乎名，遁世无闷，不见是而无闷。乐则行之，忧则违之'"，用
意相同。至于所传子思所作《表记》、《缁衣》、《坊记》三篇
（均见《礼记》），则所引《易》之《象辞》、《彖辞》，更为明显
的证据。如"初筮告，再三渎，渎则不告"（《蒙卦》），"不家食
吉"（《大畜卦·彖辞》），"不事王侯，高尚其事"（《蛊卦·上九
爻辞》）见《表记》。"不恒其德，或承之羞"、"恒其德，贞；妇
人吉，夫子凶"（《恒卦·爻辞》）见《缁衣》。"东邻杀牛，不如
西邻之禴祭，实受其福"（《既济·九五爻辞》），"不耕，获；不
菑，畬"（《无妄·六二爻辞》）见《坊记》。《孟子》七篇引
《诗》二十六、论《诗》四，引《书》十七、论《书》一，又论

《礼》及《春秋》，独未言《易》，李榕村《语录》竟云"孟子竟是不曾见《易》"，此说似尚成问题（参看杭辛斋《孟子之易》，在《学易笔谈》中）。惟先秦儒家中，荀子是主张"善为《易》者不占"（《大略篇》）、且曾论到《周易》的人。囊括其书所引《易经》的话，如：

> 《非相篇》："故《易》曰：'括囊无咎无誉。'腐儒之谓也。"

> 《大略篇》："……《易》曰：'复自道，何其咎?'春秋贤穆公，以为能变也。"

前者所引为《坤》六四爻辞，后者所引为《小畜》初九爻辞。但他有一处也引《咸》卦《象传》，只是没有标明出处，即《大略篇》所云：

> 《易》之《咸》，见夫妇。夫妇之道，不可不正也，君臣父子之本也。咸，感也，以高下下，以男下女，柔上而刚下。

把这一段和《易·咸》比较："咸，感也。柔上而刚下，二气感应以相与。止而说，男下女，是以'亨，利贞，取女吉'也。天地感而万物化生，圣人感人心而天下和平。观其所感，而天地万物之情可见矣。"在这两段相类似的文句之中，很明白是《咸》的说话在先，而《荀子》在后。《荀子》未标明出处，也不过如章实斋所举孔子引"不恒其德"未尝明著《易》文同例。而且根据《荀子》本文所述"《易》之《咸》"，不是已经标明是出于《易传》？《易》之出世是在荀子之书以前，不是很明白的吗？

再就《十翼》中《说卦》、《文言》、《系辞》来说，依《史记·孔子世家》,《说卦》、《文言》也应该是孔子作的,即是今传《说卦》、《序卦》、《杂卦》三篇,据王充《论衡》与《隋书·经籍志》的记载,乃系后出。

> 《论衡·正说篇》:"……孝宣皇帝之时,河内女子发老屋,得逸《易》、《礼》、《尚书》各一篇,奏之,宣帝下示博士,然后《易》、《礼》、《尚书》各益一篇。"

> 《隋书·经籍志》:"……及秦焚书,《周易》独以筮得存,唯失《说卦》三篇,后河内女子得之。"

这在西汉中叶即汉宣帝时出现的《说卦》一组,虽不必尽出汉人的伪托,但其中所载的易象,显然和京房的卦气图说相合,陆德明《经典释文》于《说卦》但未注所举荀爽九家集解本,似《说卦传》亦有异文,其非孔子所作甚明。只有《文言》和《象辞》相一致,如两者所共通的"时乘六龙以御天"一句,就是好例。传孔子所作《文言传》当亦孔子弟子所记孔子之言。惟《文言》今惟《乾》、《坤》二卦,其余诸卦均无,其实他卦亦有《文言传》,惟二卦所言独详,他卦与《乾》《坤》二卦原为一篇,以后错简散佚,编入《系辞传》内。《系辞传》中有解释爻辞似《文言传》的,即为他卦《文言》的错简,上下《传》共十八条,今各举二例,如:

> "鸣鹤在阴,其子和之。我有好爵,吾与尔靡之。"子曰:"君子居其室,出其言善,则千里之外应之,况其迩者乎?居其室,出其言不善,则千里之外违之,况其迩者乎?言出乎身,加乎民;行发乎迩,见乎远。言行,君子之枢机。枢机之发,荣辱之主也。言行,君子之所以动天地也,可不慎乎?"(《系辞上传》)

《易》曰："憧憧往来，朋从尔思。"子曰："天下何思何虑？天下同归而殊涂，一致而百虑，天下何思何虑？"（《系辞下传》）

子曰："知几其神乎？君子上交不谄，下交不渎，其知几乎！几者，动之微，言之先见者也。君子见几而作，不俟终日。《易》曰：'介于石，不终日，贞吉。'介如石焉，宁用终日？断可识矣！君子知微知彰，知柔知刚，万夫之望。"子曰："颜氏之子，其殆庶几乎？有不善，未尝不知；知之，未尝复行也。《易》曰：'不远复，无祇悔，元吉。'"（《系辞下传》）

元吴澄《易纂言》曾将《系辞传》引一十八节，并移入《文言传》；明湛若水《古易经训》，也指出旧本多有错简重复，如"亢龙有悔"以下十九条，乃《文言》之文，而错简散佚于《系辞》，虽然这种对于《系辞传》的整理，为马国翰所不满，认为"汩乱古经"，其实古代用简策所做的书，错简是常有的事，孔子读《易》，韦编三绝，即是断烂了三次编简的皮带子，所以《文言传》很可能错简入《系辞传》。《系辞传》之文，许多人疑其错乱，这都是很可能的。但无论《文言传》或《系辞传》，我认为均非孔子所自作，而为孔子弟子述孔子之言，其时代当较《彖传》《象传》为稍后，这也是无可疑的。《文言传》与《系辞传》均有"子曰"字样，可证其非孔子亲笔，但这并不意味其中并没有孔子以前的说话，如《说苑·君道》篇引泄冶之言曰："《易》曰：夫君子居其室，出其言善，则千里之外应之"，至"可不慎乎"一大段，句下并有"天地动而万物变"句，为今《系上传》所无。王伯厚《困学纪闻》谓泄冶在孔子前，而引

《易·大传》，疑《说苑》所记为非。刘申叔则谓孔《十翼》之文，多有所承，如《乾·文言》释"元亨利贞"与穆姜所言悉符，穆姜所言盖系《易》学相传之谊，《系辞》"君子居室"数言，也必系同代说《易》者所传，故泄冶引其文，孔子采其说（《左盦集》卷十一）。由此可见《文言》、《系辞》多有所本，即非孔子亲笔，然其阐发阴阳变化之理，对于古代辩证观念的展开，其贡献决不在同为孔门弟子所述的那《论语》之下，因此我们在中国哲学史里，也不应把《易传》的史料价值估计过低。中国哲学中矛盾变化的思想，起源很早，当在殷周之际，经儒家的孔子和孔子弟子而更发扬光大起来。《易经》标志了殷周之际统治阶级思想的动摇，不但告诉我们世界是在矛盾中变化，而且本于阴阳的变易，而主张变更君臣位置之革命的真理。如《革》卦《彖辞》云：

> 天地革而四时成，汤武革命，顺乎天而应乎人，《革》之时义大矣哉。

又：

> 井道不可不革。（《序卦传》）
> 《革》，去故也。（《杂卦传》）

这一类革命思想的发展，成为《孟子》所谓"闻诛一夫纣矣，未闻弑君也"，这是自称万世一系的日本汉学者最认为大逆不道的，所以历来日本汉学者，很多反对《易经》和《孟子》。写《作易年代考》的本田成之，即认"不可为典要，唯变所适"的《易传》思想为"造成极不安定之现象"（《先秦经籍考》上），称汤武革命为"其危险甚多"（同上书）。他们虽不敢断定《易经》为伪书，但总想用尽曲折的方法，来贬低这一本书的史料价值，不是完全否定《易经》和孔子的关系，就是贬《易经》为卜筮书。他们对于中国人的智慧的否定，实际乃是对于革命思想的否定。但是，我们现在已不受这种殖民地意识的拘束了，我们要重新认识这一部最初提出革命和民主思想的哲学史料的真价值了。

《易》学的流派

从哲学史料的眼光来看《易经》，则《易经》几乎可称是中国人最早辩证的素朴唯物主义世界观的代表作了。《易经》以前虽相传有如有焱氏所作的颂（见《庄子·天运》篇引："听之不闻其声，视之不见其形，充满天地，苞裹六极。"），以音乐的精神说明世界。又《吕氏春秋·圜道》引《黄帝》说："帝无常处也，有处者乃无处也。"这是先代的泛神思想，但均不足作为完整的史料。可作为史料看的，只有《易经》。《易经》是古代中国人对于宇宙万物发生种种问题的总结，中国科学在这时虽没发达，而仰观俯察自然现象的结果，是应用来作舟车、作杵臼、作衣裳、作宫室、作书契，所重乃在讲变化，讲改造世界，这是有进步的意义的。但虽如此，《易经》毕竟是从卜筮书发展出来，正如列宁批判毕太哥拉的学说似的，是把科学思想萌芽和宗教神话式的狂想联系（《哲学笔记》）。因此无论唯物主义还是唯心主义的世界观，都可以托始于《易经》，这就使《易》学中产生许多流派，许多不同观点的不同著作。对于这些不同观点的不同著作的介绍，不但可以使我们得以明了《易经》这一门学问的历史，也可以越发明白中国人智慧的来源，黑格尔所称为"有绝对权威的"，决不是妄言。大概说来，《易》学的派别，按时代可区分为如下之三类型：

第一、《易》汉学。《汉书·艺文志》所载《六艺略》，《易经》十二篇，施、孟、梁丘三家以下，共《易》十三家二百九十四篇。《隋书·经籍志》经部旧藏十三卷以下，《易》共六十九部五百五十一卷，通计亡书，合九十四部八百二十九卷。以上从汉到隋的《易经》注解，今多不传，《汉志》所载几皆不存，惟京氏《占候》，严可均辑有残本（见《铁桥漫录》）。又《四库·子部》术数类收《京氏易传》三卷，有《汉魏丛书》本、《津逮秘书》本、《学津讨原》本及《四部丛刊》影印天一阁本。又今存《焦氏易林》，传焦延寿作，《七略》与《汉书·艺文志》均未著录。顾炎武、梁启超疑是东汉以后人作；丁晏《易要释文》与顾实《重考古今伪书考》则认为学出西京，文义古奥，非东汉诸儒所能依托；近如尚秉和、于省吾均重此书，尚秉和曾就《易林》获逸象若干，按之《易》而合。又《隋书·经籍志》载子夏《易传》，有《通志堂经解》本。此书决非卜子夏所作，已成定论。晁说之以为是张弧的伪作，朱彝尊则以为其文亦不类唐人文字，谓为张弧所作，恐非今本，可知伪书中还有伪的。通计《隋志》所载今存全部或一部分的，只有下列数种：

《周易注》九卷　后汉大司农郑玄注

《周易注》十卷　魏尚书郎王弼注六十四卦六卷　韩康伯注《系辞》以下三卷　王弼又撰《周易略例》一卷

《周易》十三卷　吴郁林太守陆绩注

《周易系辞注》二卷　晋太常韩康伯注

就中《周易》郑康成注，亡于北宋南宋之间，今本尚非原本，一种系宋王应麟编《周易郑康成注》一卷，有《玉海》本、《四部丛刊》三编影印元刊本，乃是散佚之后，重新搜集，以存汉《易》的一线。又一种清惠栋编《新本郑氏周易》三卷，凡王应麟书所载的——考求原本，注其出自某书，更搜采群籍补九十余条。此外，尚可举者：

清卢见曾刻《雅雨堂丛书》辑本《郑氏易注》十卷（广州刻《古经解汇函》本三卷、补遗一卷）

清丁杰辑补《周易郑注》十二卷（陈春刻《湖海楼丛书》本）

又《陆氏易解》一卷，有明姚士粦所辑吴陆绩《周易注》，乃钞摄陆氏《释文》、李鼎祚《集解》及《京氏易传》三书而成，收入《四库全书》。又有《古经解汇函》重刻孙堂辑本一卷，及《玉函山房辑佚书》中三卷之陆氏《周易陆氏述》。

由上可见唐代以前所著《易》，实存无几。魏王弼、晋韩康伯注，排击汉儒，自标新义，其学源出费直。费氏《易》今不可见，然荀爽《易》即费氏《易》，李鼎祚《集解》颇载其遗说，大抵究爻位的上下，辨卦德的刚柔，已与弼注略近，但弼全废象数。依《四库全书总目》（卷一《易类一》）所云：

> 《隋书·经籍志》载晋扬州刺史顾夷等有《周易难王辅嗣义》一卷，《册府元龟》又载顾悦之（案悦之即顾夷之字）《难王弼易义》四十余条，京口闵康之又申王难顾，是在当日已有异同。王俭、颜延年以后，此扬彼抑，互诘不休，至颖达等奉诏作疏，始专崇王注而众说皆废。故《隋志》易类称郑学寖微，今殆绝矣。盖长孙无忌等作《志》之时，在《正义》既行之后也。

今按《周易正义》十卷，魏王弼、晋韩康伯注，唐孔颖达等正义，有《十三经注疏》本，也有北平人文科学研究所影印宋单疏本，尚易得。《正义》通行之时，即汉《易》众说衰落之时，而今吾人在千数百年之后，尚可考究易汉学者，则实得力于现存下列的二部书：

《周易集解》十七卷 唐李鼎祚撰 雅雨堂本 《古经解汇函》重刻卢本 《津逮秘书》本 《学津讨原》本 明木渎周氏刻本 仁和叶氏刻本

《周易口诀义》六卷 唐史徵撰 清孙星衍刻《岱南丛书》本 《古经解汇函》重刻孙本

案李氏《集解》所采三十五家，即子夏、孟喜、焦赣、京房、马融、郑玄、荀爽、刘表、何晏、宋衷、虞翻、陆绩、干宝、王肃、王弼、姚信、王廙、张璠、向秀、王凯冲、侯果、蜀才、翟元、韩康伯、刘瓛、何妥、崔憬、沈麟士、卢氏、崔觐、伏曼容、孔颖达、姚规、朱仰之、蔡景君等三十五家之说，自序称"刊辅嗣之野文，补康成之逸象"，可见是给《易》汉学保留了不少文献。又案《周易口诀义》，此书在"直钞注疏以便讲习"之外，更旁征博引。所引有周氏、李氏、宋衷、陆绩、庄氏、张氏、王廙、荀爽、虞氏、何妥、周宏正、褚氏、郑众、侯果、王氏等十五家之说。由于以上两书，在旧籍佚亡的时候，保留了古《易》注的遗文诸论，使得清代学者如惠士奇、惠栋、张惠言等，依此来复兴《易》汉学。虽其"尊汉""好古"的旗帜，和"凡汉皆好"的主张，未免好笑，但于《易》汉学的研究，单辞只义，不惜竭其一生的全力，可以说有短处也有长处。其代表作有：

《易说》六卷 清惠士奇 家刻本 《皇清经解》本

《周易述》二十三卷 《易微言》三卷 清惠栋 虞氏刻本 《皇清经解》本

《易汉学》八卷　清惠栋　单行本　《经训堂丛书》本

《易例》二卷　清惠栋　《贷园丛书》本　《借月山房汇钞》本　《指海》本　《续经解》本

《周易虞氏义》九卷　《周易虞氏消息》二卷　《周易虞氏易礼》二卷　《周易虞氏易事》二卷　《虞氏易言》二卷《虞氏易候》一卷　清张惠言　《茗柯全集》本　《学海堂》本无后三种

《周易郑荀义》三卷　清张惠言　同上

《周易荀氏九家义》一卷　同上

《易义别录》十四卷　同上　采辑孟喜、姚信、翟玄、蜀才、京房、陆绩、干宝、马融、宋衷、刘表、王肃、董遇、王廙、刘瓛等十四家《易》说。

属于辑佚书的工作，有清孙堂辑刻本《汉魏二十一家易注》三十三卷；马国翰玉函山房辑《易》类，从《连山》、《归藏》至唐一行《易纂》共五十二卷，内汉《易》十二卷、魏晋《易》十一卷；黄奭辑齐刘瓛《乾坤义》一卷；王谟辑汉京房《易飞候》一卷、晋郭璞《周易洞林》一卷。要而言之，汉儒《易》说，经掇拾残阙之后，尚约略可观，其所重乃在（一）互体，（二）爻辰，（三）纳甲，（四）卦气，（五）旁通，（六）反复，（七）升降，还有什么"半象两象"呀，什么"六日七分"呀！那些说阴阳灾异的唯心主义思想体系，固然应该把它辞辟廓清，但就其所代表的《易》之世界观，是以"气"为主，这是迷信和科学的混合，其中不能说一点也没有合理的因素。例如清姚配中所著《周易姚氏学》八卷，其学乃据郑司农的注为主，参以荀爽、虞翻及汉魏经师旧说，而实得力于惠栋与张惠言。此书有汪守成刻本、《续经解》本、《万有文库》本，甚易得。他主张

"元"为《易》之原，气之始，引《京房》"以一为天之生气"；又引许氏《说文》"惟初太始，道立于一，造分天地，化成万物，此则元之所以为元也"；注引《何休公羊注》云："元者气也，无形以起，有形以分，造成天地，天地之始也。"这以元气说明宇宙的起源，实即近于唯物主义的世界观。姚氏《易》虽后出，而时多有新解，我们不能说《易》汉学的研究是完全没有价值的。

第二，《易》宋学。《易》汉学以象为主，偏于感性的知识，《易》宋学则以理为主，偏于理性的知识，北宋五子无不精通《易经》，如周敦颐有《易通》、《易说》（潘兴嗣《周濂溪墓志铭》），今传《太极图说》、《通书》，程颐有《易传》，张载有《易说》、《正蒙》，邵雍有《皇极经世》。周、邵《易》学出于道家，而程《传》的起源，实出于王弼。《易经》在郑玄时，始割《彖传》与《象传》来附《经》，《文言》尚自为一传，至王弼乃将《乾》《坤》二卦各附《文言》，把象数之学废了，使《易》达到了纯粹思想的意识——义理之学。这义理之学直传到宋，遂为胡瑗、王安石的《易》说。程颐《与谢湜书》说"读《易》当先观王弼、胡瑗、王安石三家"，王安石《易解》十四卷（《宋志》十四卷，《通考》作二十卷）解说《易》中字义甚详，惜其书已佚（参照朱彝尊《经义考》卷十九）。胡安定《易传》即其门人倪天隐所纂之《周易口义》十二卷，收入《四库全书》，据刘绍攽《周易详说》云：

> 朱子谓程子之学源于周子，然考之《易传》，无一语及太极，于《观》卦辞云："予闻之胡翼之（瑗子）先生……"于《大畜》上九云："予闻之胡先生曰……"于《夬》九三云：

"安定胡以移其文曰……"于《渐》上九云："安定胡公以为……"考《伊川年谱》："皇佑中游太学，海陵胡翼之先生亦主张教道，得先生试文，大惊，即延见，处以学职。"其时必从而受业焉。世知其从事濂溪，不知其讲《易》多本于翼之也。

《四库全书总目》卷二《易类二》据此断定在宋时期胡文定时为以义理说《易》之宗，《朱子语类》亦称胡安定《易》分晓。可见宋《易》所出。胡瑗有与王弼相同的地方，即不主张汉儒互体之说。新安王炎尝问张南轩："伊川令学者先看王辅嗣、胡翼之、王介甫三家，何也？"南轩答："三家不论互体故耳。"可见《易》宋学和《易》汉学是对立的，《易》汉学讲气，《易》宋学讲理。关于《易》宋学，以当时印刷术业已发明，流传较易，今《四库》所收及《通志堂经解》与《惜阴》、《聚珍》诸丛书中，尚有六十余种，但多陈陈相因，其可称代表作的，不过十余种，如：

《周易程传》四卷　宋程颐　光绪九年江南书局刊本

《周易本义》四卷　宋朱熹　咸淳乙丑吴革刊大字本　清扬州诗局刻及武英殿重刻宋大字本《周易本义》十二卷　清宝应刘氏校刻重刻宋本十二卷时附《吕氏音训》　宋吕祖谦撰　别有《金华丛书》本

《周易传义音训》八卷附《音学启蒙》　宋董楷合编程《传》朱《本义》　新附《吕氏音训》　清高均儒校盱眙吴氏望三益斋刻本

《郭氏传家易说》十一卷　宋郭雍撰　《聚珍版丛书》本《丛书集成》本

《诚斋易传》二十卷　宋杨万里　全谢山跋称其以史事证经学尤为洞邃，《易》应以伊川为正脉、诚斋为小宗云　有光绪二十五年重刊本

《丙子学易编》　宋李心传　《四库总目》云是书"所取惟王弼、张子、程子、邵雍、朱子五家之说而以其父舜臣《易本传》之说证之"　《通志堂经解》本

此外《通志堂经解》中所收如宋项安世《周易玩辞》十六卷，宋朱鉴（朱熹之孙）《文公易说》二十三卷，元胡一桂《周易本义》附录《纂注》十五卷、《周易启蒙翼传》三篇外篇一篇，元吴澄《易纂言》十三卷，均为传程朱的《易》学。

惟程朱也有不同，如程颐用王弼注本，其书但解上下《经》及《彖象》、《文言》，而《系辞传》、《说卦传》、《杂卦传》无注，董真卿谓亦从王弼。与此不同，朱子用吕祖谦编古《周易》本，分《上经》、《下经》、《彖上传》、《彖下传》、《象上传》、《象下传》、《系辞上传》、《系辞下传》、《文言传》、《说卦传》、《序卦传》、《杂卦传》为十二编。可见程朱不同。而割裂本义以入程传的，如宋董楷、元赵采、明胡广之修《大全》，都不过折衷程朱的传义罢了。程朱以外，《易》宋学最可注意的，是那哲学倾向尤为明显的一列数书：

《横渠易说》三卷　宋张载　此书较程传为简，与《正蒙》可相参看。张载为十一世纪中国唯物主义哲学家，此书作于《正蒙》之先，当予以重视，有《通志堂经解》本。

《杨氏易经》二十卷　宋杨简　此书解《易》惟以人心为主，而象数事物皆其所略，可与《宋元学案》所载《己易》合看，为以唯心主义解《易》之代表，收入《四库全书》。

《童溪易传》三十卷　宋王宗传　与《慈湖易传》宗旨相同，

收入《四库全书》。《总目》说明万历以后，以心学说《易》流别于此二人云。有《通志堂经解》本。

由上可见《易》宋学中有唯物主义与唯心主义的斗争，不可一概而论。至于从汉儒象数之学，又派生出图书一派，如宋代陈抟出《河图》、《洛书》，并《先天图》、古《易》以示。种放受先天四图，复后自著《六十四卦相生相摧卦图》。刘牧有《易数钩隐图》（《通志堂经解》本，《道藏》本洞真部灵图类）。尤以邵康节的《皇极经世》，无异在《易》学中另辟一新世界。其流弊乃竞言图书，绘图满纸，千态万状。毛奇龄所云"宋元间人，凡言《易》象者，自为一图"（见《西河合集·太极图说议》），这所谓《易》学，实源出道家，而与《易》宋学之为义理之学不同，这里且表过不提了。

宋《易》之外更可注意明儒与《易》学的关系，王阳明《玩易杂记》，谓"假我数年以学《易》，其亦可以无大过"，可见曾经治《易》。《传习录》中讲《易》的话很多，如云"孔子赞《易》，而天下之言《易》者始一"；"《易》是包氏之史"，又说"何思何虑"；说"敬以直内，义以方外"；说"穷理尽性以至于命"；说"精义入神，以致中也，利用安身，以崇德也"；说"不见是而无闷"；说"乐以养正"；说颜子"有不善未尝不知，知之未尝复行"；又分"《易》之辞、《易》之象、《易》之变、《易》之占"；说"蓍固是《易》，龟亦是《易》"；又答问"《易》朱子主卜筮，程《传》主理"；答问"通乎昼夜之道而知"；又论"先天而天弗违，天即良知也，后天而奉天时，良知即天也"；又答《易》"学以聚之"、"仁以行之"二语；又说："良知即是《易》，其为道也屡迁，变动不居，周流六虚，上下无常，刚柔相易，不可为典要，惟变所适，此知如何捉摸得？见得透时，便是圣人。"由此可见王学与《易》学关系甚深，阳明学者虽多以《中庸》代替《易经》的位置，但二书同出一源，清魏源《古微堂集》中有《庸易通义》一篇可见。何况阳明学者如王龙谿即深于《易》（见《致知议辨》），李贽的《九正易因》，更为代表之作，可见以理讲《易》这一观点，宋、明儒是相一致的。

第三，近代《易》学起源于对宋明学术的反动，于明儒则攻击其强攀《中庸》以为证据（说见王夫之《礼记章句》卷三十二《中庸衍》），于宋儒则攻击其以道家中丹鼎之术附会《易》文。本来《易》宋学的贡献，在把以前支配于佛教观念之下的真空观完全推翻，提出《易经》一书来极力肯定宇宙的实在，因而辟一闳大幽渺的新世界观，所以说"吾儒万里皆实，释氏万里皆虚"；"佛氏偏处只是虚其理，理是实理，他却虚了"（《朱子语类》）。所以《易》宋学在初起时实有元气淋漓的新气象，尤其张横渠的学说和程伊川的《易传》，都是借《易经》来高唱这世界的赞美歌的。但却是到了朱子之手里，便慢慢和图书一派结合起来，所以近代《易》学的首要工作，即在推翻那种包含有周邵图书成分的为当时功令所宗的《易》宋学。梁启超在《中国近三百年学术史》中明白指出："清代《易》学第一期工作，专在革周邵派的命。……把濂溪太极图说的娘家——即陈抟自称从累代道士传来的无极图——找出来。……把所有一切怪诞的图——什么无极太极，什么先天后天，什么太阳少阳太阴少阴，什么六十四卦的丹图方位，一概打扫得干干净净，一千年蒙罩住《易经》的云雾算是开光了，这不能不说是清初学者的功劳。"关于这一时期的著作，以下列数书为代表：

《易学象数论》六卷 清黄宗羲 新安汪虞辑校西麓堂本

《图书辨惑》一卷　清黄宗炎

《太极图说遗议》一卷　《河图洛书原舛编》一卷　《仲氏易》三十卷　《春秋占筮书》三卷　清毛奇龄　《西河合集》本　《清经解》本有《仲氏易》

《易图明辨》十卷　清胡渭　《守山阁丛书》本　《粤雅堂丛书》本　《续经解》本

近代《易》学的贡献，在消极破坏之上，尚有积极建设之一面，不过这种贡献，不是指惠士奇、惠栋、张惠言等所提倡的《易》汉学而言。《易》汉学如对于虞氏《易》，惠栋所述只三百三十则，张惠言所述只四百五十六则，而仪征方申作《虞氏易象汇编》，增至一千二百八则，但这种研究，究竟不出于对过去成绩的整理，而无所发见。我这里所谓有发见贡献的近代《易》学，乃别有所指，即以王夫之的唯物主义《易》学为近代《易》学的新起点，其代表作如下：

《周易内传》六卷（《发例》一卷）　《周易大象解》一卷《周易稗疏》四卷　《周易考异》一卷　《周易外传》七卷　清王夫之　《船山遗书》本

《周易章句》十二卷　《易通释》十二卷　《易图略》八卷　《周易补疏》二卷　《易话》二卷　《易广记》三卷　清焦循　《焦氏丛书》本

王船山与焦里堂均为《易》学专家，其所著书综合《易》汉学宋学的长处均能以考据与义理并重，且常有极深厚的新哲学的倾向，所以极可珍贵。王船山之辩证的素朴唯物主义《易》学又影响于清末谭嗣同的仁学。焦里堂把数理逻辑引申于哲学体系，也给我们的辩证法开了一条门径。自此以后如纪大奎的《易问》、《观易外编》，孙星衍的《周易集解》，端木国瑚的《周易指》，杭辛斋的《学易笔记》初集、二集，均能自出新解，不依傍古人门户，可算几千年来中国人智慧的发展。至如近代关系于《易经》的文字音训的工作，如顾炎武、江有诰的《易音》，王引之《经义述闻》与孙星衍《孙氏周易集解》十卷的诂义，朱骏声之《六十四卦经解》，乃至宋翔凤《过庭录》卷二、卷三《周易考异·下》等的考证，又今人著作如闻一多之《周易证类纂》、《古典新义·上》（《闻一多全集》选刊本），于省吾之《双剑誃易经新证》（一九三七年自印本）、高亨之《周易古今注》（一九四七年开明书店版），都是把《易经》从信仰的对象变成了科学研究的对象。《易经》现在已经不是神秘的庙堂，而完全成为古代中国人的智慧的结晶了。

第四讲

《老子》史料学[1]

一、《老子》及其成书的年代

中国古代哲学有与《易经》相参证的就是老子。黑格尔《哲学史讲演录》（第一卷）在讲完《易经》之后，接着也就讲道家的创始人老子。扬雄《太玄赋》："观《大易》之损益兮，览老氏之倚伏；省忧患之共门兮，察吉凶之同域。"桓谭在《新论》加以说明，曰："故宓羲氏谓之易，老子谓之道，孔子谓之元，而扬雄谓之玄。"（《后汉书·张衡传》注引）《易》言阴阳，言损益；老子言刚柔，言倚伏，和后来孔子的元，扬雄的玄，都是中国素朴唯物主义和自发辩证法的传统。然而很可惜，许多人不重视这一份极可珍贵的哲学遗产，而有意地把《易经》和老子的绝好的史料之时代拉后。老子其人和《道德经》成书时代，争论很久，有的人说老子生在孔子后面孟子之前，其书也就在那时候写的；有的人说《老子》一书作于《庄子》以后。当然，《老子》书和老子其人不一定完全相同，《老子》其书是纂辑还是专

---

〔1〕《世界宗教研究》2002 年第 2 期以《老子史料学》曾刊载此讲。——编辑者

著也成问题。说老子在孔子后的，在我国先有汪中的《述学》，在日本先有海保青陵的《老子国字解》，他们的意思都是在尊崇儒家，贬低道家，认为孔子在老子前。却是章太炎在《菿汉微言》中即驳此一说，谓："老子生卒年月，史所未详，世多疑之。汪容甫遽谓老后于孔，彼据段干之封为言。按本传云：'老子之子名宗，宗为魏将，封于段干。'《集解》云：'《魏世家》有段干木、段干子，《田完世家》有段干明，疑此三人是姓段干也，本盖因邑为姓。《风俗通氏姓注》云姓段名干木，恐或失之矣。'是说最谛。段干木为魏文师，则宗封段干尚在魏文之先，容在献子桓子之世，或更在前矣。据《年表》魏文侯斯元年去孔子卒裁五十五年，季宗为将，宜与孔子卒时相近，则老子不在孔后，的然无疑。其以老莱子、太史儋为即老子，本是传疑之言，不为定证。"尽管如此，孔在老前，从梁启超起便信以为真（梁启超说《老子》书作于战国之末，见《古史辨》第四册）。将老子提出诉讼，同意的人就多起来了。梁启超的提诉，虽然也有人证明其所提老子时代的嫌疑各证，或则不明旧相，或则不察故书，或则不知训诂，或则不通史例（见张煦《任公提诉老子时代一案判决案》，同上第四册）。不过在当时梁启超还认"《老子》这部书——到底在庄周前或在其后，还有商量余地"，而受梁氏的影响的，却早断定老子是在周以后无疑了。这种认为老子在庄子后，和《老子》书只是对庄子思想的发挥，其实这只要举《庄子》书中所引老聃的话，已够证明老在庄前，所以称引其人其书。不能把古籍关于老子与孔子、老子与庄子的所有资料，完全一笔勾销。庄在老前，固然是大胆的假设，然而不合乎历史事实！案《庄子·天下》篇"关尹、老聃乎，古之博大真人哉！""庄周闻其风而悦之"，这分明自述他的思想渊源。《史记·庄子本传》："其学无所不窥，然其本归于《老子》之言。"即使这些不够证明，则请读《庄子·内篇》之《养生主》、《德充符》、《应帝王》三篇所引老子文句。至于外篇，王夫之以为《庄子·外篇》或仅为老子作训诂，如《马蹄》篇引老子无为自正之说，《在宥篇》间杂老子之言。焦竑《笔乘》云："老子之有庄，犹孔之有孟。"事实也是如此。三十三篇中随在记述老子的遗言遗行，以《外杂篇》为例，述老子与孔子及弟子问答的，有《天运》二条、《天地》一条、《天道》一条、《田子方》一条、《知北游》一条；述老子与阳子居问答的，有《寓言》一条；与崔瞿问答的，有《在宥》一条；与士成绮问答的，有《天道》一条；与其门徒庚桑楚等问答的，有《庚桑楚》一条；与柏矩问答的，有《则阳》一条。而《内篇》三条尚不在内。然此问答的话，犹可说是寓言，若其书中所引《老子》原文，且有"故曰"二字以明事情所出，真凭实据，无可讳言。然而日本的帆足万里（《人学新论·原教》）疑之于前，中国则钱穆等承袭其说，以讹传讹。帆足万里宣称：

> 《老子》，战国好事者，剽窃庄周书作也。其文之温文含蓄之义，与《易·大象》、《论语》不同。且据篇中仁义并称，决非当时之言也，传者以为老子将□，西过关；为关尹喜著五千言，则知其书郑韩间人所伪撰。或曰《老子》即韩非所著，《喻老》、《解老》所以神其言，然韩非综核名实之学，未必为是无益之事也。

> 伪《老子》实剽窃而作者，加上文所言，今举二书之言征之，明老窃周，非周引《老》也。

这真是异想天开，然而竟为富于殖民意识的钱穆等所接受，以为《道德经》不会出于《庄子》以前。更趋极端的，甚至以《庄子》中的老子乃是乌有先生，这是不注意那时候的文献史料，只是一味瞎猜，把《庄子》以外，如《韩非子》、《史记》之《孔子世家》与《老子列传》、《礼记·曾子问》、《吕氏春秋》，乃至叔向（《说苑》卷十引《老子》）、墨子（《太平御览·兵部》五十三《墨子》佚文引《老子》）、颜斶（《战国策·齐策一》引《老子》）与孔子同时及其后所引《老子》，一概不闻不问，抹煞了老子之学。

上所以接史官之传，下所以开百家之学（参考《读子卮言》上卷二第十章），而颠倒事实，反谓老子学之包涵各学派思想，乃出于庄子之后。这种大胆的假设，实纯出自主观的臆测，而非历史的态度。郭沫若（《十批判书》）有一段很公平的话，说："道统观念很强的人，如象韩愈，认为老子是道家的人所假造出来，想借以压倒孔子的，这是为了争道统，要想维持孔子绝地通天的尊严，我们现在却没有这样的必要。"那么何必多此一举呢？

固然，无可否认老子其人在孔子前，《老子》其书有在孔子前的，也有在孔子后的，我们甚至还可以承认在孔子之后所纂辑成的《老子》，尚经汉人再为编定。《七略》云："刘向雠校中《老子》书二篇，太史公书一篇，臣向书二篇，凡中外书五篇，一百四十二章。除复重三篇六十二章，定著八十一章，上经第一、三十七章，下经第二、四十四章。"（《道藏》宋谢守灏《混元圣纪》引。又董思靖《老子集解叙说》引："刘向定著二篇八十一章，上经三十四章，下经四十七章。"下文云："葛洪等又加损益"，从此遂失中垒旧制矣。）这就是说当刘向校书时，《老子》的版本不止一种，有太史公的一篇本，也有刘向的二篇本，经校者小心地整理以后，除去重复的三篇六十二章，定为今本上下二篇八十一章。然则今本《老子》成书尚在汉初，那不是说比《庄子》之后还要后一些吗？但问题并不在这里，问题是在刘向校书时，已有《老子》其书，在孔子前，已有老子其人，刘向之校定《老子》好像严君平所传《老子》七十二章，吴澄所分《老子》六十八章，虽有其分合材料的事情，而对原著则没有什么损伤。依我意思，《老子》一书实非一人所能作，今传本《老子》如果把他看作是绝对完整的一人之言，则矛盾百出，若认为是纂辑成书，则《老子》作者显然不止一人。老子思想的产生，是在孔子以前，而《老子》一书的完成，却在孔子以后——今本《老子》是荟萃多人的材料而成的。

案《史记·老子韩非列传》云："老子者，楚苦县厉乡曲仁里人也，姓李氏，名耳，字聃。"又曰："或曰：老莱子亦楚人也，著书十五篇，言道家之用，与孔子同时云。"《正义》云："太史公疑老子或是老莱子，故书之。"在此可见老子实是老聃。司马迁疑其即是老莱子。又《本传》云："自孔子死之后百二十九年，而史记周太史儋见秦献公曰：'始秦与周合，合五百岁而离，离七十岁而霸王者出焉。'或曰儋即老子，或曰非也，世莫知其然否。"毕沅云："古聃儋字通，《说文》：聃，耳曼也。又云：儋，耳垂也。又云：耳大垂也。声义相同，故并借用。"由此，则老子又疑即是太史儋，或《吕氏春秋》中的老聃。但依我研究的结果，则《本传》中的老聃、老莱子、太史儋，实为三人，非即一人。至老子字伯阳之说，据许慎所见，《史记》本无此三字，乃后人取神仙家书改纂的痕迹。现在的问题，乃在辨明老子与老莱子的关系，据《史记》太史公疑老子或是老莱子，而《仲尼弟子列传》云："孔子之所严事，于周则老子……于楚，老莱子……"分明认为二人。实则老子和老莱子虽同属于道家系统，但据《庄子》书中，老子名共二十二见，老聃名四十六见，老莱子名三见；又据《大戴礼记·卫将军文子》、《战国策·楚策》中所称老莱子，和《礼记·曾子问》之老聃，《战国策·魏策》之老聃，也决为二人非一人。不然则同在一书之中，不应前后所用人名不同。《汉书·艺文志》云："老莱子十六篇。"班固自注云："楚人，与孔子同时。"《战国策·楚策四》有老莱子教孔子事君，《孔丛子·抗志篇》以为老莱子语子思。大概就时代言，老莱子当较老聃为晚辈，他著书据《史记》是得之传闻，即使有所论述，当已经归入《道德经》今本之内。至太史儋，则在孔子后一百二十九年才出现，当然和孔子问礼的老聃决非一人，而可认为老莱子的后辈。说他是《老子》一书的真正作者，不如认《老子》一书乃经过长期，才由太史儋把老聃、老莱子这些人的原始材料和他所作的新材料累积而成。这就是说，老子《道德经》开始于孔子之先的老聃，而完成于战国中叶。今本《老子》所代表的思想时代的背景，既反映春秋，又反映战国时代，大概是战国中叶的著作，不过里面最宝贵的部分，却早在春秋之末已经有了。现在试依纂辑次序列表说明如下：

老莱子（右派）…………

《道德经》——老　聃（中派）…………（综合本）

太史儋（左派）…………

固然在我以前，也有人注意到五千言是荟萃种种材料而成（如武内义雄：《老子原始》），但却没有注意到，此所荟萃的原始资料，即是《史记》本传中的三位老子著作，因此无法分清眉目，更无法定哪一篇是谁做的。其实在五千言里，疑难之点太多了，但如认为由这三派的传本不同，取舍相反不同，问题便容易解决了。

第一，《老子》书中多重复语，此证明各派所传本子不同。例如："不贵难得之货"（三章、六十四章）；"物或恶之，故有道者不处也"（二十四章、三十一章无"也"字）；"侯王若能守之，万物将自宾"（三十二章、三十七章"宾"作"化"字）；"信不足焉有不信"（十七章、二十三章"焉"字在"信"下）；"生而不有，为而不恃，长而不宰，是为玄德"（十章、五十一章二章前二句同第三句异）；"弱之胜强，柔之胜刚"（六十八章、三十六章两句倒置）；"挫其锐，解其纷"（四章、五十六章）；"和其光，同其尘"（注：和其光，不自表暴光为不耀也；同其尘，不修身以明污，受天下之垢也。四章、五十六章）；"夫唯不争，故天下莫能与之争"（二十二章、六十六章首二字作其，八十一章下句作故无尤）；"为者败之，执者失之"（二十九章、六十四章）；"不言之教"（二章、四十三章）；"没身不殆"（十六章、五十二章）；"物壮则老，是谓不道，不道早已（亡）"（三十章、五十五章）。按此种种重复之处，当与《韩非子·显学》所云"故孔、墨之后，儒分为八，墨离为三"有关。现在《墨子》中，《尚贤》、《尚同》、《兼爱》、《非攻》、《天志》、《非命》，皆分上、中、下三篇，其情形似略同。

第二，《老子》的最早解释书便已不同，这证明各派取舍不同。例如《庄子》内外篇、杂篇讲述老聃的话，和《韩非子》之《解老》、《喻老》中讲老聃的话，看法便大不相同。

由上所述，可见今本《老子》不必即出于一人之手，可能在成书之时已含三种学派的见解在内，而以老聃的中派为最早。他所倡学说，很多引用古语，这是出于史官的派头，如第六章"谷神不死"一书，即黄帝书语（据《列子·天瑞》篇），是为好例。老莱子次之,如七十八章"弱之胜强,柔之胜刚……是以圣人云'受国之垢,是为社稷主;受国不祥,是为天下王'。正言若反"。这一篇乃老莱子称引圣人之言。据《庄子·天下》篇:"老聃曰:'知其雄,守其雌,为天下蹊;知其白,守其辱,为天下谷。'人皆取先,己独取后,曰:'受天下之垢。'"可见圣人即老聃,老莱子为老聃弟子无疑。其学尊重圣人,《庄子·外物》篇老莱子教孔子有"圣人踌躇以兴事,以每成功"之语,这实以老子之学而接近古儒。《说文》曰:"儒,柔也,士之称。"此儒乃未成学派前之儒,是一种兼讲礼貌、讲道德吃饭的人。《战国策·楚策》云老莱子教孔子以柔术事君之道,"示之以其齿之坚,六十而尽靡也",可证其为"近儒派",这是《老子》书中之右派。次之太史儋。与老莱子比较,其时代更后,就极缺乏的史料来观察,亦可看出两人不同:(1)老莱子却楚之聘,为一隐者;太史儋见秦献公(一位好战的国君),为一野心家。(2)老莱子戏彩娱亲,完全为一个道德家的态度;太史儋言"霸王"之道,是一个政治家态度。(3)老莱子教孔子语,以齿为喻,乃一养生家;太史儋预言后代事,乃一预言家。然而,两种矛盾的思想,实均包含于《老子》一书之中,甚可注意。汪中《老子考异》曾指出:

> 夫助葬而遇日食,然且以见星为嫌,止枢以听变。其谨于礼如是,至其书则曰:"礼者,忠信之薄,而乱之首也。"下殇之葬,称引周召史佚。其尊信前哲也如是,而其书则曰:"圣人不死,大盗不止。"彼此乖违甚矣。

汪氏只知《老子》一书的矛盾,而不知其所以矛盾。若依哲学史眼光看来,则《老子》书中显然可分三派,以老聃为中派即正统派，老莱子为右派即近儒派，太史儋为左派即近法派，其重要分别如下：

右派（老莱子）	左派（太史儋）
1. 尊圣	非圣
2. 讲礼	讲兵
3. 尚道德	尚法术
4. 清净无为	刻苦奋斗

《史记》本传中的三位老子著作，中派老聃的年代当在纪元前五世纪。他的学说渊源深远，《汉书·艺文志》说出于史官，大概可靠。在古代神权政治时代，史官实为最大的知识者，掌握了所有学术，尤其是关于天文学的知识。只有他们具有探究天道的本领，所以《国语·周语下》周之单襄公说："吾非瞽史，焉知天道？"老聃相传是柱下史或征藏史，分明是《吕氏春秋》所述终古、向贽之流，是以史官出身的隐士，所以能以初步的科学知识为基础，而产生他的素朴唯物主义与辩证法思想。从初期科学所孕育出来的唯物观念，要穷究到天地万物的起源问题，照人类知识的发展顺序来看，应该是属于较早时期的。老莱子则为单纯的道德家，《史记》云："李耳言道德之意，老莱子言道德之用。"体与用不同，李耳（老聃）偏于本体方面，老莱子偏于工夫方面；李耳言本体方面在先，老莱子言工夫方面在后。有本体而后有工夫，所以老莱子如有著书，也不过发明老子之学而已，后人将其发明的老子之学编入《老子》原书中，自属情理中事。至于太史儋著书，史册无记，仅《史记》之《周本纪》、《秦本纪》、《老子韩非列传》，略载其言，知其为预言家，属于法术家者流。案《老子》书中有取天下与谈兵处，所云"师之所处，荆

棘生焉，大兵之后，必有凶年"，及"偏将军居左，上将军居右"。这些战国的成语，有些是战国的官名，梁启超《老子考》、武内义雄《老子原始》均已提到，似非较晚出之太史儋，不能作此语。因此，汪中及近人罗根泽等均认《老子》为太史儋作，此种全称肯定之说，固不可信，但认《老子》一部分较激烈处为太史儋所著，而以太史儋为《道德经》之最后完成者，似尚无可疑。案三十八章，宋吴子良《林下偶谈》已疑其"绝灭礼乐之老子，与孔子问礼之老子不同"，这不是左派的思想而是什么？最可注意的是在"夫礼者，忠信之薄，而乱之首也"，接着便是"前识者，道之华，愚之始"。《韩非子·解老》云："先物行，先理动之谓前识。"吴澄注："前识犹先知，智也。"这明见利害于未然的前识，分明是预言家言。又六十五章"古之善为道者，非以明民，将以愚之"，亦为政治家语。而遍观《老子》一书，言圣人者有三十处，而同一圣人同一名词，有被称与被黜的矛盾现象。被称者，如二十二章"圣人抱一为天下式"；二章"圣人处无为之事"；四十九章"圣人在天下，歙歙为天下浑其心"，又"圣人无常心，以百姓心为心"；八十一章"圣人不积"。此所谓圣人，与《庄子·天下》篇所云"以天为宗，以德为本，以道为门，兆于变化，谓之圣人"相近，实为中派语。次之如七十九章"圣人执左契而不责于人"；七十章"圣人被褐怀玉"；六十六章"圣人处上而民不重，处前而民不害"；十二章"圣人为腹不为目"；七十一章"圣人不病，以其病病。夫唯病病，是以不病"。此所谓圣人，均从用处着想，实为右派语。又次圣人之被黜的，如五章"圣人不仁，以百姓为刍狗"；十九章"绝圣弃智，民利百倍"。此所谓圣人圣智，与《庄子·胠箧》篇所抨击的圣人圣智相同，实为左派语。惟左派也有称圣人的，如二十六章"圣人

终日行不离辎重";二十九章"圣人去甚去奢去泰";五十八章
"圣人方而不割"。此三处"圣人"二字,据《韩非子》所引,
均作"君子"二字,可见为后来篡改之误。总之,凡《道德经》
中称引圣人文句,有出于老聃的,有出于老莱子的。出于老聃的
有三十二章、二十八章、六十三章、四十九章、八十一章、六十
三章、七章、二章共八章十一见;出于老莱子者有七十九章、七
十章、六十六章、七十七章、六十四章、十二章、七十二章、七
十一章共八章十见。至于太史儋,非圣轻贤,凡主张"不尚贤"
的文句,皆其所出,惟亦有原作"君子"二字而改作"圣人"
者,计共有五章、三章、二十九章、二十七章、五十八章、五十
七章、四十七章、二十六章、六十章共九章,"圣人"之名九见。
这中间似乎仍有矛盾,这种矛盾可解释为左派一方面反对儒家的
圣人,一方面主张道家的圣人。左派和右派的区别,即在左派反
对普通意义的圣人,右派则肯定普通的圣人。右派言圣人而无矛
盾,此则一方面"不尚贤",一方面又说"圣人之治"(三章);
一方面言"取天下",一方面又云"圣人云:我无为而民自化"
(五十七章)。这种矛盾,正是以圣人抨击圣人,结果便是绝圣弃
智,而天下大治。

次之,左、右两派有讲礼和谈兵之不同。右派讲礼,以谦卑
自持,如六十六章、七十章、七十八章、十三章,比比皆是。而
如五十四章"子孙以祭祀不辍"一语,尚存礼意。左派讲兵,如
三十章、三十一章、四十三章、六十七章、六十八章、六十九
章,皆为谈兵而作。

再次,左、右两派有尚道德与尚法术的不同。右派讲道德,
兼重养生,如四十四章、六章、七章、十章、十二章、十三章、
十五章、二十六章、五十章、五十五章、五十二章、五十九章、

六十章、七十三章皆其例。左派尚法术，兼重纵横家言，如三十六章、四十七章皆其例。但无论注重"道"与注重"术"，其源皆出于老聃。老聃学说原来就有此二种成分。《汉书·艺文志》列太公望于道家中，兵家中也有"贵后"一派。《吕氏春秋·不二篇》曰："王廖贵先，兒良贵后。"高诱注"王廖谋兵事贵先建策也，兒良作兵谋贵后"；《汉志·兵权谋》有《兒良》一篇，此与《老子》六十九章"吾不敢为主而为客，不敢过寸而退尺"相合。

　　总之，左、右两派，右派以老莱子为代表，言孝行，与儒家接近；左派以太史儋为代表，言霸术，尚前知，与法家接近。右派讲礼，左派谈兵；右派为道德家言，左派为刑名家言；右派近唯心论而左派近唯物论。此二派皆渊源于老聃，依《庄子·天下》篇、《淮南子·道应训》及最早引用《老子》书等文献史料，我们知道五千言中的一章、二章、四章、六章、七章、八章、九章、十四章、十五章、二十章、二十一章、二十二章、二十五章、二十八章、三十二章、三十四章、三十五章、三十七章、三十九章、四十章、四十二章、四十三章、四十四章、四十五章、四十九章、六十三章、七十三章、七十六章、八十一章等共二十八章，皆为老聃原本，也就是老子学的中派。今本《道德经》就是以这中派思想为中心，兼包并容左、右二派的学说资料而成的。若以时代考之，则中派之二十八章在先，右派次之，左派最后；若以思想的性质考之，则中派注重世界观，右派注重伦理思想，左派则注重社会政治观。因其各有偏重之处，分开来固可自成其说，合拢起来也形成一个完整的思想体系，恰似一家之言。而且这三派从思想方法上看，都是用辩证的方法，中派以辩证法说明宇宙的性质，是一有一无，"有无相生"；右派以辩证法说明人生观的性质，是一动一静，"吾以观复"，一彼一此，"去彼取此"；左派以辩证法说明社会政治性质是一歙一张、一弱一强、一废一兴、一夺一与，"将欲歙之，必固张之；将欲弱之，必固强之；将欲废之，必固兴之；将欲夺之，必固与之"。因为《老子》书三派立论虽略有分歧，而可在辩证的方法里统一起来，所以自来注家因重统一而丢掉差别，而以老子俯视百家，则将其视为绝对完整的一家言了。

二、《老子》的版本问题

知道《老子》是纂辑的书，是以三种不同的资料来源加以系统整理而成的专门著作，那么我们对这些资料，固然有时发现其中不少歧异矛盾，而就大体来看，却可以说是相同的。从太史儋编成五千文，而《老子》一书才普遍地为人所引用。如《战国策·魏策》魏武侯引"故《老子》曰：圣人无积，尽以为人己愈有，既以与人己愈多"；《齐策》颜斶引"《老子》曰：虽贵必以贱为本，虽高必以下为基，是以侯王称孤寡，不是其贱之本与非"。以太史儋的时代考之，均约略相近。但《老子》虽成书于战国中期，而流传至今，在刘向校《老子》时便有许多不同的版本。从这些版本中删除重复的三篇六十二章，成为今传《老子》道德上下二篇。此《道德经》上下二篇，虽在晋代葛洪又加损益，却是那上下篇八十一章本，仍有流传，所以《河上公》本、《经典释文》所载王注本、《道藏》唐傅奕本、石刻唐玄宗注本，尚均有刘向的定本体制，定著二编。刘向雠校所用版本中《老子》书二篇是官方中秘府的藏本，太史公书一篇、向书一篇则为私人的《老子》藏本，合此三种版本共五篇，所以说"凡中外书五篇"（其中当包括古文《老子》）。就中《老子》书及向书均本二篇，是否已分题《道德经》，则此无明文。惟知刘向定著八十一章，上经三十七章，下经四十四章。而据《弘明集·牟子理惑论》云："所理正于三十七录，兼法老氏道经三十七篇。"孙诒让《札迻》（卷四）引此以证汉时此书已分《道》、《德》二经共《道经》三十七章，《德经》四十四章，尚与今本正同。可见今传《老子》道、德二篇之分，实不是从陆德明《经典释文》开始，而在汉初便已如此，但从刘向定本以后，跟着老子学的发展，《老子》的版本也变动很大，因此现在研究《老子》资料，便首先不能不注意到《老子》的版本问题。

究竟现存《老子》书中，以什么版本为最能保存旧本面目而又最适用呢？关于这一点，在我未作肯定的回答以前，先将《老子》版本和关于研究《老子》版本的书，作一简单介绍。

老子《道德经》旧本，流传最广的是河上公和王弼二种。河上本属民间系统，文句简古，其流派为景龙碑本、遂州碑本与敦煌写本，多古字亦杂俚俗。王本属文人系统，文笔流畅，其流派为苏辙、陆希声、吴澄诸本，多善做文章，而参错自己见解，和古《老子》不同。到了开元御注本出，因时世俗尚，依违于河上、王二本之间。今所见《正统道藏》中的，不是开元御注如强思齐、杜光庭、李约、刘惟永辈，即是从政和（宋徽宗）御注如李霖、邵若愚、江澂、彭耜诸本。由此可见，今所传《老子》版本，都非汉代旧本。所可称为古本的如严遵与傅奕。严遵本与河上本相接近，傅奕本则为王弼本的发展，这是《老子》旧本的两大系统。就严本论，近怡兰堂校刊据明姚舜咨手抄蓝格本，较《道藏》本及《秘册汇函》本为胜。惟此书残阙将半，所传经文除可与河上公本相参证外，缺乏成为独立定本的条件。傅奕校定《老子》古本，字句独较他本繁了一些。毕沅据之作《道德经考

异》，劳健则参之以范应元本，作《老子古本考》，实则傅本文辞
繁多，比较王弼本更进一步。刘师培《老子斠补》，疑傅奕本也
曾为后人所改，很正确。范应元本号称古本，而五十五章窜入河
上公注文，二十章窜入唐玄宗注文，足证范也不算古。原来五千
言古本只河上公本差相仿佛，但现今所传，拿来和《意林》、《群
书治要》对校，有很多误谬之处，而分章标题，尤为道流者所妄
作。惟在河上、王二注并行之中，河上相传已久，王注则多人所
改。孙诒让《札迻》（卷四）已疑今本王注不分《道》、《德》二
经，和《释文》本不同，为唐时王注有别本之证。洪颐煊《读书
丛录》（卷十三）则竟称"王注出于明代，或后人掇拾为之"。
拿河上和王注本相较，《唐书·刘子玄传》称《老子》无河上公
注，要废弃它而立王弼，为识者所笑。实则即据宋刊河上本与王
本对勘，河上本已较王本为优（详拙著《老子校释》序文）。但
同在河上本之中，又有北方传本和南方传本的不同，宋刊本介在
南北二本之间，因在王本盛行之后，曾据王本妄改过经文。北方
本以敦煌发现的六朝唐写本为代表，即敦煌本。南方本则以日本
奈良圣语藏镰仓旧钞卷子残本以及东北大学教授武内义雄所藏室
町时代抄本为代表。就中北方本又胜过南方本，以字数来作证，
北方本据法京图书馆所藏敦煌本残卷末尾题"道经三十七章二千
一百八十四字，德经四十四章二千八百一十五字，五千文上下二
卷合八十一章四千九百九十九字"。南方本依室町时期的古写本，
有五千三百二字。二本的详略不同，据武内氏说，乃由于南北朝
以来，河上本的传播，河北和河南各地风俗言语的影响不同，南
本详而北本略，略的字数与五千言古本相同，详的则以意改字，
以求合于文人系统。由此可见，敦煌本是很有价值的了。敦煌本
有六朝及唐写残卷，罗振玉《道德经考异》所据诸本，合以武内

义雄所见法京图书馆所藏残卷，再加上北京图书馆旧藏唐写本《道经》残卷，凡得其全。惟仍美中不足，其中缺的地方，尚须以《道藏》罔字号所收《道德真经次解》与景龙碑本来补足。那么，即取景龙与《次解》做《老子》定本，应该说是更有理由的了。但《次解》本即遂州碑本，因为原碑不存，赖《次解》而成，这是一个缺点，故不如唐景龙二年易州龙兴观《道德经碑》之更为可靠甚明。钱大昕《潜研堂金石文跋尾》认景龙碑本为初唐所刻，字句与它本不同，皆从古字，以为胜过他本。严可均也说世间真旧本，必以景龙碑为最，共异同数百字，文谊简古，胜今本很多。我对《老子》版本的意见是：也认为以景龙碑为最美，其次则有敦煌本和遂州本可供参订。石本参考御注、广明、景福之外，更可参考楼正、邢玄、庆阳、磻溪、高翿、赵孟頫诸本。诸刻本中河上公本、宋刊本不如《道藏》李道纯《道德会元》所据白字本。王弼本除明和宇惠本为善本，即黎氏《古逸丛书》集唐字本之外，更可参考《道藏》本、范应元引王本与《道藏》宋张太守汇刻四家注本，其余古本如严遵本、傅奕本、范应元本以及夏竦文《四声韵》所引古《老子》，在考订文字上也都是有用处的。

关于研究《老子》版本的书，重要的有如下列：

（一）傅奕：《道德经》古本篇（《道藏》洞神部玉诀类本，北京图书馆藏刻朱印本）

（二）毕沅：《老子道德经考异》（《经训堂丛书》本）

（三）孙旷：《古今本考正》（见《诸名家评点老子晋注》附，武林溪香馆本）

（四）严可均：《老子唐本考异》（收入《铁桥金石跋》卷二、《聚学轩丛书》第三集）

（五）罗振玉：《老子道德经考异附补遗》（《永丰乡人杂著续编》之一，上虞罗氏刊本）

（六）何士骥：《古本道德经校刊》（一九三六年国立北平研究院《考古学报》第一卷第二号）

余如魏稼孙《绩语堂碑录》之补正严误，纪昀、王昶、吴云之校《老子》，一切与碑本校勘工作有关的文献，均可资考证。这是去伪存真的整理工作。从版本学以至校勘学，其目的务在使《道德经》的文字能够接近原本的本来面目。因此，第一，读本务要全面。《实践论》告诉我们，只有感觉的材料十分丰富（不是零碎不全）与合乎实际（不是错觉），才能根据这样的材料，造出正确的观念与理论来。所以搜集《老子》版本，务要应有尽有，务要根据《老子》文传于今之最古的。先有了可靠的版本做底本，就有可能对于许多版本材料加以批判的选择了。第二是校勘要细致。在选定底本之后，第二步工作是校勘。如严可均将景龙本和御注、河上、王本等校勘，所得三百四十九条，但错误还是不少，魏稼孙在《绩语堂碑录》中或正严误，或补严阙，共四十三条。这只是一例，证明校勘必须细致。如吴云之校广明本（见《二百兰亭斋金石记》），罗振玉校六朝唐写本（见《道德经考异》），前者我曾将它和《道德经幢残石》对勘，后者我曾将它和《西陆秘籍丛残》拓本对勘，均发现前人的错误不少。罗振玉是没有看到严可均《老子唐本考异》的，他说他求之三十年不可得，可见校勘之难。近人做校勘工作的，也有因为材料难得，结果只粗枝大叶，校得很不细致，结果就不可能在校勘工作中做到如《实践论》中所说以去粗取精，去伪存真，由此及彼，由表及里的改造制作工夫了。

三、《老子》音释

　　老子史料学，在版本和校勘工作之外，更重要的就是训诂。训诂即是对《老子》文句的解释，这和校勘的工作是分不开的。把校勘和训诂密切地联系起来，这就是所谓"校释"，这校释的工作，前人的贡献就很不少，重要的成绩有如下列：

　　（一）王念孙：《读书杂志余编》（金陵局本《读书杂志》内）

　　（二）孙诒让：《老子札记》（《札迻》本）

　　（三）俞樾：《老子平议》（《春在堂全书》第三帙，《诸子平议》通行本）

　　（四）洪颐煊：《老子丛录》（《读书丛录》本）

　　（五）刘师培：《老子斠补》（《刘申叔遗书》第二十六册，宁武南氏校刊本）

　　（六）马叙伦：《老子核诂》（一九二四年排印本，古籍出版社重印本改名《老子校诂》）

　　（七）陶鸿庆：《读老子札记》（一九一九年序刊本，《老庄札记》铅印本）

　　（八）奚侗：《老子集解》（一九二五年序刊本）

　　（九）蒋锡昌：《老子校诂》（一九三七年商务印书馆本）

　　（十）劳健：《老子古本考》（辛巳影印手写本）

　　（十一）高亨：《老子正诂》（一九四三年开明书店本）

　　（十二）罗运贤：《老子余义》（一九二八年成都石印本）

　　（十三）于省吾：《老子新证》（《燕京学报》第二十期，又《双剑诐诸子新证》本）

　　此外如日本太田晴轩、武内义雄之说，也有许多可采用的。

训诂包括文字声音的各方面。关于《老子》的音韵之学，因为《老子》本为古代的哲学诗，宋吴棫已叹老子《道德经》周柱下史老聃所作，多韵语，今往往失其读。幸而自清顾炎武以来，对于《老子》的韵读，许多学者都加以注意，有重要成绩可举的如下列：

（一）顾炎武：《唐韵正》（光绪十六年思贤讲舍刊《顾氏音学五书》本）

（二）姚文田：《古音谱》（道光乙巳刊本）

（三）江有诰：《老子韵读》（《江氏音学十书》本）

（四）邓廷桢：《双砚斋笔记》（清光绪二十二年刊本）

（五）李赓芸：《炳烛篇》（古今图书馆据清同治刊本影印）

此外，如刘师培之《老子韵表》（丙午《国粹学报》）、高本汉之《老子韵表》（Bernhard Kanlgren：*The Poetical Parts in Lao-Tsi*），及奚侗、陈柱之说《老子》古音，虽多臆说，也有很多对的地方。依我研究的结果，认为老子五千言，有通篇用韵的，有章首用韵而中间或尾声不拘的，有间句助语自为唱叹不在韵例的。《老子韵例》约言之，有一句一转韵例，有二句一转韵例，有三句一转韵例，有四句一转韵例，有五句以上一转韵例，有一章一韵例，有一章数韵例，有二句间韵例，有奇句偶韵例，有偶句奇韵例，有两韵互协例，有两韵句中互协例，有两韵隔协例，有三韵互协例，有四韵互协例，有句中韵例，有首尾韵例，有句首韵例，有首尾上下皆韵例，有韵上韵例，有双声为韵例，有叠字韵例，有助字韵例，有助字不为韵例（详拙著《老子校释》附录《老子韵例》）。而要之《老子》为哲学诗，其用韵是所谓自由押韵式，就其用韵的格式论，也有和《诗经》相同的，如二十八章："知其雄，守其雌，为天下蹊。为天下蹊，常德不离，复归于婴儿（歌文通韵）。知其白，守其黑，为天下式。常德不忒，复归于无极（之部）。知其荣，守其辱，为天下谷。为天下谷，常德乃足，复归于朴（侯部）。"又如十章："载营魄抱一，能无离？专气致柔，能婴儿？涤除玄览，能无疵？爱人治国，能无为？天门开阖，能为雌？明白四达，能无知（歌支通韵）？"

但也有不同的，即《诗经》都是吟咏性情之作，而《老子》书则以说理竞长。《老子》和《易经》均为中国最古的哲学诗，五千言与《诗》韵或异或同，而与《易》就几乎相同，这也可见其时代之早。《老子》全书均为韵语，只如三十一章文多错乱、无韵，而实则这一章，正是王弼所疑为后来添进去的，事实也证明了这是较晚出的太史儋的作品，当然和全书有些不同。

四、结　语

还有研究老子资料，论断务要联系实际，无论考订、校勘、训诂，所有论断其较为正确的，大概都是能合于实际的。这就是说，他们的论断是否正确，不是依靠主观而定，而是依靠客观上与事实相符合，所谓"一切依于地方、时间、条件"这一条原则。在整理老子资料时，同样是适用的。例如老子是楚人，我们就必须特别注意在他书中所用的楚方言。如四十五章"躁胜寒"，据《〈诗·汝坟〉释文》曰"楚人名火曰躁"。五十五章"终日号而不嗄"，据《庄子·庚桑楚》篇司马彪注"无声曰嗄"。七十章"被褐怀玉"，据《淮南子·齐俗训》注"楚人谓袍为短褐大布"。这不过是任举的例子，证明《老子》书中有许多方言，应用方言来解释某些字义，就是联系实际的治学方法。

当然在《老子》史料学里面，这可算到辑佚学的工作，如马叙伦《老子核诂》中即附录《老子佚文》一篇，仅得八条。又如

《易·系辞上》疏"《老子》云：'水至清则无鱼，人至察则无徒'"一条，似尚可补入。这一项工作，以五千言流传比较他书完整，遂不见其十分重要，但应用《道藏》本材料重新搜集《老子》古注，还是有其必要。两汉《老子》注十二家，今存只有《河上公章句》及严君平《指归》残本。魏晋六朝《老子》注七十七家，今存只王弼注有全本。如今根据《正统道藏》本诸《老子》集注及张君房、范应元、焦竑及各类书广为辑佚，不但可为河上、严遵、王弼诸注成一定本，更可辑出已佚之《老子》古注，如马融、宋衷、何晏、钟会、孙登、僧肇及鸠摩罗什等数十家。如再收入罗振玉之敦煌残本、梁武帝《老子讲疏》、王维诚辑《王弼指略例》、武内义雄辑《葛仙翁老子序次》等，这不是在辑佚学界中又添上一部"全两汉魏晋南北朝老子注"，可与严可均的书并美吗？

　　总之，哲学史史料学主要是以批判的分析现存的哲学著作为主，上面以《老子》为例，说明在中国哲学史史料学里，所包含工作有考订、校勘、训诂、辑佚等各方面，这当然只是一个例证罢了。

　　编后：从 1961 年 12 月开始，朱谦之先生就相继在中央民族学院、中国科学院浙江分院哲学社会科学研究所、广东暨南大学和辽宁大学等地讲学，本文即是学术报告之一，收于《东北学术演讲录》(1964 年 6 月，铅印本，未正式出版)。

第五讲

《庄子》书之考证[1]

　　《易经》与《老》、《庄》道家之学，世称"三玄"，而《老》、《庄》并称则始于汉代，《淮南子·要略》云："揽掇遂事之踪，追观往古之迹，察祸福利害之反，考验乎老庄之术，而以合得失之势也。"《易》、《老》、《庄》之所以成为魏晋以来玄学的主题，《颜氏家训·勉学》篇有一段追记，谓："何晏、王弼，祖尚玄宗……直取其清谈雅论，剖玄析微……洎于梁世，兹风复阐，《庄》、《老》、《周易》总谓'三玄'。"这还是从一方面来看问题，其实"三玄"之学都包含着素朴的唯物主义与自发辩证法的因素，正是中国哲学史上的珍贵遗产。中国唯物主义思想的发展，从《易经》起，发展为老子之道、孔子之元，一方面影响为荀子，再影响为韩非子。荀卿思想来源，一部分本于道家，《荀子·解蔽》篇引《道经》"人心之危，道心之微"，又云"虚一而静"，言"至人"，言"无为"；《荀子·礼论》篇言"太一"，皆道家之言。荀卿又长于《易》教，汪中《述学》称"刘向又称荀卿善为《易》，其义亦见《非相》、《大略》二篇"。韩非子则有《解老》、《喻老》二篇。又一方面则以《易经》、《老子》

---

〔1〕《社会科学研究》2001 年第 4 期与第 5 期以《〈庄子〉书之考证》为题刊载此讲。——编辑者

影响于《庄子》，再影响于汉桓谭、王充。王充《论衡·自纪》篇述其生平："在乡里慕蘧伯玉之节，在朝廷贪史子鱼之行……贫无一亩庇身，志佚于王公；贱无斗石之秩，意若食万钟。得官不欣，失位不恨，处逸乐而欲不放，居贫苦而志不倦。"这拿来和《前汉书》卷一百上《班嗣答桓谭论庄子》的话比较一下："嗣虽修儒学，然贵老严之术（师古曰：老，老子也。严，庄周也。）。桓生欲借其书（师古曰：桓谭），嗣报曰：'若夫严子者……渔钓于一壑，则万物不奸其志；栖迟于一丘，则天下不易其乐。不绁圣人之罔，不嗅骄君之饵，荡然肆志，谈者不得而名焉，故可贵也。'"由这一段可见两者的人格是很相一致的。《论衡·自然》篇云"虽违儒家之说，合黄老之义也"；"贤之纯者，黄老是也"。虽只称黄老，不称老庄，就其思想实质来说，则实得力于庄子。

《论衡·自然》篇"礼者，忠信之薄，乱之首也"出《老子》，"三皇之时，坐者于于，行者居居，乍自以为马，乍自以为牛，纯德行而民瞳蒙"则出于《庄》。但王充虽与韩非子同接受唯物主义思想体系，而和韩非的意见不同，斥韩非为"不养德"，为"杀无辜"，"是韩子之术亦危亡也"。由于王充与韩非的对立，便知道在中国唯物主义思想的发展中，原有此两派，而王充的唯物思想，在哲学史上的位置，又比较韩非高些。不过说到王充，则也不能不注意他的思想的背景，恩格斯在一八九〇年十月二十七日给施密特的信里说：每一时代的哲学作为分工的一个特定的领域，具有由它的先驱者传给它而它便由以出发的特定的思想资料作为前提。

例如《易经》思想以殷商卜辞为前提，老子的思想以《易经》的思想材料为前提，庄子的思想以老子的思想材料为前提，而王充的思想，是以什么为前提呢？无可疑地就是老与庄，因此我在讲老子的史料学之后，即接着以《庄子》书的考证。

庄子是大文学家，而兼哲学家，因此不如一般哲学家之易于了解。《史记索隐》引刘向《别录》云，庄子，"宋之蒙人也"，"作人姓名，使相与语，是寄辞于其人，故《庄子》有《寓言篇》"。《史记》本传："其著书十余万言，大率皆寓言也。"依《庄子·寓言篇》自述，这本书是"寓言十九，重言十七"。这十分之九的寓言是寄寓之言，就是凭空假托一段故事来讲他的哲学，十分之七的重言是引重之言，就是借重古人的名字来讲他的哲学。既然一部《庄子》都是以寓言的体裁为主，那么这种哲学，就应该和屈原的著作等量齐观，而不应该用学究式的看法，一下子就断定他不是唯物论，而加以抹杀。我们要知道中国寓言，到了庄子才达到标准的时代，而庄子出生地的宋国，则为寓言所出的原产地。有人据沈德鸿选的《中国寓言》，做了一个统计，即此书中共选一百二十七个寓言，其中说明主人翁的国籍的，共有二十九个，而宋国就占了十个，楚占八个，齐占四个。庄子之成为寓言大家，无疑乎和此文化地理环境也有关系。因庄子为宋之蒙人，而一生游历多在楚国。我们赞美《楚辞》之想像丰富，情思飘逸，而忽略了《庄子》书中也有同样的风致，同样是我国历史上善于使用我国语言的巨匠之一，相反地，因此诋毁庄子的世界观完全反动，冤哉枉哉！诚然庄子连本身的事迹，也许多寓言化了，例如《齐物论》中的胡蝶梦，《至乐篇》与髑髅的谈话，《山木篇》的雁与异鹊的故事，甚至其与最友善者惠施的往来辩论也不少寓言或故事的色彩，如《逍遥游》的不龟手之药与大树，《秋水篇》的鹓鶵与鱼，《徐无鬼》的后羿，均其好例。但要指定这一个探玄理、平阶级、明自然、顺本性的"洸洋

自恣以适己"的文学姿态都是昏话,就未免太可笑了。庄子时代
背景是和屈原同时,屈原卒时,庄子六十七岁,《庄子》书中虽
看不出其关于屈原的消息,但《知北游篇》有一段狂屈与黄帝对
话的寓言,狂屈据宣颖注"猖狂放屈不拘迹相也",其实是影射
屈原。全篇将"知者不言"三句,演作一幅画图,而以狂屈为中
心,这也许即因庄子之徒有感于屈原之直言放逐,而故意作此
"终于无言"之一段故事。但无论如何,如《史记·屈原本传》
所称屈原"濯淖污泥之中,蝉脱于浊秽,以浮游尘埃之外,不获
世之滋垢,皭然泥而不滓者也",这一段精神,一定感动不少人。
屈原自沉的惨痛故事,在《大宗师篇》虽未提名,却举有几个和
他相似的人物。又《楚辞》中有《渔夫》一篇相传为"楚人思
念屈原,因叙其辞以相传焉",我以为即庄子之徒所作。《史记》
本传云作《渔父》,篇名相同,且其中"夫圣人者,不凝滞于物
而能与世推移",语意也同《庄子》。庄子生当战国弱肉强食的世
界,因为不肯与现实的社会妥协,宁可安贫乐道,而不肯"为轩
冕肆志,为穷约趋俗"。他说:"吾宁游戏污渎之中自快,无为有
国者所羁!"这话活绘出一个绝对要求自由的生活意识。庄子是
始终站在被统治者被压迫者的立场,反对君主专制,反对现实,
由他看来,人生而自由,何须压制?一切平等无差别,何分贵
贱?因此他所假托景仰的人物,也完全不是贵族阶级,反而是一
些身体残缺不全、从奴隶制社会蜕化出来的典型人物,如《人间
世》的支离疏,《德充符》的兀者王骀,申徒嘉,兀者叔山无趾,
哀骀它、阖跂、支离无脤、瓮㼜大瘿,有的形体不全(如支离
疏),有的刖足(如王骀,申徒嘉,叔山无趾),有的下体盘曲
(阖跂)上身伛偻而缺唇(支离无脤),有的颈瘤大如瓮㼜(瓮
㼜大瘿)。这些残形的丑态,居然就是庄子心目中的理想人物。

至如《人间世》、《徐无鬼》之匠石，《逍遥游》、《人间世》中之楚狂接舆，《养生主》的庖丁，《骈拇》之臧与谷，《天地》的为圃者，《达生》之痀偻者、操舟者、养斗鸡者、削木者、东野稷（御者）、工倕，《山木》之伐木者，《田子方》之无择𪩘工，《知北游》之捶钩者，《让王》之屠羊说，《渔父》之渔人，凡此庄子所极力描写的道德之士，无一不带被统治者被压迫者的风貌，而为庄子所寄与亲切之同情的。"今世殊死者相枕也，桁杨者相推也，刑戮者相望也。"（《在宥》）相枕谓已死者，相推相望言其多。这是何等一个不幸的世界，在这世界里奴隶一经解放，便不再做奴隶而希望自由了。这就是"隐士"或"辟世之士"的起源，也是《庄子》书的背景。固然我们今日研究《庄子》必须超越庄子，超越庄子即是对于庄子的批判，而庄子已经自己批判，即《外物篇》所云"得意而忘言"这一位"上与造物者游而下与外死生无始终者为友"的寓言哲学家。荀子批判他"庄子蔽于天而不知人"（《荀子·解蔽》），其实乃是"鸟高飞以避矰弋之害"（《庄子·应帝王》），是反映很深刻的对现实的反感。庄子不是为当时奴隶社会统治阶级服务，这读其书自明，而他是一个素朴的唯物主义者和自发辩证法论者，也是有书可证的。

现在试就《庄子》书作一初步观察。今传《庄子》即郭象的三十三篇本，共得六万五千九百二十三言，约当司马迁所记"著书十万余言"之十分之六。这三十三篇，若认为都是庄子原著，当然犯了重大的错误。

一、版本与篇目

若认为《庄子》系汇编，包含庄子、庄子弟子乃至后来庄子学派的著述，这大概是没有什么问题的。近人喜欢辨伪，辨伪当然是一桩好事，但因此而并将《庄子》书内篇一概抹杀，认为与庄子学无关，这便未免疑古太过。疑古的精神是可贵的，然而太过也算不得对于史料之合理的批判的态度。我们知道西洋在十七世纪末，也有耶稣会教派 Harduin 因惊于当时伪书之多，遂至根本否认历史的知识，甚至以为如 Pindar、Dionyglos、Diodorus、Strabon、Josephus、Varro、Livirs、Terence、Vergilius、Horatius、Eusebius, Cassiodorus 等及其他史籍，都是伪作，而加以极端排斥。然而这种极端的怀疑论，是不能建立科学的史料批判学的。即以《庄子》一书为例，依据顾颉刚旧说，完全是伪书。他说："我的意思，以为《庄子》是战国、秦、汉间'论道之人'所作的单篇文字的总集，正与儒者所作的单篇文字总集为《礼记》一样。"（《古史辨》第一册）事实果然如此吗？《庄子》书中前人所认为可疑者，实则许多是无可疑的。譬如《大宗师》、《天道》、《天运》，均言孔子说仁义。仁义并举，前人以为始于孟子，疑此不可信，实则儒书在孟子前者如《表记》、《中庸》，亦并言仁义，《孟子·公孙丑上》述曾子之言，也并举仁义，墨子《兼爱》、《非攻》、《节葬》诸篇也连言仁义，如何便可据之以为伪书之证？若从积极方面着想，则本书的特色，正在其史料上的价值，是建立于真凭实据上面。

第一，证之龟甲——案有人曾考殷墟出土的大龟云："《庄子·外物》篇'乃刳龟，七十二钻而无遗策'，此所谓七十二钻乃举大龟之很多数而言，非妄语也，所谓无遗策者，策即册，指龟版而言，遗留也，言七十二钻使龟册无留余之地，则钻之最多者也。今依上列最多之数（六十二）而更推之，则前后左右，可各加二钻，则适合于七十二之数。"（《甲骨学商史》）举此一例，可证向来所认为可疑的杂篇之一，即其最细微之点看来，也可见其时代之古。

第二，参之金石——《列御寇》篇云："正考父一命而伛，再命而偻，三命而俯，循墙而走，孰敢不轨？"此与鼎铭文略同。《左传》昭七年传作："故其（正考父）《鼎铭》云：'一命而偻，再命而伛，三命而俯。循墙而走，亦莫余敢侮；饘于是，鬻于是，以糊余口。'"此亦可证《庄子》一书之史料价值。

第三，考之文件——从文字史的眼光看，韵文应出现于散文之前，《庄子》一书大部分为韵文的著作，为从韵文到散文过渡时期的重要著作。关于《庄子》的古韵，可参照顾炎武《唐韵正》，江慎修《古韵标准》，姚文田《古音谐》、《庄子韵读》，陈寿昌《庄子古韵考》，阮毓崧《重订庄子集注》等书。但内篇有韵，外杂篇也有韵，甚至向来认为可疑的如《胠箧篇》之诛侯韵（"彼窃钩者诛，窃国者为诸侯"）、止起韵（"故绝圣弃知，大盗乃止，擿玉毁珠，小盗不起"），《盗跖篇》之拘侯韵、门存韵（"小盗者拘，大盗者为诸侯，诸侯之门，义士存焉"）。这证明了《庄子》书虽非庄子一手造成，也不会落后到秦汉之间的散文时代。

但《汉书·艺文志》记"《庄子》五十二篇"，何以此原本之五十二篇，竟变成现存郭象注之三十三篇的残本呢？现存的《庄子》版本究竟以何种版本为最重要呢？关于后者，我认为现存《庄子》版本以《续古逸丛书》宋刊本为最善，其次则唐写本、古钞卷子本可供参考，宋刊本尚有《古逸丛书》注疏本、赵谏议本、及宋末元初之元和纂图互注本。明刻本有世德堂本、闵刻本、邹之峄刻本、吉藩崇德书院本，清刻本惟王闿运本于文字校勘上有用处。

《续古逸丛书》宋刻本——涵芬楼刊《南华真经》卷一至六

南宋本，卷七至十北宋本，此为现存宋本之最古者。

唐写本——敦煌唐写本残卷，现存英伦博物馆的有《胠箧》，藏巴黎图书馆的有《刻意》、《山木》、《徐无鬼》，藏日本的有《天运》、《知北游》，罗振玉所藏有《田子方》。其间除《刻意》、《天运》、《知北游》首尾完具者外，皆残缺不全，仅供校勘之用。

古钞卷子本——此为日本京都栂尾山高山寺所藏《庄子注》残卷，现存杂篇《庚桑楚》、《外物》、《寓言》、《让王》、《说剑》、《渔父》、《天下》共七卷，《天下篇》末有子玄后语，为极宝贵之新资料。

宋刻本——黎庶昌刻《古逸丛书》中宋刻注疏本，乃南宋刻本，其中原缺《养生主》一卷，《德充符》数叶，后另得之于肆中，尚缺《应帝王》到《至乐》，因取坊刻成疏本相补。又赵谏议本，据《四部丛刊》之《南华真经》卷末所附孙毓修《庄子摘记》中之《校记》，辛丑间发见宋刻《庄子》卷，末有"安仁赵谏议宅一样"云云，亦南宋本。又纂图互注本为明世德堂本所出，卷首附《庄子太极说》、《周子太极图》等，虽可考证经文，实非善本。

明刻本——有胡氏世德堂本流行极广，如《二十二子》、《二十八子》、《三十二子》、《四十八子》等均出此本，但较宋本为劣。又闵氏朱墨印本、邹之峄校刻本、吉藩崇德书院本。虽均为精校之本，但时代较晚，马叙伦《庄子义证》曾用崇德书院本。

清刻本——惟王闿运本为最特色，王专注内七篇，并以《寓言》为前序，以《天下》篇为后序，其所据本颇与今本有异文，为武廷绪《庄子札记》所引用。

今人校《庄》有据郭庆藩集释本者，如刘文典之《庄子补正》及《庄子引得》；有据世德堂本者，如陶鸿庆的《老庄札记》，高亨的《庄子今笺》。郭本出自《古逸丛书》而略有改窜，其皆非善本可知，尤其是刘文典所据郭本乃扫叶山房石印本，而非思贤书局刊本，致误谬之处甚多，此亦可见选本之难。

但现在校《庄》工作，最先应注意问题，却是后者，即《庄子》五十二篇何以变为郭象注之三十三篇的版本？依陆德明《释文叙录》，我们知道郭象注之前，尚有各种注本可考，即：（一）司马彪注二十一卷五十二篇，（二）孟氏注十八卷五十二篇，（三）崔譔注十卷二十七篇，（四）向秀注二十卷二十六篇，（五）郭象注三十三卷三十三篇。可列表如下：

	内篇	外篇	杂篇	解说	总计
司马彪注二十一卷	7	28	14	3	52
孟氏注十八卷					52
崔譔注十卷	7	20	无		27
向秀注二十卷			无		28（作一27或26）
郭象注三十三卷	7	15	11		33

案：《释文叙录》"《汉书·艺文志》：《庄子》五十二篇，即司马彪、孟氏所注是也"，这是《庄子》原本。崔譔、向秀注一作二十七篇，一作二十八篇，据《世说新语·文学》篇，知向秀注本乃"聊应崔譔所注，以备遗忘"，可见是以崔注本为根据，《释文》亦多连引崔、向二本，这是晋代的删定本。郭象注本三十三卷，以后卷亦不同，《隋志》作三十卷，目录一卷；两唐《志》作十卷，宋时有十卷本、二十卷本、三十卷本、三十三卷本，明时又有三十五卷本（参见岛田翰《古文旧书考》）。今存者二十卷本。然据日本所得六朝旧本，即高山寺归钞本残卷，知今本十

卷，尚系后人所改，和郭象原注不同。武内义雄疑今本郭注《让王篇》注仅有三条，《盗跖篇》又三条，《说剑》无注，《渔父》仅存一条，其注文与全书之例不相似，疑此四篇郭注，隋唐之间已阙佚，而后人以它种注本来补，此说似可成立（参见武内义雄《庄子考》）。案《世说新语·文学》篇记郭注《庄子》事云：

> 郭象者为人薄行，有俊才，见秀义不传于世，遂窃以为己注，乃自注《秋水》、《至乐》二篇，又易《马蹄》一篇，其余众篇，或定点文句而已。后秀义别本出，故今有向、郭二《庄》，其义一也。

这似乎郭象是完全依据向秀注本了。《晋书·郭象传》也沿袭《世说》记事，然钱遵王《读书敏求记》即提异议，以为《晋书》云云，恐未必信。今人考据结果，知郭象虽据向注，惟多少有所变更，不独变更注文，且其经文亦有取舍之形迹，且不仅经文字有出入，其他如杂篇之区别，及各篇之分合，亦各不同。这究竟为什么呢？这乃因郭注本实为崔、向注本与司马注本之综合，即那是：

司马彪注本（原本）　　　　　┐
　　　　　　　　　　　　　　├── 郭象注本（新订本）
崔譔向秀注本（删定本）　　　┘

我们试把高山寺《庄子》残卷《天下篇》末一文，和陆德明《释文叙录》（《庄子》）一节对照，《叙录》云：

> 庄子弘才命世，辞趣华深，正言若反，故莫能畅其弘致。后人增足，渐失其真。故郭子玄云："一曲之才，妄窜奇说，若《阏奕》、《意修》之首，《危言》、《游凫》、《子胥》之篇，凡诸巧杂，十分有三。"《汉书·艺文志》"《庄

子》五十二篇"，即司马彪、孟氏所注是也。言多诡诞，或
类《山海经》，或类占梦书，故注者以意去取。其内篇众家
并同，自余或有外而无杂，惟子玄所注特会庄生之旨，故为
世所贵。

这里郭子玄云云即是郭象篇末《目录》序，其中所删去的部
分即那依据司马彪五十二篇末，删去《阏奕》（高山寺本"奕"
作"亦"）、《意修》（作"意循"）、《危言》（作"尾言"）、《游
凫》（作"游易"）、《子胥》共十分之三，其内容与《山海经》、
占梦书多相似。高山寺残卷云：

> ……且辞气鄙背，竟无深澳（奥）而徒难知以因梦。令
> 沈滞失流，岂所求《庄子》之意哉？故略而不存，令（今）
> 唯哉（裁）取其长达致全乎大体者，为三十三篇者（焉）。

陆德明称"子玄所注，特会庄生之旨，故为世所贵"，就版
本说确是有一种特色，因为郭注本为司马彪注本与崔譔、向秀注
本之综合，其价值自出于两本之上。陆德明《音义·天下篇》末
引崔譔的话，极称赞郭注。郭象原从崔、向注本而来，向注又本
崔注而来，而崔氏称子玄之注如此，其有价值可知，这也就是郭
注本所以传世最久的原因。郭注本虽非《庄子》原本，却是极优
良的订正本。在他所定三十三篇之外，尚有逸篇篇名可考的，如
高山寺残卷郭象目录所云《阏奕》、《意修》、《尾言》、《游凫》、
《子胥》各篇，《史记》本传"《畏累虚》、《亢桑子》之属"，索
隐称"畏累虚"乃篇名，《亢桑子》即今本之《庚桑楚》。又
《北齐书·杜弼传》云"弼注《惠施篇》"，按今本《庄子·天下
篇》有关惠施约二百余字，当即《惠施篇》原文，而附于此，实
为郭氏据司马注本移入所致，因为首先根据《释文·天下篇》上

半多引崔、向音，而"惠施多方其书五车"以下，绝未一引，可见其单独成篇。其次《列子》张湛注所引惠子语，多出此，也令人想像此部分为《惠施篇》之原因（武内义雄说）。第三《惠施》佚文可见的，尚有如《太平御览》四六六及九一八所引。因此知道《庄子》原书实不止于三十三篇，而以三十三篇为最优良的订正本，那末我们便应该平心静气来研究，既不必似道家者流，一味崇拜，把《南华真经》看做圣经，一字不可易，也不必如辨伪学家一味抹杀，把全部《庄子》割裂片断，认为秦汉间的伪书，是由一班好事人捏造出来的，我们应该利用新的整理史料的方法，来从《庄子》书中，精密分析出庄子学说的内容是什么。

我们研究《庄子》知道这本书虽有版本不同，但据《释文》云："其内篇众家并同，自余或有外而无杂"，可见内篇七篇大致无问题，现在即此不甚成问题的内篇为起点，来分析一下《庄子》书。

二、内外篇之关系

原来《汉书·艺文志》五十二篇，本无内、外、杂篇之名。现行郭象注本之分内、外、杂篇，实亦有所本，然要非汉时所见原本，即非当时著书本意。但从有了这内、外、杂篇之分以后，这内、外篇的关系，便成问题。《南齐书》卷三十三《王僧虔传》，虔尝作《诫子书》云："……汝开《老子》卷头五尺许，未知辅嗣何所道，平叔何所说。……《庄子》众篇何者内外……而终日欺人，人亦不受汝欺也。"

可见晋宋学者间已注意及此内、外篇的关系问题。今郭象注本分内、外、杂篇已成定本，而究其所以分之的理由，综合各家不同的说法，有如下六种：

（一）内、外篇互相发明说——可以注释庄子《南华副墨会解》、林云铭《庄子因》及周金然《南华经解释》之说为代表。依注释庄子《南华副墨会解》所定《南华经目》以内篇七篇为主，外、杂二篇附之，如下表：

《逍遥游》	附	《缮性》	《至乐》	《外物》	伪书《让王》
《齐物论》	附	《秋水》	《寓言》		伪书《盗跖》
《养生主》	附	《刻意》	《达生》		
《人间世》	附	《天地》	《山木》	《庚桑楚》	伪书《渔父》
《德充符》	附	《田子方》	《知北游》	《列御寇》	
《大宗师》	附	《骈拇》	《徐无鬼》	《则阳》	
《应帝王》	附	《马蹄》	《胠箧》	《在宥》	
		《天道》	《天运》		伪书《说剑》

（二）内理外事说——可以唐成玄英疏为代表。《庄子疏》序云："所言内篇者，内以待外立名……内则谈于理本，外则语其事迹。事虽彰著，非理不通，理既幽微，非事莫显。欲先明妙理，故前标内篇。内篇理深，故每于文外别立篇目。"又："内篇明于理本，外篇语其事迹，杂篇杂明于理事。"但以事理不同来分别外篇，显然是有矛盾。为解决这个困难，他接着又说："内篇虽明理本，不无事迹，外篇虽明事迹，甚有妙理，但立教分篇，据多论耳。"

（三）内篇明无外篇明有说——可以唐荆溪《止观辅行口诀》之说为代表。案隋僧智颙《摩诃止观》内引周弘政释三玄云："《庄子》自然，约有无明玄。"《止观辅行口诀》加以说明云："《庄子》内篇，自然为主，如云：'雨为云乎？云为雨乎？孰施降是？'皆其自然。又言有无者，内篇明无，外篇明有。……如云：'夫无形故无不形，无物故无不物，不物者能物物，不形者能形形，故形形物物者非形非物也。夫非形非物者，求之于形物，不亦惑乎?'……又云:'有情有信,无为无形。'"案这里所引内篇三条,第一条"雨为云乎"在外篇《天运篇》,第三条见《大宗师》,第二条"夫无形故无不形"等句,不见今本,或另有所本。

(四)内圣外王说——可以近人王树枏与钱基博之说为代表,王树枏云:"其书内篇即内圣之道,外篇即外王之道,所谓静而圣,动而王也。杂篇者杂记内圣外王之事,篇合为章,犹今人之杂记也。"钱基博《读〈庄子·天下〉篇疏记》更推到极端,将《逍遥游》、《齐物论》两篇总括内外杂各篇;《逍遥游》为内圣之道,《齐物论》为外王之道,内圣得其自在,外王蕲于平等。他以为《庄子》书三十三篇,言《逍遥游》的二十篇,言《齐物论》的十二篇,而《天下》篇为叙录,不计。

(五)内外篇为师徒之间所著本同说——可以近人刘咸炘之说为代表,他将三十三篇分为三组。

内篇(七篇相属,义已包举,外杂篇皆衍其义);

外杂篇有为条记而首尾一义者,如《达生》(申《养生主》)、《山木》(申《人间世》)、《知北游》(申《齐物论》)、《让王》、《盗跖》。

有皆条记而非一义,凡条记者多老门精语微言,如《在宥》、《天地》、《天道》、《天运》、《外物》、《寓言》、《列御寇》。

有首尾成编而纯驳异者,如《刻意》、《缮性》、《说剑》、《渔父》、《天下》(全书之序、《骈拇》、《马蹄》、《胠箧》、《刻意》、《缮性》、《天下》似其自著)。

他的结论是,大概内篇以所自著,外杂则师徒之说混焉,凡诸子书皆然。庄徒编为内外,因已谨而区别矣,外杂之非自著,不特文势异,义之过放,亦可徵,大抵有徒之说。有徒述其言,有庄子述古事,故纯驳当别……又兼有夸尊庄道者,亦有徒所记。此说尚平允，且亦可见《庄子》书所述庄子的学说，实为一家之言。

（六）内篇皆有篇目，外、杂篇只取篇首之字为标题说——可以成玄英《庄子疏》序、宣颖《南华真经解》、林云铭《庄子因》及冯友兰同志之说为代表。案成玄英云："内篇理深，故每于文外别立篇目……自外篇以去，则取篇首二字为其题目，《骈拇》、《马蹄》之类是也。"又云："《骈拇》以下，皆以篇首二字为题，既无别义。"宣颖（《南华真经解》卷一）、林云铭（《庄子因·庄子总论》）均同此说。冯友兰同志更加以发挥，认为"其所以如此分类，并有内外之称者，大约书分内外两部分，汉魏六朝人有此习惯"，"编所谓《庄子》之书者，将有别标题著分为一类，将无别标题者分为一类，前一类称为内篇，后一类称为外篇"云云（《〈庄子〉内外篇分别之标准》）。

由上六种说法，均能言之成理，惟（二）、（三）、（四）各说，虽也有主观的根据，却缺乏客观的标准；（一）、（五）、（六）之说，则较为可信。综合起来，即是内篇与外篇可互为发明，而以内篇为主，故另立题目，以与外篇分别。我们今姑假定这有标题的为庄子的手定，无标题的多为庄子学生作，这也就没有什么很大的不合理了。

三、各篇著作时代

但是接着对于这种无标题的外、杂篇，虽假定为学庄子者所作，而究竟那些篇为庄子后学所加，那些篇为庄子直传门人所作，这当然应该首先注意的。于是为解决这个问题，便发生许多不同的见解，如许地山《道教史》以为外篇与杂篇的年代，可依武内义雄的断定，大体分为五个时期：

（一）庄周直传门人所传为《至乐》、《达生》、《山木》、《田子方》、《知北游》、《寓言》、《列御寇》。

（二）成于稍晚后学的为《庚桑楚》、《徐无鬼》、《则阳》、《外物》。

（三）成于齐王建（公元前二六四——前二二一）时代的为《骈拇》、《马蹄》、《胠箧》、《在宥》。

（四）成于秦汉之际的为《天地》、《天道》、《天运》、《秋水》、《刻意》、《缮性》、《天下》。

（五）秦汉之际所成别派的诸篇为《让王》、《盗跖》、《说剑》、《渔父》。

依这个分法，庄子的思想顺序，便有些眉目了。但依我看法，以为外篇、杂篇无疑乎许多是庄子后学所加，陆德明《释文叙录》所云"庄生弘才命世，辞趣华深，正言若反，故莫能畅其弘致。后人增足，渐失其真"是也；焦竑《焦氏笔乘》云："内篇断非庄生不能作，外篇、杂篇则后人窜入者者多。之、哙让国在孟子时，而《庄》文曰：'庄子身当其时。'昔者陈恒杀其君，孔子请讨，而《胠箧》曰：'陈成子弑其君，子孙享国十二世。'即此推之，则秦末汉初之言也，岂其年踰四百岁乎？曾、史、盗跖与孔子同时，杨、墨在孔后孟前，《庄子》内篇三卷，未尝一及五人，则外篇、杂篇多出后人可知。又'封侯''宰相'等语，秦以前无之，且避汉文帝讳，改田恒为田常，其为假托尤明。"由上可见今传之外、杂篇，确有不少为后人增入之处，惟此为古书通例，所有诸子书都如此，若因此即谓其全书为秦汉间人所作，即未免近于武断。为辨明这一点，我们试作如下的分析：

第一，外、杂篇所述各条记事式的故事，或精语微言，因庄子弟子述不同，故所记也有所不同。这种情况和"儒分为八，墨离为三"（《韩非子·显学》）相同，今传《墨子》书中，《尚贤》、《尚同》、《兼爱》、《非攻》、《天志》、《非命》皆分上、中、下三篇，即为墨学三家演墨子的学说所作，其中虽有许多后人加入的材料，但从大体来看，仍然可以代表整个的墨学。同样庄子以后，其末流不免分出派别，因此，同一寓言，也因传授的关系，各篇所记或有不同，最明显的是各篇文多重复，甚至于一篇之中，也有重复之处。

例一，内篇中本篇重复的，如《逍遥游》既引《齐谐》之言，又引"汤之问棘"，《齐谐》言鲲化为鹏，"汤之问棘"（见《列子·汤问》篇）则未言及此。又内篇与内篇重复的，如《齐物论》"日夜相代乎前，而莫知其所萌"，亦见《德充符》篇。

例二，内篇与外篇重复的，如《齐物论》"形固可使如槁木，而心固可使如死灰"，同见于《徐无鬼》、《知北游》、《庚桑楚》；"（道通其分也，）其成也毁也"一节，重复于《庚桑楚》；"古之人其知有所至矣，恶乎至"一节，亦重见《庚桑楚》；《大宗师》"泉涸鱼相处于陆"一节，重见于《天运》，"与其誉尧而非桀也，不如两忘而化其道"，重见于《外物》，"忘其肝胆，遗其耳目"，重见于《达生》；《应帝王》"老聃曰：是于圣人也，胥易技系，劳形怵心者也"，重见于《天地》；又《齐物论》、《徐无鬼》，均有南郭（伯）子故事，《齐物论》与《寓言》均有罔两问景故事，而文皆大同小异，可相比较。

例三，外、杂篇与外、杂篇重复的。如《天运》"尸居而龙见，雷声而渊默"，重见《在宥》篇；又《天道》"其生天行"一节、"知天乐者无天怨"一节、又"其魂不疲"各句，均重见《刻意》篇；又《达生》"今汝饰知以惊愚"一节重见《山木》篇；又《胠箧》"小盗者钩，大盗者为诸侯，诸侯之门，仁义存焉"重见《盗跖》篇，"仁义"作"义士"。又《至乐》与《达生》均有"海鸟止于鲁郊"故事。《则阳》与《寓言》均有年六十而六十化故事,惟一作"伯牛",一作"孔子",可相比较。

由上例证,可见外、杂篇实为庄子门人及后学传述庄学,而因学派分歧之故,以致所记之事不同,所述的理也有矛盾,这一点可以证明《庄子》外、杂篇不是出于一人之手,而实同出于一个源泉。

第二,如云外篇、杂篇多为秦汉间之著作,其最大根据乃在《吕氏春秋》,如许地山曾指出:"《逍遥游》底许由与《慎行·论求人》篇底许由同出一源。《胠箧》底盗跖与《仲冬纪·当务》篇所记一样。《天地》底伯成子高见于《恃君览·长利》篇。《山木》与《孝行·必己》篇底一节相同。《田子方》底温伯雪子见于《审应览·精谕》篇。《庚桑楚》为《似顺·论有度》篇底一节。《外物》为《孝行览·必己》篇底篇首。《让王》所取底材料更多;子州支父底话出于《仲春纪·贵生》篇,石户之农、北人无择、瞀光、卞随,出于《离俗览·离俗》篇。大王亶父与子华子、魏牟,出自《开春论·审为》篇。列子出自《先识览·观世》篇。孔子、许由、共伯出于《孝行览·慎人》篇。伯夷、叔齐,出于《季冬纪·诚廉》篇。《盗跖》底'尧不慈,舜不孝,禹偏枯,汤放其主,武王伐纣,文王拘羑里',与《仲冬纪·当务》篇'尧有不慈之名,舜有不孝之行,禹有淫湎之意,汤武有放杀之事,五伯有暴乱之谋',同出一源。"(《道教史》)这种比较的研究,是很可贵的,然而这也只能证明一事,即《吕氏春秋》抄录《庄子》,而不能证明《庄子》抄录《吕氏春秋》。按《史记·吕不韦列传》:"吕不韦乃使其客人人著所闻,集论以为八览、六论、十二纪,二十余万言,以为备天地万物古今之事,号曰《吕氏春秋》。"又《史记·十二诸侯年表》:"吕不韦者，秦庄襄王相，亦上观尚古，删拾《春秋》，集六国时事，以为八览、六论、十二纪，为《吕氏春秋》。"这都是很明白地说出《吕氏春秋》只是"集"出来的书，固然这部集出来的书，件件都有，尤其对于儒、道二家采取兼容并包的态度，然而毕竟和儒、道二家原来的著作不同，至于道家正统的庄子一派，在吕氏门下，似乎颇占势力，因此，庄子的话也称引特多。郭沫若同志述《庄子》与《吕氏春秋》的关系最为明白，他说："在多士济济的吕氏门下，……道家颇占势力，其中庄子的门人一定相当多。书中每称引《庄子》（《去尤篇》），有好些辞句与《庄子》书完全相同。如《必己篇》差不多强半是采自《庄子·外物篇》。又如《有度》篇的左例一节，更根据庄子的主张来批判孔、墨。……'故曰'以下乃《庄子·庚桑楚篇》的一节，明明是引书故称'故曰'，只是没有把《庄子》标明出来。"（《十批判书》）

这就是最好的例子，证明了外、杂篇为秦汉时作一说的误会。

至于《胠箧篇》与古本《鬼谷子》的关系，据今本《鬼谷子》的《符言第十二》末有"《转丸》、《胠乱》二篇皆亡"一句，《正统道藏》本注云"或有庄周《胠箧》而充次第者"，这分明指出后人以《胠箧》冒充鬼谷子《胠乱》一篇的痕迹，这正足以证明《胠箧》乃在伪书《鬼谷子》之前。至于田成子杀齐君的文句，唐司马贞《史记索隐》中引作《鬼谷子》——可见《庄子·胠箧》篇原文，在其冒充为《鬼谷子》一篇之后，又经过一番窜乱，这就是使《庄子》此篇本无可疑而也成为可疑的原因。

第三，外、杂篇的真伪。尚无定论，如以外篇《缮性》为例，许地山认为成于秦汉之际，而称之为秦汉儒家化的庄子学

（《道教史》），但刘咸炘则认为庄子自著。又如杂篇《天下篇》，王安石《庄周论》信为庄子所作；朱熹以为《天下篇》惟取篇首二字为名，实则该括万物之义；余直以为《南华经》之后序，出于学庄子学者，非庄子作；梁启超则以为此篇即《庄子》全书之自序，"庄子书有后人屢附之作，外篇杂篇可疑者更多，无容为讳，惟《天下篇》似无甚怀疑之余地"，经他考据之后所得结论是："此篇文体极朴茂，与外篇中浅薄圆滑之各篇不同，故应认为《庄子》书中最可信之篇。"（《庄子·天下篇》释文）依我意思，《天下篇》历叙古今道术，显然是庄子晚年的著作，这和亚里士多德留传于今的学术著作，均为五十岁以后写成的一样。即使退一步认《天下篇》不是庄子自作，而为庄子直接门人评论百家之学而作，则其中已有"《诗》以道志，《书》以道事，《礼》以道行，《乐》以道和，《易》以道阴阳，《春秋》以道名分"之语，而《天运》之言六经，《庚桑楚》之言仁义礼智信，亦何能即断定其为汉代所作？《天下篇》乃庄子后序，与《寓言篇》可认均为庄子作。王闿运《庄子注》仅注《寓言》、《天下》及内篇七篇，不为无见。辨此一点，便知外、杂篇实有其不可轻易抹杀的地方。

实在说，今本《庄子》根据就是注家于原本五十二篇中以意去取的结果，而郭象三十三篇注本，则可以为较可靠之庄学一家之言。若认《庄子》为庄周一人所作，问题很多，若认为一家之言，则大致不错。其中最成问题的，当推《盗跖》、《渔父》、《让王》、《说剑》诸篇。苏东坡疑此四篇非庄子作，宋濂《诸子辨》谓此"诸篇不类前后文，疑后人所剿入"；宣颖《南华经解》甚至列之于《天下篇》之后，以为"此四篇叙事弱，议论冗，其文乃在《新序》、《说苑》等书之下，况可以溷《庄子》

乎?"但事实果然如此吗?武内义雄疑此四篇,郭注《让王》仅三条、《盗跖》三条、《说剑》无注、《渔父》仅一条,以为郭注隋唐之际已阙佚,而后人以他种注本补之。此说近是,惟仍不能因此疑及本文。实则此数篇文体即使与其余前后文不甚同,而其深微之点,固可与内篇互相发明。如以《盗跖》为例,章太炎《检论·儒侠》篇以为:"此非寻常攻剽之雄所能有,殆世谓有主义者,而曲士乃言《盗跖》篇为伪托,其亦牵于法制,未蹈大方之门者邪?"而且《盗跖》、《渔父》已见《史记》,则由来已久。陆树芝云:"《让王》尽有精理,《说剑》较粗耳,然都非实事也。"(《庄子雪》)由我看来,《让王》、《渔父》、《盗跖》三篇虽非庄子学的正统却为庄子学派所产生。

就中惟《说剑》一篇载庄子见赵惠文王论剑,据有人考证,知乃庄辛非庄周,盖战国有两庄子,韩非子《喻老》"楚庄王欲伐越,庄子谏"亦庄辛,而《文选》卷五十四注引误作"庄周"。庄辛,据《战国策·赵策》"说楚襄王不听,去而之赵,留五月",其留赵甚久。又辛系文学之士,其说天子诸侯庶人三剑,累累敷陈,显然出于其手,可见《说剑》并非伪篇,但不是庄周之作。删此一篇,则如《让王》、《渔父》、《盗跖》三篇,反无可置疑之处,以此三篇与《马蹄》、《胠箧》诸篇,固同为庄子学左派的代表作品。

四、庄子三派

我细心研究的结果,以为庄子学的发展,和老子学派的发展有些相同,即可假定其分派——中派、右派与左派。中派为庄子直传弟子,时间最早,所传的如《至乐》、《达生》、《田子方》、《知北游》、《列御寇》乃至《山木》、《秋水》、《则阳》等篇属之。右派与左派发生较后，但当在同时先后不久，为相对立的两派别：右派所传的是《庚桑楚》、《徐无鬼》、《外物》、《天地》、《天道》、《天运》、《刻意》、《缮性》诸篇；左派所传的是《骈拇》、《马蹄》、《胠箧》、《在宥》、《让王》、《盗跖》、《渔父》诸篇。试加以分析：

先就庄子著说：内篇七篇及外篇《寓言》、杂篇《天下》，均为庄子所作。内篇各立一题，各成结构，本无问题，《寓言》标出一部大书作法，《天下》历叙古今道术，注家认为非庄子不能作。今姑假定以上九篇，为出一人之手，就内篇言：

《逍遥游》——言逍遥无为者，能游大道也（司马彪语）。以今语释之，即无所往而不自由。

《齐物论》——言齐一万物之理，始之以无彼我，同是非，乃至于一生死，同梦觉（焦竑语）。以今语释之，即一切皆平等。

《养生主》——此言养生之主，在行其所无事，针砭世之言养生者徒养生之形，乃"养过其极，以养伤生"（郭象语）。

《人间世》——概涉世之难，惟先能了尽世间事，然后能随便所适，遁世无闷，此王夫之所谓为涉乱世以自全而全人之妙术。

《德充符》——此篇以全德遗形为主旨，重德而不重形。

《大宗师》——此篇明天人之际，言必游于混茫之一气，入于不死不生，乃是道之大宗（宣颖语）。

《应帝王》——此言为之治，不若无为之治，无为则顺自然，帝王之道，合应如此。

以上《逍遥游》与《养生主》均为人生哲学，《齐物论》为哲学方法论，《人间世》为处世哲学中之积极面，《德充符》为处世哲学之消极面，《大宗师》为世界观，《应帝王》为政治思想。

再就庄子的三派来说：

其一，中派——此派为庄子学之正统派，亦即代表庄子与其直传门人的思想，其与内篇七篇的关系如下：

《逍遥游》——《至乐》

《齐物论》——《秋水》、《则阳》

《养生主》——《达生》

《人间世》——《山木》

《德充符》——《列御寇》

《大宗师》——《田子方》、《知北游》

《应帝王》——

此派主张"至人无己，神人无功，圣人无名"，无我而大我，其大旨乃在实现逍遥自得与齐一万物的境界，与内篇最为接近。

《至乐》——言世俗所乐非真乐，至乐在于逍遥无为，并发明死生一贯之理。

《秋水》——此篇自《齐物论》脱胎而来，旨在说明乐于大道只是天机之动，区区而计大小，就不知大道之乐。

《则阳》——此明大道混然，不必求起止，不必言有无，言默两忘，乃为有当，较之《逍遥游》言无穷之大，此则言无限之小。

《达生》——此言养生之实理在逍遥无为，总要神完而与天为一。

《山木》——此言以有用藏于无用，为全身远害之理。

《列御寇》——此言凡物皆得于天以自成，故圣人于天下因其自然（宣颖语）。泛然无系，譬彼虚舟，任运逍遥（成玄英语）。

《田子方》——此言存真之妙，不可以言传，不言而信，无为而化，可见以辨求胜之陋。

《知北游》——此篇摹写道妙，只是一无。自无而有，此道之所以无穷（宣颖）。

其二，右派——此派可认为儒家化的庄子学，亦即代表庄子门人所受孔子一派的影响，其与内篇的关系，不如中派密切，但仍有痕迹可寻。

> 《逍遥游》——
> 《齐物论》——《徐无鬼》、《外物》
> 《养生主》——《刻意》、《缮性》
> 《人间世》——
> 《德充符》——《庚桑楚》
> 《大宗师》——《天运》
> 《应帝王》——《天道》、《天地》

此派主张"内圣外王之道"，《天道》篇"以此处上，帝王天子之德也，以此处下，玄圣素王之道也，……静而圣，动而王"，以"玄圣"与"帝王"对称，言不为时用，即静而为玄圣，如为时用，则动而为帝王。静则静退居内，动即出动居外，这种思想和儒家相近，但仍不脱道家的面目。

《徐无鬼》——言有心成美，必致多事而事胜，不如大道之无为。

《外物》——言外物不可必，人何自苦。又极言好知好名之累。

《刻意》——言养神守神，是圣功要领。

《缮性》——此与孟子所性分定，大行不加，穷居不损，意思相同。

《庚桑楚》——言逃名养生之理，其要在以无有为宗。又泰定发光，说者认为周濂溪"静则虚，虚则明"之说所本。

《天运》——言天下无一件不是以道为主，帝王只要效顺造化以化人。

《天道》——言无为者处世之道，有为者任下之道。

《天地》——言道本自然，惟不杂以机巧，则自然与天地为合，此为圣德圣治之极则。又写无为之治，犹孟子所言皋皋如。

最可注意的，是此派拈出"诚"字。《徐无鬼》篇"修胸中之诚，以应天地之情而勿撄"，"反己而不穷，循古而不摩，大人之诚"，"吾与之乘天地之诚，而不以物与之相撄"，"捐仁义者寡，利仁义者多，夫仁义之术，唯且无诚"。又《庚桑楚》篇"不见其诚己而发，每发而不当"，此处言"诚"，作本体解，这分明是受儒家的思想影响。

其三，左派——此派可认为极端的无治派，亦即代表庄子门人所受老子学左派的影响，其与内篇的关系较浅，文体也有不同。然其深微处，却与内篇相发明。又《大宗师》有"忘仁义、忘礼乐"之语，从忘仁义而至于诋毁仁义，即为庄子说之左倾的发展。

《逍遥游》——《马蹄》

《齐物论》——

《养生主》——《让王》

《人间世》——《渔父》

《德充符》——《骈拇》

《大宗师》——《盗跖》

《应帝王》——《胠箧》、《在宥》

此派主张"贵己保真"，颇有"拔一毛而利天下不为"之气概。而且抨击仁义，诋毁尧舜，与《天运》篇之"假道于仁，托宿于义，以游逍遥之虚"，《天地》篇之"行事尚贤，大道之行"，《天道》篇之赞美舜的无为之右派思想有很大不同。

《马蹄》——言以仁义为治，则拂人之性，惟无为自化，清净自正。

《让王》——言穷通之皆乐，凡弃我而役役名利者，皆为俗物。

《渔父》——言苦心劳身以危其身者，虽有救世之心，未免为己之累（阮毓崧）。

《骈拇》——言以大道观仁义，等于骈枝，仁义乃性外添出之物。

《盗跖》——讥趋名利事伪巧之徒，甚至斥尧舜汤武皆乱人之徒，实为左派之最极端者。

《胠箧》——言仁义圣智，只足以助盗窃之资，王夫之谓盖惩战国之纷纭，而为愤激之言。

《在宥》——在者自在之意，宥者自得之意，此认为治则天下多事，而安养天下，只有顺其性命之情。

由上庄子学三派——中派、右派、左派——因其各有特异之点，同时也就各有其忽略之点。如中派偏于世界观方面，其结果对于政治不发生兴趣，代表各篇竟无与《应帝王》一篇相当者。右派于"静"的人生哲学，明心见性，无为而无不为，其结果用世之意多，而逍遥之意少。左派偏于无为的政治思想，"拔一毛而利天下不为"，其结果愤激之辞多，而齐物之意少。但无论如何，这三派虽有这些的矛盾，而在《庄子》书中，则自然有其内在的统一，所云"自其异者视之则肝胆越，自其同者视之则万物一";而极其至,"殊涂而同归,一致而百虑"。分之有中、右、左三派,合之则又是完整之庄子一家之言,这正是庄子学的最大特点。

关于庄子学三派的异同,以在人生态度中表现得最为明显,如《天下》篇庄子说他自己的理想生活是:"独与天地精神往来,而不傲倪于万物,不谴是非,以与世俗处,……上与造物者游,而下与外死生无终始者为友。"这是纯艺术的人生态度,一种逍遥自得的人生观,生活艺术的极则,即为卷首的《逍遥游》篇:

> 乘云气,御飞龙,而游乎四海之外。
>
> 乘天地之正,而御六气之辨,以游无穷。
>
> 无何有之乡,广莫之野,彷徨乎无为其侧,逍遥乎寝卧其下。

这是徜徉自得的艺术境界。《庄子》书中言"游"字地方很多,共八十七见,包括中、右、左三派均有,"逍遥"二字《说文》不收,而见于屈原,可见这种思想是相一致的,不过屈原用骚体来表现,在庄子则用哲学诗来表现。然而可注意的,就是庄子所要求的这种生活艺术,其实现的方法,右派和左派不同。如果说生活艺术的世界,有阿波罗(Apollon)的精神,也有狄安尼索斯(Dionysos)的精神,则在庄子学派中,也可以有右派的静的复性论,和左派的动的复性论两种不同。所谓静的复性论,是要在那静美之中,使私欲的活动停止了,人的本性自然性显露了,这可以右派的《刻意》、《庚桑楚》为代表。《刻意》全篇大旨是"虚无恬淡,乃合天德"八个大字,什么喜怒哀乐,什么是非好恶都在禁绝之列。《庚桑楚》也以于物无性、于世无争的婴孩为其理想的人格,这一套思想以后影响了唐李翱的《复性书》,

又影响了宋儒理学，这是很值得我们注意的。相反的，左派主张动的复性论。右派主静，左派主动，右派无我，左派有我；右派绝欲，左派纵欲，可以《盗跖》、《胠箧》为代表，仁义不要了，圣智也不要了，所有的只是一"任其性命之情"。这一套思想以后影响为魏晋时代伪托《列子·杨朱》篇所主张的"从心而动，从性而游"，"且趣当生，奚遑死后"的快乐主义，这也是很值得我们注意的。但无论左、右派却有一个共同点，即是一种反本复始思想，要"返于自然"，"返于自然"是庄子学的大旗帜。

再就政治思想来说，庄子的《应帝王》所设"浑沌"的譬喻，证明有为之害而要返于自然状态，这是反映原始公社的自然统治时代。这是中国式的乌托邦，是无为的政治理想。无为的政治有人说乃是失望的哲学家对于暴君专制的最微妙而严重的抗议，可见还是有进步的意义的。这种无为政治的理想在中派的《山木》篇便表现为"建德之国"，而传至右派左派，却成为对立的思想，即右派特别注重内圣外王之道，左派则特别注意无治主义。《汉书·艺文志》："道家者流盖出于史官，历记成败存亡祸福古今之道，然后知秉要执本，清虚以自守，卑弱以自持，此君人南面之术也，合于尧之克攘，《易》之嗛嗛，一谦而四益，此其所长也。及放者为之，则欲绝去礼学，兼弃仁义，曰独任清虚，可以为治。"在这里，"秉要执本为君人南面之术"（王先谦谓"君人"当为"人君"之误，《穀梁传序》、《尔雅疏序》引此皆不误）与庄学右派相近，而"放者"则指庄学左派之无治主义而言。当然作者是站在儒家立场上的，实则左、右两派无不从庄子引申而来，庄子"有群无治"本为一种矛盾现象，所以流为左、右二派，一方面有如《天道》、《天地》、《天运》等篇之主张"君道"；一方面又如《骈拇》、《马蹄》、《在宥》、《让王》、

《盗跖》等篇之主张"无治"。一方面右派说"内圣外王之道"，天地无为而化，帝王也无为而治，归结于"静而圣，动而王"（《天道》），这是儒家化的庄学；另一方面，大胆地提出反政治、反政府、反战争的口号，这是确然反对政治社会现状的左派庄学，他们都是很激烈的革命家，他们痛恨那些圣人，以为后世之所以使人失掉本性自然性的有两个东西，一个是仁义圣智，一个是政法赏罚。他们主张破坏这一切而想像至德无为的绝对自由平等的世界。老庄即因有这一派，所以在其学说传播之时，常常反映着农民的原始革命意识，其影响为魏晋的阮籍、鲍敬言与唐之无能子，这也是值得我们注意的。

末了，还有可注意的，就是庄子学的三派，也影响于后来的注《庄》解《庄》的人。就现在流传的《庄》注派别看，颇得于中派的旨趣的，如晋崔譔、向秀、司马彪，其逸文具在，尤以郭象注为此派之集大成。

郭象《庄子注》附《释文》十卷，《续古逸丛书》本、《古逸丛书》本、世德堂本。

司马彪《庄子注》，孙冯翼辑问经堂本、茆泮林辑《十种古逸书》本、黄奭《汉学堂丛书》本。

大概早期的《庄子》注，尚保存中派的特点。次之则为右派注解，可举者如下列：

《南华真经口义》，宋林希逸《道藏·洞神部·玉诀类》本、明嘉靖乙酉江汝璧重刊《三子口义》本、万历三年《三子口义》本、明福清施观民校刻本。

宋吕惠卿《庄子内外篇义》，此据残本影印，题"吕观文进《庄子》内篇义、外篇义"，又有一九三四年陈任中校辑本。

宋王雱《南华真经新传》，《道藏·洞神部·玉诀类》本。

明焦竑《庄子翼》，明刻本、《金陵丛书》本。

清王夫之《庄子解》，《船山遗书》本。

清宣颖《南华经解》，同治五年刻本、康熙间宝旭斋刻本。

清王闿运《庄子注》，见《湘绮楼全书》。

惟左派注解，尚未发现，如《抱扑子》外篇《诘鲍》所举鲍敬言的思想，与嵇康"每非汤武而薄周孔"，皆其左派精神，然而他们都不会有意为《庄子》作注解，故当别论。就中也有可举的如下一书，即：

明李贽《老庄解》，明刻本三册，《老子解》一卷，《庄子解》三卷。

至于以道教解《庄》，则如宋碧虚子《南华真经章句晋义》，褚伯秀《南华真经义海纂微》均收入《正统道藏》中。又以佛教解《庄》，如明陆西星《南华真经副墨》（明刻本、上海古书店石印本），释德清《庄子内篇注》（金陵刻经处本）。民国章炳麟《齐物论释》（《章氏丛书》本）则均为后来的影响，与庄子学本身无关。近人注释《庄子》书有郭庆藩《庄子集释》（湖南思贤书局本）、王先谦《庄子集解》（同上）、阮毓崧《庄子集注》（中华书局本）、马叙伦《庄子义证》（《天马山房丛书》本、商务印书馆本）、刘文典《庄子补正》（商务印书馆本）、王叔岷《庄子校释》（《国立中央研究院历史语言研究所专刊》之二十六、商务印书馆本）等专书，亦仅供参考。

第六讲

桓谭与王充的著作考

桓谭的著作

从《庄子》到王充，中间经过了《吕氏春秋》、《淮南子》和作为王充唯物主义哲学的先导者——扬雄、桓谭。《吕氏春秋》和《淮南子》号称杂家，而实以儒道二家为主，即主张儒道合流。儒道合流是中国秦汉以来素朴的唯物主义的哲学传统，而实际则以《易》、《老》、《庄》为其中心环节，不谈中国古代的素朴唯物主义与自然的辩证法则已，否则必须首先追溯到《易》、《老》、《庄》。不过在儒和道合流之中，有的先《老》、《庄》而后六经（包括《易经》在内），有的先六经而后《老》、《庄》，至于只一味以六经为主的，则是纯粹墨守儒家，而与唯物论无缘了。淮南子所著《淮南九师道训》，是聘善为《易》者九人撰成的，但就其留传下来的《淮南子》二十一卷来看，则分明是先《老》、《庄》而后儒家。扬雄所著有《法言》、《太玄》。《法言》拟《论语》，《太玄》拟《易》，从外表形式上看，是纯粹儒家，却是《法言》注从李轨以来，即右道左儒。《太玄》妙极阴阳之数，与《易》道相同，而"惟清惟静，惟渊惟默"之语，朱熹以为"皆是老子意思"，"看来其学似本于老氏"。《太玄赋》"观

《大易》之损益兮，览老氏之倚伏"，此即其儒道合流之确证。扬雄书甚易得，《法言》有元纂图互注本、明世德堂本、天启间朱蔚然合诸名家评点本、明新安程荣校本、清嘉庆二十三年石研斋秦氏覆刻宋治平监本，又徐养原校李赓芸刻本。汪荣宝《法言义疏》亦可资参校。《太玄》有范望《太玄经注》，明玉镜堂依宋刊本；司马光、许翰等集注有孙氏《古棠书屋丛书》本、《道藏》本、湖北崇文书局本、《四部备要》本；又孙澍集注，清道光十一年岷阳孙氏鸶溪大学刊本；又陈本礼《太玄阐秘》，清光绪刊本亦可资参校。桓谭极称道扬雄，《新论》："扬子云何人耶？答曰：才智开达，能入圣道，汉兴以来，未有此人也。"又以《玄经》次五经，谓扬雄作《玄》书，以为"玄者，天也，道也，故宓羲氏谓之易，老子谓之道，孔子谓之元，而扬雄谓之玄"。然而自汉以后，《法言》大行，而《玄》终未显。桓谭与杨雄同反对当时谶讳为怪诞不经，故在思想斗争中均表现其唯物主义的倾向。《法言·重黎》篇"或问赵世多神，何也？曰神怪茫茫，若存若亡，圣人曼云"；《君子》篇"或曰世无仙则焉得斯语，曰语乎者，非嚣嚣也与，惟嚣嚣，能使无为有"；"有生者必有死，有始者必有终，自然之道也"。这种鲜明的无神论思想，实为桓谭所继承。桓子《新论》现已失传，《隋书·经籍志》入儒家类，实亦儒道合流，如称"老子其心元远，而与道合"（《文选·袁彦伯〈三国名臣序赞〉》注引）。又《汉书·扬雄传》："桓谭曰：'……昔老聃著虚无之言两篇，薄仁义，非礼学，然后世好之者尚以为过于五经，自汉文景之君及司马迁皆有是言。'"此亦其一证。其关于无神论与唯物主义思想，则更丰富极了，《后汉书》二十八上《桓谭传》，载其《抑谶重赏疏》云：

凡人情忽于见事而贵于异闻,观先王之所记述,咸以仁义正道为本,非有奇怪虚诞之事,盖天道性命,圣人所难言也。自子贡以下,不得而闻,况后世浅儒,能通之乎?今诸巧慧小才伎数之人,增益图书,矫称谶记,以欺惑贪邪,诖误人主,焉可不抑远之哉!臣谭伏闻陛下穷折方士黄白之术,甚为明矣,而乃欲听纳谶记,又何误也!其事虽有时合,譬犹卜数只偶之类。

当时光武帝看了大为不悦,"其后有诏曾议灵台所处。帝谓谭曰:'吾欲谶决之,何如?'谭默然良久,曰:'臣不读谶。'帝问其故,谭复极言谶之非经。帝大怒曰:'桓谭非圣无法,将下斩之。'谭叩头流血,良久乃得解,出为六安郡丞,意忽忽不乐,道病卒,时年七十余"。这一位反宗教迷信的唯物论者的结局,我们可以看出两汉间唯物主义与唯心主义的斗争何等剧烈。《新论》二十九篇虽已亡佚,就其残存的一点来看,已可见桓谭唯物主义的思想色彩,如云:

谶出河图洛书,但不兆朕而不可知,后人妄复加增依托,称是孔丘,误之甚也。(《意林》卷三引)

刘子骏信方士虚言,谓神仙可学,余见其庭下有大榆树久老剥折,指谓曰彼树无情,然犹朽蠹,人虽欲爱养,何能使不衰。(《艺文类聚》卷八十八《木部》,《太平御览》卷九五六《木部》)

昔楚灵王骄逸,轻下简贤,务鬼信巫祝之道,斋戒洁鲜以祀上帝,礼群神,躬执羽绂,起舞坛前。吴人来攻,其国人告急,而灵王鼓舞自若,顾应之曰:"寡人方祭上帝、乐明神,当蒙福祐焉。"不敢赴救,而吴兵遂至,俘获其太子

及后姬,甚可伤。(《太平御览》卷五二六引)

余尝与郎冷喜出,见一老翁粪上拾食,头面垢丑,不可忍视。喜曰:"安知此非神仙?"余曰:"道必形体如此,无以道焉。"(《太平御览》卷三八二引)

余与刘子骏言养性无益,其兄子伯生曰:"天生杀人药,必有生人药也。"余曰:"钩藤不与人相宜,故食则死,非为杀人生也。譬若巴豆毒鱼,礜石贼鼠,桂害獭,杏核杀猪,天非故为作也。"(《太平御览》卷九九〇引》)

汉高祖建立鸿基,侔功汤武,及身病,得良医弗用,专委妇人,归之天命,亦以误矣。此必通人而蔽者也。(《文选·谢灵运〈庐陵王墓诗〉》注引)

无仙道,好奇者为之。(《博物志》引)

桓谭关于政治社会的开明的见解,收入唐魏征《群书治要》卷四十四,共十三节;关于无神论的思想体系,收入梁僧祐《弘明集》卷五《桓君山新论形神》;其余片言只语,见于《意林》、《文选》注、《艺文类聚》、《北堂书钞》、《太平御览》、《初学记》、《史记集解》、《汉书》注、《后汉书》注等书共约三百余事。《后汉书·桓谭传》云:"初,谭著书言当世行事二十九篇,号曰《新论》,上书献之,世祖善焉。《琴道》一篇未成,肃宗使班固续成之,所著赋、诔、书、奏凡二十六篇。"唐章怀太子贤注云:"《新论》一曰《本造》,二《王霸》,三《求辅》,四《言体》,五《见征》,六《谴非》,七《启寤》,八《祛蔽》,九《正经》,十《识通》,十一《离事》,十二《道赋》,十三《辨惑》,十四《述策》,十五《闵友》,十六《琴道》。《本造》、《述策》、《闵友》、《琴道》各一篇,余并有上下。《东观记》曰:'光武读之，敕言卷大，令皆别为上下，凡二十九篇．'"又注曰："《东观记》曰：'《琴道》未毕，但有发首一章．'"由此可见《新论》尚非全书。《太平御览》卷六〇二文部引《新论》云："余为《新论》，术辨古今，亦欲兴治也，何异《春秋》褒贬耶？今有疑者，所谓蚌异蛤，二五为非十也，谭见刘向《新序》、陆贾《新语》，乃为《新论》。"这在当时原为崭新的著作，而竟不能全传，《弘明集》虽收入《论形神》一篇，但如明汪道昆本、金陵刻经处本均误为晋人，可谓谬妄之至。近人研究中国唯物主义哲学知有王充而不知有桓谭，如侯外庐等《中国思想通史》（第二卷上册）提及桓谭而叙述甚少，姚舜钦《秦汉哲学史》则竟未加叙述，此皆因未接触原著之故。马国翰《玉函山房辑佚书》，辑书起汉迄唐计六百三十二种，而竟无此书，近商务印书馆印《四部丛刊》亦无此书，中华书局《四部备要》虽有其书，而所据校刊乃沈阳孙冯翼《问经堂丛书》中辑本，遗漏极多，实不适用，这不能不说是《新论》一书在传播上的厄运。

今案桓谭《新论》辑本，共有两种，另有一种未刊行。孙冯翼辑《桓子新论》，在《问经堂丛书》第三函，嘉庆七年（一八〇二）九月刊本，据其自序云："《宋史·艺文志》不载谭书，晁公武、陈振孙亦皆未言及，则其广轶当在南宋时。"孙辑逸篇惟《琴道》篇据《文选》注所引有标题，其余则恐怕"昔人征引其辞，未尝显标其题，必欲臆为分别，恐蹈武断"。又云"陶宗仪《说郛》所引《新论》二十七事，其书不足据，故未采录"（案《说郛》有各种版本，如商务印书馆据明抄本铅印一百卷本四十册，内即缺此书。顺治间两浙督学周南、李际期重刊本一百卷，内卷五十九有桓谭《新论》，当为孙冯翼所据）。这种治学的态度，尚属严谨，但其缺点，黄以周批评它，谓其"惟以《文选》注明引《琴道》，遂以是篇居首，次以《意林》所载，余皆以所采书为先后，殽杂而无伦，重复而迭见，无由见本书之樒恬"（《桓子新论序》，见《徽季杂著·子叙》）。其实最大缺点，还在搜罗不广，如《弘明集》卷五《桓君山新论形神》、《群书治要》卷四十四，均为极重要之资料，均未采及。而且重复的地方太多了，如"古《孝经》千八百七十一字，今异者四百余字"共三见，"三皇以道治，五帝以德化"一节二见，"图王不成亦可以霸"二见，"谓狐为狸，以瑟为箜篌"一节二见，"以贤代贤谓之顺"二见，"圣人皆形解仙去"一节二见。严可均辑本见《全上古三代秦汉三国六朝文》之《全后汉文》卷十二至卷十五，有湖北黄冈王毓藻刊本。其自序并见《铁桥漫稿》（心矩斋校本）。兹录其要语，以见一斑。

> 案二十九篇而十七卷者，上下篇仍合卷，为十六卷，疑复有录一卷，故十七卷。其书亡于唐末，故宋时不著录。《全谢山外集》卷四十称常熟钱尚书谓《新论》在明季尚有完书，恐非其实。今从《群书治要》得十五事，审是《求辅》、《言体》、《见征》、《谴非》四篇，从《意林》得三十六事，审是《王霸》、《求辅》、《言体》、《见征》、《谴非》、《启瘫》、《祛蔽》、《正经》、《识通》、《离事》、《道赋》、《辨惑》、《琴道》十三篇。又从各书得三百许事，合并复重联系断散为百六十六事，依《治要》、《意林》次第理而董之，诸引仅《琴道》有篇名，余则望文归类，取便检寻；其篇名黑质白文以别之，定十六篇，为三卷。君山博学多通，同时刘子骏《七略》征引其《琴道》篇，扬子云《难穷》《立毁》所作《盖天图》，其后班孟坚《汉书》据用甚多。

王仲任《论衡》之《超奇》、《佚文》、《定贤》、《案书》、《对作》篇皆极推崇，至谓子长、子云论说之徒，君山为甲，则其书汉时早有定论，惜久佚失，所得见者仅此。然其尊王贱霸，非图谶，无仙道，综核古今，偭偻失得，以及仪象典章、人文乐律，精华略具，则虽谓此书未尝佚失可也。

严可均录成此书在嘉庆乙亥（一八一五）六月，后孙冯翼十三年，《全后汉文》收桓谭文从卷十三至卷十五，共三卷。文集收《仙赋》、《陈时政疏》、《抑谶重赏疏》、《上便宜》、《陈便宜》、《启事》、《答杨雄书》。卷十三至卷十五，桓子《新论》，此为乌程严可均所辑全上古三代秦汉三国六朝作者三千四百九十五人中之一人，其功力之大，搜罗之广，是很值得我们学习的。然而不幸地是黄以周竟未见其书，只读其《漫稿》中所载《自叙》，即妄肆讥评，谓其"以《群书治要》所录十五事，《意林》所录三十五事为纲，而以义之相类者比附其间，是岂能一复本书之旧哉？武断之讥，恐不能免矣"。因此黄以周又另有辑本，据《儆季杂著》中载黄本序文云："魏（征）马（总）二书所录皆仍本书次序，今举其语之明显者以类相从，而不标题篇目，残文片语无由如其命意所在，则附书后，俾读是书者，生千百年后，犹得见其具体，岂不愈于孙辑之杂陈迭见哉。"黄辑尚未刻，闻其原稿归于仁和许益斋，其书即使愈于孙辑，是否即出于严本之上？日本武内义雄著《桓谭新论考》（见江侠庵编译：《先秦经籍考》下）竟称"据此考之，严本与黄本最为完备"，不知其何所见而云然？武内义雄尚未见孙冯翼辑本，竟谓"严可均既见孙本，孙本佚文，必与严本无异，亦无强见之必要"（同上）。此亦未免过于武断。孙本虽缺点极多，但注明所引史料来源，尚较严本为详，此亦未可一概抹煞。武内义雄与黄以周均皆未见原本而先下断语，举此一例，亦可见考证工夫之难。

桓子《新论》的最大贡献，在他所给王充《论衡》的影响。王充推重《新论》，无微不至。《论衡·超奇》篇云："近世刘子政父子、扬子云、桓君山，其犹文武周公，并出一时也。"又："王公子问于桓君山以扬子云，君山对曰：'汉兴以来，未有此人。'君山差才，可谓得高下之实矣。采玉者心羡于玉，钻龟者知神于龟，能差众儒之才，累其高下，贤于所累。又作《新论》，论世间事，辨照然否，虚妄之言，伪饰之辞，莫不证定。彼子长、子云说论之徒，君山为甲。"又《佚文》篇："玩扬子云之篇，乐于居千石之官；挟桓君山之书，富于积猗顿之财。"又《定贤》篇："世间为文者众矣，是非不分，然否不定，桓君山论之，可谓得实矣。论文以察实，则君山，汉之贤人也。陈平未仕，割肉间里，分均若一，能为丞相之验也。夫割肉与割文同一实也，如君山得执汉平，用心与为论不殊指矣。孔子不王，素王之业，在于《春秋》，然则桓君山素丞相之迹，存于《新论》者也。"又《案书》篇："仲舒之言，道德政治，可嘉美也。质定世事，论说世疑，桓君山莫上也，故仲舒之文可及，而君山之论难追也。"这总是赞叹不置，正好似桓谭之赞美扬雄，以《玄经》次五经，王充也赞叹桓谭，以《新论》拟《春秋》。所以《案书》篇又云："孔子作《春秋》，采毫毛之善，贬纤芥之恶……《新论》之义与《春秋》会一也。"《论衡》之作，很明白即受《新论》的影响，所以《对作》篇云"众事不失实，凡论不坏乱，则桓谭之论不起。……《论衡》之造也，起众书并失实，虚妄之言胜真美也。"《意林》卷三引《新论》："子贡问蘧伯玉曰：子何以治国，答曰弗治治之。"案此一节亦见《论衡·自然》篇，

"弗治治之"作"以不治治之",下文"夫不治之治,无为之道",可见王充与桓谭思想的一致性。桓谭是扬雄之一继承,而王充又是桓谭之一继承。章炳麟《检论·学变》说明两汉儒术变迁,便早注意及此唯物论之思想传统,而因此桓谭与王充的著述,在中国唯物主义史上的位置,也就更容易明白的了。

王充《论衡》在思想领域,积极方面受桓谭的影响,在消极方面则为对于班固一派的反动。据《后汉书》卷七十九本传,知他曾"师事班彪",但虽学于儒,而与俗儒有思想斗争。《论衡》之反天人感应的迷信,最重要的一点,即在反对当时白虎观诸儒的议论。据《后汉书》所载白虎观议论诸儒有魏应、楼望、李育、贾逵、班固等十四人,其中班固是《白虎通义》的撰集者。王充既师事班彪,则其学术渊源和班固相同,而立场不同,观点也不同。近人金德建著《古籍丛考》曾将《论衡》和《白虎通义》对比,认为《论衡》许多地方是针对《白虎通义》而作。例如《通义·圣人》篇主张"圣人无过",《论衡》之《实知》、《知实》二篇驳它。《通义·号》篇主张帝王受命,《论衡》之《初禀》、《奇怪》二篇驳它。又如《通义》中的五行说、灾异谴告说、符瑞说、卜筮说、祭祀说,这些都是一套地主阶级哲学,《论衡》无不一一加以批判分析,这证明王充的思想路线是和纯粹儒家地主阶级思想的路线相对立。王充虽反对纯粹儒家,而对于扬雄、桓谭,则称道不置。这无疑乎是由于扬雄、桓谭著作之中,本混合着唯物论的因素,如扬雄《太玄》本所以赞《易》,而在其中却部分采取了老子思想,而且通过了《老》、《易》的模拟,而表示出唯物论的色彩(参看侯外庐等《中国思想通史》第二卷上册)。桓谭以不善谶流亡,他的反谶纬的思想,虽只依据五经,但他是第一个赏识《太玄》的人,也具着儒道合的倾向。

王充思想即从这儒道合的观点出发，但他更敢于批判，《论衡》许多地方"儒者论曰"，接着即是"此言妄也"。它反对儒家，即反对地主思想，反对以谶纬说为幌子的宗教化儒家，所以自称"违儒家之说，合黄老之义"。但他也不是老庄学说的因袭者，他指出老子的缺点，是在不能拿人事证明天道。

> 道家论自然，不知引物事以验其言行，故自然之说，未见信也。（《自然》篇）

老庄的自然还是没落贵族的"自然无为"，而王充的自然，则为农民性的"自然亦须有为"。所以说：

> 然虽自然，亦须有为辅助。耒耜耕耘，因春播种者，人为之也。及谷入地，日夜长大，人不能为也，或为之者，败之道也。（《自然》篇）

从儒道合出发，而达到儒道批判的新观点，这可见王充思想的独创性，即因此，使他成为我国古代最卓越的素朴的唯物主义者。

王充的著作

现在只就王充的著作，作一个问题来讨论。

王充所著书，据《自纪》篇，有《讥俗》、《节义》之书，有《政务》之书，有《论衡》之书，有《养性》之书，今所传者，只《论衡》一书，据《后汉书》本传共八十五篇，内《招致》一篇，有录无书，实八十四篇。清《四库提要》据《自纪》谓《论衡》当时应有百篇，可见今本尚非完书。惟此百篇本之《论衡》，实为王充晚年所定，观其自述中有"年渐七十乃作《养性》之书"可见。在此定本之外，王充是否还有著作？在定本

《论衡》之中，是否混合着其所著《讥俗》、《节义》、《政务》、《养性》数书而成？这个问题虽曾经有人提出，而证据不足，得不到确切的解决（见东南大学《国学丛刊》第二卷第三期张右源《王充学说的梗概和治学方法》。除提出问题之外，可靠的证据，只有"《论衡》篇以十数"一语）。依我研究结果，识为王充的著作，除在明帝永平年间所作《六儒论》不传之外，他所有著作如《讥俗》之书，《节义》之书，《政务》之书，《养性》之书，实均已包括在今本《论衡》之内，换言之，王充的整个思想体系，实已包括在今本《论衡》之中。惟《论衡》一书实经过三次纂集，定本《论衡》则为《论衡》之最后纂集。第一次纂集，《论衡》只有十几篇，其内容很明白的就只是九《虚》、三《增》、《论死》、《订鬼》各篇，而以《佚文》篇为其总序。所以说：

> 诗三百，一言以蔽之，曰"思无邪"。《论衡》篇以十数，亦一言也，曰"疾虚妄"。

第二次纂集是在《政务》之书写成之后，把《论衡》和《政务》合并成一书，而以《对作》篇为其总序。所以说：

> 不得已故为《论衡》，文露而旨直，辞奸而情实。其《政务》言治民之道，《论衡》诸篇，实俗间之凡人所能见，与彼作者无以异也。若夫《论衡》诸篇（此四字原在"治民之道"句下，校改移此），九《虚》、三《增》、《论死》、《订鬼》，世俗所久惑，人所不能觉也。

又说：

> ……今《论衡》就世俗之书，订其真伪，辨其实虚，非造始更为，无本于前也。……况《论衡》细说微论，解释世

俗之疑，辨照是非之理……《政务》为郡国守相、县邑令长
陈通政事所当尚务。欲令全民立化，奉称国恩。《论衡》九
《虚》、三《增》所以使俗务实诚也。《论死》、《订鬼》所以
使俗薄丧葬也。

《论衡》《政务》，其犹《诗》也。冀望见采，而云有
过……《论衡》实事疾妄，《齐世》、《宣汉》、《恢国》、《验
符》、《盛褒》、《须颂》之言，无诽谤之辞，造作如此，可
以免于罪矣。

把《论衡》和《政务》对举，或即《对作》篇之原来意义，
而此时所纂集的《论衡》则为《论衡》与《政务》二书的合订
本，《对作》篇即为此合订本之自序。这时《论衡》之书的内容，
当较以前有所扩充，如以当时四分历与太初历之争为背景，增入
《谈天》、《说日》二篇，此为王充在科学上之最高成就。《政务》
之书的内容，则包含一部分如上所述《齐世》、《宣汉》、《恢
国》、《验符》、《须颂》各篇。

但王充在写《论衡》之书以前，曾作《讥俗》、《节义》之
书，在写《论衡》之书以后，又曾作《养性》之书。《讥俗》
《节义》之书为《论衡》之书作思想准备，所以在思想上比较幼
稚一些，如《论衡》之书《死伪》篇以杜伯之鬼为无，而《讥
俗》之书《言毒》篇尚以杜伯之鬼为有。又以《节义》之书与
《政务》之书比较，《节义》之书《定贤》篇以与黄老同操为非
贤，《政务》之书《自然》篇则说贤之纯者黄老是也，这种矛盾
只能解释为他后来思想进步了的原故。写《讥俗》之书时，王充
年约二十余岁。《本传》所云"仕郡为功曹，以数谋事不合去"，
这是废退穷居之时。《政务》之书则作于其后，因所语涉及当时

政治，顾忌多，故"愁精苦思"，作书颇费时间，增改的次处也比较多。《齐世》、《恢国》、《验符》均有与《论衡》一书合并之后尚增入汉代事的痕迹。自此以后，以至《论衡》之第三次纂集，这已经是在"章和二年，罢州家居，年渐七十……乃作《养性》之书"之后，这时王充暮年晚景，自觉"既晚无还，垂书示后"，把一生精力所著《讥俗》之书、《节义》之书、《政务》之书、《论衡》之书和《养性》之书，结集成一巨册，这就是约百篇多之定本《论衡》。所以《自纪》篇说：

> 按古太公望，近董仲舒，传作书篇百有余。吾书亦才出百，而云泰多……

正如《对作》篇之为《论衡》第二次纂集的总序一样，《自纪》篇就作为《论衡》第三次纂集的总跋。因为《论衡》定本是纂集各书而成，故《自纪》篇历叙生平，将所有著作，从《讥俗》、《节义》、《政务》、《论衡》，以至《养性》之书作一次思想的大总结。

由上所述《论衡》纂成的三个时期，经过时间是三十余年。依时代顺序，则第一次纂集时期，当汉明帝永平元年至章帝建初元年（公元五九——七六），在王充三十三岁至五十岁时，《会稽典录》云"《论衡》造于永平末，定于建初之年"，《须颂》篇云"《论衡》之人，在古荒流之地"，此认《论衡》作于归乡里时，即指《论衡》之单独成书时代。第二次纂集时期，当汉章帝建初二年至元和三年（公元七七——八六），在王充五十一岁至六十一岁时。《对作》篇云："建初孟年……《论衡》之人……退题记草，名曰《备乏》……名曰《禁酒》。"《备乏》、《禁酒》均已失传。《须颂》篇云："治有期，乱有时，能以乱为治者优，优者有之。建初孟年无妄气至，圣世之期也。皇帝执德，救备其灾，故《顺鼓》、《明雩》为汉应变。"可知《顺鼓》、《明雩》、《乱龙》、《遭虎》、《商虫》各篇亦当于此时完成，即所谓"实俗间凡人之所能见，与彼作者无以异也"，其价值不过如此。所以讲到土龙求雨事，竟为董仲舒辩护，因此也有人疑这些篇为后人伪造。第三次纂集时期，当章帝元和四年至和帝永元八年（公元八七——九六）在王充六十二岁至七十岁。《自纪》篇述他在约七十岁的时候，写成《养性》之书，以时代考之，是公元九〇年和帝永元二年，充年六十四岁，这是他志力衰耗的时候，所以在思想上极度表现为悲观的宿命论的色彩。"贫无供养，志不娱快，历数冉冉，庚辛域际，虽惧终徂，愚犹沛沛，乃作《养性》之书，凡十六篇。"（《自纪》篇）于是把《养性》之书和一生所有著作合拢起来，集成约百篇多之定本《论衡》，再加上《自纪》篇。《抱朴子·自叙》云："王充年在顺耳，道穷望绝，惧声石之偕灭，故《自纪》终篇。"毫无疑问地，这最后一次的纂集，是王充晚年的著作。

但问题乃在这王充晚年的最后纂集，应该不止今存的八十五篇，而应该有百余篇，所以说"吾书亦才出百，而云泰多"。这些佚篇篇名，以《论衡》本书为证，如《答佞》篇引："故《觉佞》之篇曰人主好辩，佞人言利。"《须颂》篇云："斯盖三《增》、九《虚》所以成也；《能圣》、《实圣》所以兴也。"此云《觉佞》与《能圣》、《实圣》均为佚篇名。又《对作》篇称"《齐世》、《宣汉》、《恢国》、《验符》、《盛褒》、《须颂》之言"，又"《论衡》之人……退题记草，名曰《备乏》……名曰《禁酒》"。《盛褒》与《备乏》、《禁酒》亦为佚篇，由此可见《论衡》全书失传的已经不少。《论衡》第三次纂集，把最后完成的

《养性》之书，放在全书前面，这表示了王充晚年的思想情况。同时这次纂集曾把一生著作，重新整理一番，最可注意的，是《自纪》篇末引或曰：

> 今所作新书，出万言，繁而不省，则读者不能尽，篇非一，则传者不能领。

这分明认这第三次纂集的《论衡》，是一部新书，不幸地这一部新书，当时却是秘传本子。《抱朴子》述及此书流通情形道："王充所著《论衡》，北方都未有得之者，蔡伯喈常到江东得之，叹其文高，度越诸子，及还中国，诸儒觉其谈论更远，嫌得异书，或搜之隐处，果得《论衡》，提取数卷持去，伯喈曰惟吾与汝共之，弗广也。"这被提取的数卷，或即《备乏》、《禁酒》之类，但这么一来，定本《论衡》，便只剩得八十五篇了。

《讥俗》之书考

《讥俗》之书是王充的第一部著作。《自纪》篇云："俗性贪进忽退，收成弃败，充升擢在位之时，众人蚁附，废退穷居，旧故叛去，志俗人之寡恩，故闲居作《讥俗》、《节义》十二篇。"此处将《讥俗》、《节义》二书合并而言，所重在《节义》之书，其实《讥俗》与《节义》本为二书，说见下节。惟《自纪》篇也有单独提及《讥俗》之书的，如云：

> 充既疾俗情，作《讥俗》之书。
>
> 《讥俗》之书欲悟俗人，故形露其指，为分别之文。

这《讥俗》之书从来认为是在《论衡》八十五篇之外，久已失传，但依我研究结果，即在于今本《论衡》之内，即卷二十三至卷二十五之各篇共十二篇：

言毒　薄葬　四讳　调时　讥日　卜筮　辨祟　难岁　诘术　解除　祀义　祭意

这十二篇所以断定为《讥俗》之书，因其对于当时迷信陋习都有所评论。因为这是对俗人俗事辩论文章，"文刺于俗，不合于众"；"论说辩然否，安得不谲常心，逆俗耳"（《自纪》篇）。所以《讥俗》之书以《言毒》篇为首，说：

> 故美味腐腹，好色惑心，勇夫招祸，辩口致殃。四者世之毒也。辩口之毒，为害尤酷……《诗》曰："谗言罔极，交乱四国。"四国犹乱，况一人乎？故君子不畏虎，犹畏谗夫之口，谗夫之口，为毒大矣。

这书作于王充废退穷居之时，所云"谗夫之口"必确有所指，《讥俗》之书，亦即以这"讥俗情"开端，以下接着为分别立文，就具体的迷信陋俗一一加以严正的批判，例如：

《薄葬》——指出"世尚厚葬，有奢泰之失"，"或破家尽业以充死棺，杀人以殉葬，以快生意"。不知死人无知，"使死者有知，倍之非也；如无所知，倍之何损"。结论是："夫如是，世俗之人可一评览，评览如斯，可一薄葬矣。"

《四讳》——指出当时"俗有大讳四：一曰讳西益宅……二曰讳被刑为徒，不上丘墓……三曰讳妇人乳子，以为不吉……四曰讳举正月五月子，以为正月五月子杀父与母"。结论是："夫忌讳非一，必托之神怪。……畏避忌讳之语，四方不同，略举通语，令世观览。"这也是《自纪》篇所云"《讥俗》之书欲悟俗人，故形露其指"之意。

《调时》——指出"世俗起土兴功，岁、月有所食，所食之地，必有死者"。这所云岁月之神"如考实之，虚妄迷也"。如神能食之，则"神之口腹，与人等也。人饥则食，饱则止，不为起功乃一食也。岁、月之神，起功乃食，一岁之中，兴功者希，岁、月之神饥乎？仓卒之世，人民亡，室宅荒废，兴功者绝，岁、月之神饿乎？"

《讥日》——指出"世俗既信岁时，而又信日"。如（一）葬择日，（二）祭礼择日，（三）沐择日，（四）裁衣择日，（五）起宅盖屋择日，（六）学书举乐择日。如葬择日谓葬以藏棺，敛以藏尸，敛不避凶，何为葬独择吉？又如洗盥浴不择日，而沐独有日，又"在身之物，莫大于冠，裁冠无禁，裁衣有忌"，可见"俗人所重，失轻重之实也"。

《卜筮》——指出"俗言卜筮，谓卜者问天，筮者问地，蓍神龟灵，兆数报应"，"如实论之，卜筮不问天地，蓍龟未必神灵"，"且天地口耳何在，而得闻之？"结论认为卜筮之显有吉凶，纯为个人心理作用，与天地蓍龟无关。

《辨祟》——指出"世俗信祸祟，以为人之疾病死亡，及更患被罪，戮辱欢笑，皆有所犯"，其实"逢福获喜，不在择日避时，涉患丽祸，不在触岁犯月"。且以事实为证："历阳之都一夕沈而为湖，其民未必皆犯岁、月也。……赵军为秦所坑于长平之下四十万众，同时俱死，其出家时，未必不择时也。"又："夫使食口十人，居一宅之中，不动镬锤，不更居处，祠祀嫁娶，皆择吉日，从春至冬，不犯忌讳，则夫十人比至百年，皆不死乎？"

《难岁》——指出"俗人险心，好信禁忌"，禁忌之大者，为移徙忌触太岁之神，其实"令太岁恶人徙乎？则徙者皆有祸；令太岁不禁人徙，恶人抵触之乎？"而且："十二月为一岁，四时节竟，阴阳气终，竟复为一岁，日、月积聚之名耳，何故有神而谓之立于子位乎？……岁则日、月、时之类也。岁而有神，日、月、时亦复有神乎?"这篇目的也是"今略实论,令亲览","总核是非,使世一悟"。

《诘术》——当时民间盛行相宅之术,即观人房屋位置以定吉凶。这篇指其妄:"夫人之在天地之间也……其有宅也,犹鸟之有巢,兽之有穴也。谓宅有甲乙,巢穴复有甲乙乎?甲乙之神,独在民家,不在鸟兽何?"又:"天地开辟有甲乙邪?后王乃有甲乙?如天地开辟本有甲乙,则上古之时,巢居穴处,无屋宅之居,街巷之制,甲乙之神何在?"这么一诘,便把图宅术的迷信推翻了。

《解除》——"世信祭祀,谓祭祀必有福;又然解除,谓解除必去凶。"解除即禳解之术。其术"比夫祭祀,若生人相宾客矣。先为宾客设膳,食已,驱以刃杖。鬼神如有知,必恚止战,不肯径去。若怀恨,反而为祸。如无所知,不能为凶,解之无益,不解无损"。在这篇里王充提出无鬼论的思想,为《论衡》之书《订鬼》、《死伪》诸篇作思想准备。

《祀义》——"世信祭祀,以为祭祀者必有福,不祭祀者必有祸",执意以为死人有知。这篇指其妄,谓"祭祀之意,主人自尽恩勤而已,鬼神未必歆享之也"。为什么?因为"今所祭死人,死人无知,不能饮食"。如祭天地,"使天地有口能食祭,食宜食尽。如无口,则无体,无体则气也,若云雾耳,亦无能食"。以此类推,天地日月、山川风雷以及五祀之类并不能歆享饮食。"夫不能歆享,则不能神,不能神则不能福,亦不能为祸。"

《祭意》——这篇分祭祀为二种:"一曰报功,二曰修先。报功以勉力,修先以崇恩。""祭犹斋戒畏敬,若有鬼神。"据实来说,"未必有鬼而享之者",因为鬼神实无,"经传所载,贤者所纪,尚无鬼神,况不著篇籍,世间淫祀非鬼之祭,信其有神为祸福矣"。总结起来，正如《解除》篇所说：

> 夫论解除，解除无益；论祭祀，祭祀无补；论巫祝，巫
> 祝无力。竟在人不在鬼，在德不在祀，明矣哉。

《讥俗》之书以《言毒》始，以《祭意》终，这十二篇均为"疾俗情"而作。正如《自纪》篇所云"冀俗人观书而自觉，故直露其文，集以俗言，或谴谓之浅"，浅是浅极了，因所论为丧葬，祭祀，岁时禁忌，为图宅术，为当时四讳，这都是俗人俗事，"欲悟俗人，故形露其指，为分别之文"，安得不浅？由上可见《讥俗》之书，是在今本《论衡》之内，如果这十二篇不算《讥俗》之书，不算分别之文，那里更有什么《讥俗》之书和分别之文可言。

《节义》之书考

《节义》之书和《讥俗》之书同作于王充废退穷居之时，所以《自纪》篇云"闲居作《讥俗》、《节义》十二篇"，惟《讥俗》与《节义》实为二书，观下文"充既疾俗情作《讥俗》之书"，单提"讥俗"可见。即认当时有二书的合订本，亦应作《讥俗》十二篇、《节义》××篇，现存《论衡》卷二十三至卷二十五共十二篇，以《言毒》始，以《祭意》终，为《讥俗》之书共十二篇。卷十一至卷十四及卷二十七共九篇，以《答佞》始，以《状留》终，又《定贤》篇亦疑为即《节义》之书。合二书为二十一篇，《自纪》十二篇就《讥俗》书言，本不误，惟《节义》篇数末明，似有缺文。如《须颂》篇举及《能圣》、《实圣》，当与《定贤》篇为一类，今将《定贤》归入《节义》之书，《能圣》、《实圣》失传无可考。现将《节义》之书篇目，定

之如下：

　　答佞　程材　量知　谢短　效力　别通　超奇　状留　定贤

《节义》之书以《答佞》篇为首，意在"志俗人之寡恩"。王充在废退穷居之时，对当时官吏，深恶痛绝，故其中多愤激语，如斥文吏说：

> 文吏幼则笔墨，手习而行，无篇章之诵，不闻仁义之语。长大成吏，舞文巧法，徇私为己，勉赴权利。考事则受赂，临民则采渔，处右则弄权，幸上则卖将。一旦在位，鲜冠利剑，一岁典职，田宅并兼。（《程材》篇）

这说明了当时官吏贪污腐败到了极点，所以《节义》之书直斥之为佞人，为小人。

> 恶中之逆者，谓之无道；恶中之巧者，谓之佞人。（《答佞》篇）

至于和文吏相对立的儒生，在《节义》上说是好些，却是书呆子。所谓：

> 儒生以节优，以职劣。（《程材》篇）

呆到什么地步？

> 夫知古不知今，谓之陆沉。然则儒生所谓陆沉者也……夫知今不知古，谓之盲瞽……然则儒生所谓盲瞽者也。（《谢短》篇）

王充一则斥"然则儒生不能知汉事，世之愚蔽人也"（《谢短》篇），再则斥"秦汉之事儒生不见，力劣不能览也"（《效力》篇），那么总之文吏与儒生，都只是饭桶而已。所以他在指斥文吏"尸位素餐"之外，更借题发挥，语及儒生：

> 今则不然，饱食快饮，虑深求卧，腹为饭坑，肠为酒囊，是则物也。倮虫三百，人为之长。"天地之性人为贵"，贵其识知也。今闭闇脂塞，无所好欲，与三百倮虫何以异？而谓之为长而贵之乎？（《别通》篇）

这简直言之，不是饭坑酒囊是什么？是蜘蛛："任胸中之知，舞权利之诈，以取富寿之乐，无古今之学，蜘蛛之类也。"《状留》篇末了一段，言："长吏妒贤，不能容善，不被钳赭之刑，幸矣。焉敢望官位升举，道理之早成也？"王充抑郁不平，故语极沉痛。于无可奈何之中，只好叹息：

> 人不通者，亦能自供，仕官为吏，亦得高官。……是皆美命随牒之人，多在官也。（《别通》篇）

这里提出一个"命"字，即为后来写《养性》之书时所执，悲观的宿命说，……[1]从《答佞》至《状留》，主旨在"节义"二字。所以称之为《节义》之书。《答佞》篇说贤佞之别，是"利益相伐，正邪相反，义动君子，利动小人"。《程材》篇分别文吏与儒生，是"文史以事胜，以忠负；儒生以节优，以职劣"。《超奇》篇以周长生为人所抑，说及"二将怀俗人之节，不能贵也"。《状留》篇说贤儒稽留难进，是因为"方节而行，无针锥之锐，固安能自穿、取畅达之功乎"，《定贤》篇说"大贤寡可名之节，小贤多可称之行……故节行显而名声闻也"，又"故世不危

---

[1] 此四处皆有十字左右，稿中模糊不清，难以识别。

乱，奇行不见；主不悖惑，忠节不立"，又论避世离俗……[1]清节自守，不知时行则行，时止则止……[2]书，其中即有许多穿插，而其根本……[3]凶真意，来和"俗人之寡恩"相对。

《政务》之书考

《政务》之……[4]，《自纪》篇在说《讥俗》之书即接着说：

> ……又闵人君之政，待欲治人，不得其宜，不晓其务，愁精苦思，不睹所趋，故作《政务》之书。

《政务》之书的内容，是些什么？这在《对作》篇给我们以一些消息：

> 其《政务》，言治民之道。

> 《政务》为郡国守相、县邑令长陈通政事所当尚务。欲令全民立化，奉称国恩。

又将《政务》与《论衡》合并而言：

> 古有命使采诗，欲观风俗，知下情也。《诗》作民间，圣王可云"汝民也，何发作"，囚罪其身，殁灭其《诗》乎？今已不然，故《诗》传至今。《论衡》、《政务》，其犹《诗》也，冀望见采，而云有过，斯盖《论衡》之书所以兴也。且凡造作之过，意其言妄而谤诽也。《论衡》实事疾妄，《齐世》、《宣汉》、《恢国》、《验符》、《盛褒》、《须颂》之言，

---

〔1〕 此四处皆有十字左右，稿中模糊不清，难以识别。
〔2〕 此四处皆有十字左右，稿中模糊不清，难以识别。
〔3〕 此四处皆有十字左右，稿中模糊不清，难以识别。
〔4〕 此处有些文字模糊难辨识。

无诽谤之辞，造作如此，可以免于罪矣。

这里所云"《论衡》、《政务》，其犹《诗》也"，《诗》是什么？"《诗》可以兴，可以观，可以群，可以怨。"（《论语·阳货》篇）《政务》之书作于废退穷居之后，恐还不少一个"怨"字，这在当时已有人"意其言妄而谤诽也"；所以王充给自己辩护说："《齐世》、《宣汉》、《恢国》、《验符》、《盛褒》、《须颂》之言，无诽谤之辞"，这还不够，还加上一句"造作如此，可以免于罪矣"。则是《齐世》、《宣汉》、《恢国》、《验符》、《盛褒》、《须颂》之言，其中必有为免罪起见，而这为着免罪而作的几篇，也就构成了《政务》之书内容的一部分，可不是最重要的部分。最重要的部分是王充政治哲学之基本宗理的《自然》篇。今将《政务》之书篇目试列举如下：

寒温　谴告　变动　明雩　顺鼓　乱龙　遭虎　商虫　讲瑞　指瑞　是应　治期　自然　感类　齐世　宣汉　恢国　验符　须颂

共十九篇，以《须颂》为《政务》之书的后序。因为在结集时《政务》与《论衡》为合订本，而总称之曰《论衡》。所以《须颂》篇云：

汉家功德，颇可观见。今上即命，未有褒载，《论衡》之人，为此毕精，故有《齐世》、《宣汉》、《恢国》、《验符》。

又说：

汉家著书，多上及殷周，诸子并作，皆论他事，无褒颂之言，《论衡》有之。

又说：

> 是故《春秋》为汉制法，《论衡》为汉平说。

王充为什么要这样为汉代歌功颂德呢？他有个答覆：

> 孔子称周曰："唐虞之际，于斯为盛，周之德，其可谓至德已矣。"孔子，周之文人也，设生汉世，亦称汉之至德矣。（《佚文》篇）
>
> 臣子当褒君父。（《须颂》篇）

因为《政务》之书是在专制主义统治之下，不得不作褒颂之文，然而《政务》的褒颂，意在讽汉。更加《论衡》之人本有今代胜前代的思想。言今代胜前代是也，褒颂至过其实，讽之也。分析《政务》之书的内容有如《须颂》篇所述：

《宣汉》——"《宣汉》之篇，论汉已有圣帝，治已太平。"

《恢国》——"《恢国》之篇，极论汉德非常，实然乃在百代上。"

《讲瑞》——"古今圣王不绝，则其符瑞亦宜累属。符瑞之出，不同于前，或时已有，世无以知，故有《讲瑞》。"

《是应》——"俗儒好长古而短今，言瑞则渥前而薄后，《是应》实而定之，汉不为少。"

《治期》——"儒者称圣过实，稽合于汉，汉不能及。非不能及，儒者之说使难及也。实而论之，汉更难及。谷熟岁平，圣王因缘以立功化，故《治期》之篇，为汉激发。"

《顺鼓》、《明雩》——"治有期，乱有时，能以乱为治者优，优者有之。建初孟年，无妄气至，圣世之期也。皇帝执德，救备其灾，故《顺鼓》、《明雩》，为汉应变。"

又《恢国》篇云："《宣汉》之篇，高汉于周，拟汉过周。"

《政务》之书以种种事例，证明了"汉在百代之末，上与百代料德"（《须颂》篇），"汉亦一代也，何以当少于周？周之圣王，何以当多于汉？……非以身生汉世可褒增颂叹，以求媚称也。核事理之情，定说者之实也"（《宣汉》篇）。王充批判了尊古卑今之非历史观念，提出社会发展的历史观。"夫上世治者，圣人也；下世治者，亦圣人也。圣人之德，前后不殊，则其治世，古今不异。"（《齐世》篇）可见《政务》之书又不但以免罪为事，实包含着历史的进化观。

然而《政务》之书，最重要的贡献还在于他提出了接近唯物的历史观，以社会物质生活条件说明历史。《治期》篇指出："世之治乱在时不在政，国之安危在数不在教。贤不贤之君，明不明之政，无能损益。"又说："世称五帝之时，天下太平……或时不然；世增其美，亦或时政致。"这是基本上否定了政治史观，而在正面却提出了以社会物质生活条件为人类历史过程中的首要作用。

> 夫饥寒并至而能无为非者寡，然则温饱并至而能不为善者希。传曰："仓廪实民知礼节，衣食足民知荣辱。"让生于有余，争起于不足……故饥岁之春，不食亲戚；穰岁之秋，召及四邻。不食亲戚，恶行也；召及四邻，善义也。为善恶之行，不在人质性，在于岁之饥穰。由此言之，礼义之行，在谷足也。案谷成败，自有年岁。年岁水旱，五谷不成，非政所致，时数然也。

这虽然还只限于机械主义的历史观，但却也初步把握了恩格斯所说"人类必须吃喝穿住"之一明确的科学真理。

还有就是存在于《政务》之书的反专制主义思想，表现于他

主张"以不治治之",《自纪》篇述其生平"在乡里慕蘧伯玉之节",什么是蘧伯玉之节呢?《自然》篇说:

> 蘧伯玉治卫,子贡使人问之:"何以治卫?"对曰:"以不治治之。"夫不治之治,无为之道也。

因为看重无为的政治,所以赞美黄帝老子"其治无为",赞美尧舜"恭己无为而天下治";暗中即批判了汉代的有为,是"不似天地"、"不类圣贤"。《自然》篇告诉我们《政务》的基本原理是:

> 天道无为,听恣其性,故放鱼于川,纵兽于山,从其性命之欲也。不驱鱼令上陵,不逐兽令入渊者,何哉?拂诡其性,失其所宜也。夫百姓,鱼兽之类也。上德治之,若烹小鲜,与天地同操也。

《自然》篇所以成为《政务》的基本原理这只要看见篇末所说的一段就明白了。

> 夫《寒温》、《谴告》、《变动》、《招致》,四疑皆已论矣。谴告于天道尤诡,故重论之,论之所以难别也。说合于人事,不入于道意。从道不随事,虽违儒家之说,合黄老之义也。

案《寒温》、《谴告》、《变动》、《招致》皆《政务》之书的篇名,这几篇在汉代灾异说盛行的时代,却说明了"灾异之致非人君以政动天",不但否定了灾异在历史上的作用,而且否定了人君个人在历史上的作用。这是《政务》之书之一进步观念。结论是:

> 故人在天地之间,犹蚤虱之在衣裳之内,蝼蚁之在穴隙之中。蚤虱、蝼蚁为逆顺横从,能令衣裳、穴隙之间气变动

乎？（《变动》篇）

　　寒温，天地节气，非人所为，明矣。……夫天道自然，自然无为。二令参偶，遭适逢会，人事始作，天气已有，故曰道也。使应政事，是有〔为〕，非自然也。（《寒温》篇）

　　夫天道，自然也，无为；如谴告人，是有为，非自然也。黄老之家，论说天道，得其实矣。（《谴告》篇）

结论均归本于天道自然，和《自然》篇完全相合。这证明什么？证明王充的观点是站在接近农民立场的"黄老之家"来讲《政务》之书的。

《论衡》之书考

《论衡》之书是继《政务》之书而作。《对作》篇云："《论衡》、《政务》，其犹《诗》也。冀望见采，而云有过，斯盖《论衡》之书所以兴也。"在合订本的《论衡》中，《政务》意在讽汉，所以似《诗》；《论衡》之书，则实事疾妄，是散文不是诗了。《自纪》篇在述《讥俗》之书、《政务》之书后，即接着说：

　　又伤伪书俗文，多不实诚，故为《论衡》之书。

把《论衡》之书和《讥俗》之书、《政务》之书并列，可见这《论衡》之书和定本《论衡》八十五篇不同。定本《论衡》把《讥俗》之书、《节义》之书、《政务》之书、《论衡》之书、《养性》之书包括在内，约百余篇，所以说："吾书亦才出百，而云泰多"（《自纪》篇）；原来《论衡》之书却只有十几篇。所以《佚文》篇说：

　　《诗》三百，一言以蔽之，曰"思无邪"。《论衡》篇以十数，亦一言也，曰"疾虚妄。"

这十几篇的《论衡》之书，有一定的著书宗旨，即是"疾虚妄"。《对作》篇说得最明白：

> 是故《论衡》之造也，起众书并失实，虚妄之言胜真美也。故虚妄之语不黜则华文不见息，华文放流则实事不见用。故《论衡》者，所以铨轻重之言，立真伪之平，非苟调文饰辞为奇伟之观也。

> 今《论衡》就世俗之书，订其真伪，辨其实虚，非造始更为，无本于前也。

> 况《论衡》细说微论，解释世俗之疑，辨照是非之理，使后进晓见然否之分，恐其废失，著之简牍。

> 《论衡》实事疾妄。

这很明白地说出《论衡》之书的动机，是对种种虚妄和伪书为一反抗。你看他"心喷涌，笔手扰，安能不论？论则考之以心，效之以事，虚浮之事，辄立证验"（《对作》篇）。在这书里他提出最重要的科学思想方法，就是"证验"或"效验"。对一切虚妄谬说的最坚决的驳论就是这一个"验"字。《语增》篇："考察前后，效验自列。自列，则是非之实，有所定矣。"《刺孟》篇讥"论不实事考验，信浮淫之语"。《雷虚》、《说日》、《问孔》诸篇均有"何以验之"的疑问词，如"夫论雷之为火有五验，言雷为天怒无一效，然则雷为天怒，虚妄之言"（《雷虚》篇）。因此《论衡》即本此种见地来批判一切，这就是所谓九《虚》、三《增》之说。《对作》篇云：

> 《论衡》九《虚》、三《增》，所以使俗务实诚也；《论死》、《订鬼》，所以使俗薄丧葬也……今著《论死》及《死伪》之篇，明死无知，不能为鬼，冀观览者将一晓解约葬，

更为节俭，斯盖《论衡》有益之验也。

又说：

> ……不得已，故为《论衡》。文露而旨直，辞奸而情实。其《政务》言治民之道。《论衡》诸篇，实俗间之凡人所能见，与彼作者无以异也。若夫九《虚》、三《增》、《论死》、《订鬼》，世俗所久惑，人所不能觉也。

由这几段来看，很明白《论衡》之书的内容，即是今本《论衡》中下列之各篇：

书虚　变虚　异虚　感虚　福虚　祸虚　龙虚　雷虚　道虚
语增　儒增　艺增
问孔　非韩　刺孟　论死　死伪　纪妖　订鬼

共十九篇。《书虚》、《变虚》、《异虚》、《感虚》、《福虚》、《祸虚》、《龙虚》、《雷虚》、《道虚》是所谓"九《虚》"；《语增》、《儒增》、《艺增》，即所谓"三《增》"；加以《论死》、《死伪》、《纪妖》、《订鬼》及作为总序之《佚文》一篇，即构成了《论衡》初次纂集的全部内容。由此内容我们更可以断定了《佚文》篇所说"《论衡》篇以十数"意思是说《论衡》之书有十余篇，这个数字在初结集时是极正确的。不幸的今人尚有认为"十数当作百数，各本皆误"（黄晖：《论衡校释》第三册引刘盼遂说）。实则各本并不误，《论衡》实事疾妄，篇只十数，故言十数，何得以不误为误？辨此一点，亦可见《论衡》初结集时，实与今本不同。其第二次纂集，与《政务》合成一书，以当时四分历与太初历之争为背景，可能增入《谈天》、《说日》二篇，又可能增入《奇怪》一篇，《正说》、《书解》、《案书》三篇。在《论衡》第三次纂集时，已是王充所著书的集大成，把《论衡》之书也包括在内，可说是百余篇；若专就原本《论衡》之书来说，是没有这么多的篇数，则可断言。

《养性》之书考

《论衡·自纪》篇："年渐七十，时可悬舆……乃作《养性》之书，凡十六篇。养气自守，适食则酒，闭明塞聪，爱精自保，适辅服药引导，庶冀性命可延，斯须不老。既晚无还，垂书示后。惟人性命，长短有期，人亦虫物，生死一时。年历但记，孰使留之?"这一段话在《后汉书》本传变成："年渐七十，志力衰耗，乃造《养性书》十六篇，裁节嗜欲，颐神自守。"可是在《会稽典录》中，"养性"便变成了"养生"，"年渐七十乃作《养生》之书凡十六篇"。在刘勰《文心雕龙·养气》篇又变成"养气"了："昔王充著述，制《养气》之篇，验己而作，岂虚造哉。"《自纪》篇说："年渐七十"，到了韩愈《后汉三贤赞》也变成"年七十余乃作《养性》一十六篇"。由此可见《养性》之书见于《自纪》篇以后，已渐传闻失实，《养性》书早已变成养生延年术而不是性命之书了。《后汉书》"颐神自守"是《自纪》篇"养气自守"一句的变形。其实王充此书隋唐《志》皆不著录，原包括于《论衡》中卷一至卷三、卷二十六各篇，即是：

逢遇　累害　命禄　气寿　幸偶　命义　无形　率性　吉验　偶会　骨相　初禀　本性　物势　实知　知实

这是王充的晚年著作，卷一至卷三《逢遇》至《物势》共十四篇，内《物势》是性命说的基本理论，《本性》与《率性》是说性的，《逢遇》、《累害》、《命禄》、《气寿》、《幸偶》、《命义》、《无形》、《吉验》、《偶会》、《初禀》是说命的，《骨相》

是说性与命现于骨法的，就中《初禀》一篇名在《恢国》篇提及，时代似应该早些，其实这只是《初禀》篇"王者生禀天命"之另一节，……[1]最后纂集时，窜入《恢国》篇中。至于卷二十六《实知》、《知实》二篇为王充思想方法的总结，亦非晚年不能作。《知实》……[2]东证明"圣人不能先知"，《实知》更明白说出"天地之间，含血之类，无性知者"，可见是和性说有关，……[3]，与《自纪》篇"作《养性》之书凡十六篇"完全相合，《养性》之书而是性命之书，《自纪》篇云：

> 孔子称命，孟子言天，吉凶安危，不在于人。昔人见之，故归之于命，委之于时，浩然恬忽，无所怨尤。

这话绘出王充的暮年晚景，也就是《养性》之书的思想背景。《逢遇》篇说明"进遇"与"退隐"两不相慕。《命禄》篇说明"信命者，则可幽居俟时，不须劳神苦形求索之也"。《幸偶》篇引孔子"君子居易以俟命"，凡此各篇，均与《自纪》篇所云"惟人性命，长短有期，人亦虫物，生死一时"之义相合。至于"养气自守，适食则酒，闭目塞聪，爱精自保，适辅服药引导，庶冀性命可延，斯须不老"，这一段正是王充一向所反对的延寿度世之术。和《道虚》篇所云"或时闻曼都好道，默委家去，周章远方，终无所得"是同一样的讥讽，所以下文接着说"既晚无还，垂书示后"，以明这些延寿度世之术，只是徒然，人生既有生便不能无死。《养性》之书明人生有命，性命禀于自然，

---

[1]　此三处各有三四字难以辨识。
[2]　此三处各有三四字难以辨识。
[3]　此三处各有三四字难以辨识。

生死寿夭、贵贱贫富都在于命，命不可改变，而性则可以转移：
"人之性善可变为恶，恶可变为善。"（《率性》篇）这性可以人
力转移之说，实本于周人世硕，《本性》篇云：

> 周人世硕，以为人性有善有恶，举人之善性，养而致之
> 则善长；性恶，养而致之则恶长，如此则性各有阴阳，善恶
> 在所养焉。

所谓"养性"即是如此意义，当然和"养气"或"养生"
之术不同，由王充以往的学说看来，人是没有不死的。"有血脉
之类无有不生，生无不死"（《语增》篇），"人有死生，物亦有
终始"（《辨祟》篇）。因为人不能有生而无死，所以"养气"之
说只算虚妄之谈。《气寿》篇说明禀寿夭之命，以气多少为主性
也。"人之禀气或充实而坚强，或虚劣而软弱；充实坚强其年寿，
虚劣软弱，失弃其身。"这就是说人在初禀气的时候，命已经定
了。"强弱夭寿，以百为数，不至百者，气自不足也。"（《气寿》
篇）因为"性命系于形体"（《骨相》篇），形体有限制，所以
"延寿度世者复虚也"（《道虚》篇）。《道虚》篇指出：

> 世或以老子之道为可以度世。恬淡无欲，养精爱气。夫
> 人以精神为寿命，精神不伤则寿命长而不死。成事：老子行
> 之，踰百度世，为真人矣。夫恬淡少欲，孰与鸟兽？鸟兽亦
> 老而死。鸟兽含情欲，有与人相类者矣，未足以言。草木之
> 生何情欲？而春生秋死乎？夫草木无欲，寿不踰岁；人多情
> 欲，寿至于百；此无情欲者反夭，有情欲者反寿。夫如是，
> 老子之术以恬淡无欲延寿度世者，复虚也。"

知道"裁节嗜欲"不是《养性》之书的宗旨，更要知道
"服药导引，庶冀性命可延"之说，更是王充所反对。《偶会》篇

告诉我们"死者命当尽也",服药导引不特不能成仙,且不能延长其应得的寿命。为什么?

> 夫人,物也,虽贵为王侯,性不异于物。物无不死,人安能仙?……且以人髯发物色少老验之……人之少也发黑,其老也发白……白为人老效……发白,虽吞药养性终不能黑。……吞药养性,能令人无病,不能寿之为仙。(《道虚》篇)

"养性"二字,在此"性"与"生"字通,意即养生,知道吞药养生有它的制限性,则好道学仙的人,欲人不死,也只是徒然了。晓得王充的根本思想和神仙方术不同,就知道他的《养性》之书,为什么不是养气和养生之书,所谓性书失传之说,也可以不攻自破了。

一个建议

最后我对于桓谭与王充的著作试作总结,并提出一个建议。依我意思,桓谭《新论》可以重新加以辑校。首先是将严可均本为主与孙冯翼本对校,删去孙本重复之处,对于所引史料来历,则加以保留。严本虽可用,但其认《新论》"佚于唐末",与孙本认"其亡佚当在南宋时"同为一失。案全谢山《鲒埼亭集外编》四十《扬子云生卒考》云"常熟钱尚书(谦益)谓《新论》在明季尚有完书,惜无从得以见之"。证之以明陶宗仪《说郛》卷五十九所载,以与孙、严二辑比较颇有异文,知其实有来源,非"不足据"。又如明刘基说《七国考》引桓子《新论》篇十二条(见中华书局一九五六年版),其中讲刑法数条均辑本所未见,可见明代《新论》一书尚存。其次严本辑成时所用诸刻本,实未全备，如《太平御览》有北宋刊本与日本仿宋刊本，《群书治要》有日本天明本，《意林》有《道藏》本，严皆未见。案《群书治要》卷四十四《新论》（天明本）"不肯与诸明习者通共"，严本"共"作"兵"，下注有"脱误"，举此可见严未见天明本《治要》。又《言体》第四"据长沙以临越"，《道藏》本《意林》作"长江"。严不校，可见未见《道藏》本《意林》，而有重新取以校勘的必要。再其次则严本所辑亦有脱漏，如引《后汉书·张衡传》注"老子谓之道，孔子谓之元，而扬雄谓之玄"，严、孙均作"孔子谓之玄"，中脱四字。又引《抱朴子·内篇》十六《黄白》，脱下"宁有作此神方，可于宫中而令凡人杂错共为之者哉"二十一字，又另一节脱"得其人道路相遇，辄教之，如非其人"十四字。由上种种例证，可见桓子《新论》尚可重新辑校，至于是否要"望文分系，仍如各篇旧名"，倒是余事了。

王充的著作据我从以上本身考证的结果，也有一个建议，即认为除佚篇之外，可将今本《论衡》八十四篇，以《自纪》、《对作》冠首，为总序，其余略按著作年代次序，重新编次如下：

第一：序篇

《自纪》篇　《对作》篇

第二：《讥俗》之书

《言毒》篇　《薄葬》篇　《四讳》篇　《譋时》篇　《讥日》篇　《卜筮》篇　《辨祟》篇　《难岁》篇　《诘术》篇　《解除》篇　《祀义》篇　《祭意》篇

第二：《节义》之书

《答佞》篇　《程材》篇　《量知》篇　《谢短》篇　《效力》篇　《别通》篇　《超奇》篇　《状留》篇　《定贤》篇

第四：《政务》之书

《寒温》篇　《谴告》篇　《变动》篇　《明雩》篇　《顺鼓》篇　《乱龙》篇　《遭虎》篇　《商虫》篇　《讲瑞》篇　《指瑞》篇　《是应》篇　《治期》篇　《自然》篇　《感类》篇　《齐世》篇　《宣汉》篇　《恢国》篇　《验符》篇　《须颂》篇

第五：《论衡》之书

《书虚》篇　《变虚》篇　《异虚》篇　《感虚》篇　《福虚》篇　《祸虚》篇　《龙虚》篇　《雷虚》篇　《道虚》篇　《语增》篇　《儒增》篇　《艺增》篇　《问孔》篇　《非韩》篇　《刺孟》篇　《论死》篇　《死伪》篇　《纪妖》篇　《订鬼》篇　《佚文》篇　《谈天》篇　《说日》篇　《奇怪》篇　《正说》篇　《书解》篇　《案书》篇

第六：《养性》之书

《逢遇》篇　《累害》篇　《命禄》篇　《气寿》篇　《幸偶》篇　《命义》篇　《无形》篇　《率性》篇　《吉验》篇　《偶会》篇　《骨相》篇　《初禀》篇　《本性》篇　《物势》篇　《实知》篇　《知实》篇

第七讲

《列子》书与魏晋清谈家之关系

魏晋玄学从清谈开始，清谈的主题，是《易》、《老》、《庄》"三玄"。《世说新语·文学》篇："殷仲堪云：'三日不读《道德经》，便觉舌本间强。'"又："庾子嵩读《庄子》，开卷一尺许便放去，曰：'了不异人意。'"正始玄风的领袖人物何晏善谈《易》、《老》，又以《老子》义作《论语集解》，王弼则一面注《老子》，一方又注《周易》，这都是儒道合流的倾向。《文学》篇："王辅嗣弱冠诣裴徽，徽问曰：'夫无者，诚万物之所资，圣人莫肯致言，而老子申之无已，何邪？'弼曰：'圣人体无，无又不可以训，故言必及有，老、庄未免于有，恒训其所不足。'"又注引《文章叙录》："自儒者论以老子非圣人，绝礼弃学，晏说与圣人同，著论(《道德论》) 行于世也。"可见王、何还是站在儒家的名教立场，来求与老、庄自然思想相合。到了后来竹林名士阮籍、嵇康，便思想界的情形一变，即在儒道中，对儒家的礼法名教挑战，而完全站在老子的自然思想立场。阮籍有《达庄论》、嵇康有《通老论》，老、庄思想竟成为实践的目的。而其实造成这一时"贵灵"的学风的，在老、庄之外，更应该加上伪托的《列子》，且以《列子》书中的杨朱思想成为一时领导思想的倾向。

清谈的起源，如《晋书·王衍传》及赵翼《廿二史劄记》均

认起于魏正始年间何晏与王弼二人的谈论，近人也有说刘邵的
《人物志》是魏晋玄学思想的萌芽，其实把时代放得太晚了些。
清谈的起源还应该追溯到汉代的王充。《论衡·自然》篇云："道
家论自然，不知引物事以验其言行，故自然之说未见信也。"相
反地也提出了要有效验的事实来证明老庄假设的正确，所以说，
"凡论事者违实，不引效验，则虽甘义繁说，众不见信"（《知
实》篇），"事莫明于有效，论莫定于有证"（《薄葬》篇）。例如
庄子说"渺乎小哉，以属诸人，謷乎大哉，独游于天"，这当以
何为验呢？《论衡》中屡次证明了这个理论是：

> 然则人生于天地也，犹鱼之于渊，蚤虱之于人也。（《物
> 势》篇）

> 天人同道……人虽生于天，犹蚤虱之生于人也，人不好
> 蚤虱，天无故欲生于人。（《奇怪》篇）

> 人在天地之间，犹蚤虱之著人身也，如蚤虱欲知人意，
> 鸣人耳旁，人犹不闻。（《卜筮》篇）

这种有"证验"的玄谈，也就是魏晋人所抱的虱子处裈的人
生观的起源。阮籍《大人先生传》云：

> 且汝独不见夫虱之处乎裈中乎？逃乎深缝，匿夫坏絮，
> 自以为吉宅也。行不敢离缝际，动不敢出裈裆，自以为得绳
> 墨也。饥则啮人，自以为无穷食也。然炎丘火流，焦邑灭
> 都，群虱死于裈中，而不能出。汝君子之处区之内，亦何异
> 夫虱之处裈中乎？

《论衡》之所以成为后来清谈之助，就是因为这部书包含着
可以证验老、庄自然的资料。《后汉书·王充传》唐章怀太子
注云：

《袁山松书》曰:"充所作《论衡》,中土未有传者,蔡邕入吴始得之,恒秘玩以为谈助。其后王朗为会稽太守,又得其书,及还许下,时人称其才进。或曰,不见异人,当得异书。问之,果以《论衡》之益,由是遂见传焉。"《抱朴子》曰:"时人嫌蔡邕得异书,或搜求其帐中隐处,果得《论衡》,抢数卷持去。邕丁宁之曰:'唯我与尔共之,勿广也。'"

近人孙道昇关于清谈的起源,搜集了略如以上的材料(《东方杂志》第四十二卷第三号),并据《三国志·魏志·王粲传》、《钟会传附王弼传》裴松之注,证明了正始名士由王弼手中获得王充《论衡》之思想,王弼由其叔祖王粲手中获得王充《论衡》之思想,而王粲则由蔡邕手中获得王充《论衡》之思想。不但如此,竹林名士思想,也是同出一个来源,根据《三国志·魏志·阮瑀传》,证明了竹林名士由阮籍手中获得王充《论衡》的思想,阮籍则家学渊源,由其父亲阮瑀的家训中获得王充《论衡》的思想,而阮瑀则由其师蔡邕处获得王充《论衡》之思想,因此孙道昇得到如下结论,即:"魏晋清谈之思想,直接出于蔡邕,间接出于王充,王充《论衡》所含的老庄自然思想,蔡邕一传再传遂即开拓出来震古铄今的魏晋清谈之玄风,这便是所谓清谈的思想之渊源。"

当然这只是从思想源流上看问题,还没有提到产生清谈思想的社会背景。若就社会背景来说,则正始之音和竹林名士不同,其最大关键即在于社会背景的不同。正始名士的清谈,是站在儒家的立场,谈"三玄";而竹林名士的一味放诞,则完全是站在老庄的立场。而且专就思想的继承而言,则王充《论衡》当时只是给清谈以一谈助，影响不算很大。影响大的乃是魏晋间人所伪托的《列子》一书。如果说正始名士的清谈，是谈"三玄"，则在竹林名士之间，事实上已于"三玄"之外加上了伪托《列子》书，可以称"四玄"了。《列子》据钱大昕说是晋人始行，恐即晋人依托。马叙伦则谓"夫辅嗣为《易》注，多取诸老庄，而此书亦出王氏，岂弼之徒所为与"（《列子伪书考》，见《天马山房丛著》）。二说以后说更合事实。此书案刘向《别录》云："至于《力命》篇一推分命，《杨子》之篇唯贵放逸，二义乖背，不似一家之书，然各有所明，亦有可观者。"其实"推分命"是王充的悲观宿命论的思想余波，读《论衡》中《逢遇》、《累害》、《偶会》、《命禄》、《命义》、《骨相》诸篇自明。而"贵放逸"却是《列子·杨朱篇》的中心思想，同时也是伪托《列子》全书的中心思想。魏晋清谈的思想来源，不但出自"推分命"的王充《论衡》，更重要的是出于"贵放逸"的《列子》书中的杨朱思想，因此为搞清这一个时代的哲学，《列子》书的真伪考订，便成为绝对必要的了。

《列子》伪书考证

首先应该指出，列子其人乃是《庄子》书中捏造的人物，是叫做"神人""至人"之类。《庄子·逍遥游》篇"至人无己，神人无功"，"至人"之上有"神人"，《人间世》篇"神人之所以为大祥"，《外物》篇"圣人之所骇天下，神人未尝过而问焉"，但最形象化的是《逍遥游》篇所描写的藐姑射之山的神人，还有《天地》篇把神人与浑沌合为一体。只有达到这种神秘的境界，才可叫做"神人"。其次就是"至人"了。至人仍含神秘的色彩，所以《齐物论》称："至人神矣！大泽焚而不能热，河汉沍而不能寒，疾雷破山、飘风振海而不能惊。若然者，乘云气，骑日月，而游乎四海之外。"大概这在庄子不过利用寓言，借以暗示人生之神秘境界，而在后来寓言却认做实事了，乃有投机者流的神仙家的产生。尤其可注意的，就是《庄子》书中以为当时堪称"至人"这一个名称的，只有列御寇一人，所以全书凡叙列子之处，都一致推崇，更无异辞，这是因为庄子的思想人格，即以此神秘的人物——列子——为大假托的原故。

案刘向《列子书录》云：

> 列子者，郑人也。与郑缪公同时，盖其有道者也。其学本于黄帝老子，号曰道家。

班固《汉书·艺文志》自注云：

> 名圄寇，先庄子，庄子称之。

今按《庄子·让王》篇及《列子·说符》篇均载列子不应郑子阳招聘的故事，郑子阳卒于缪公二十五年（纪元前三九六），因此武内义雄考证，认为列子可说是郑缪公时代的人。他所著书现残存《列子》八篇，有人疑为后人伪作，武内作《列子冤辞》却认为其中有很古的材料，应适当地分开研究。实则此书依高似孙《子略》，谓与庄子合著十七章，这分明是《列子》荟萃《庄子》而成，而非《庄子》用《列子》。而且《天瑞》篇有《太易》，有《太始》，有《太素》一章，张湛注云"此全是《周易乾凿度》也"。那么这出于战国的著作，列子缘何得知？又《周穆王》篇叙驾八骏见西王母于瑶池的故事，和《穆天子传》同，《汤问》篇所言多《山海经》中事，《仲尼》篇"西方之人有圣者焉"，更分明是指佛教东传而言。凡此种种，均可证《列子》之为伪书（详见马叙伦《列子伪书考》），而且许多是本于《庄子》寓言而来。依我看法，不但《列子》一书为伪，即列子亦无其人，不然《天下》篇叙述道术源流，举及关尹、老聃，何以对于列御寇，竟一言不发一字不提？《吕氏春秋·不二》篇"（列子）贵虚"，实本于《庄子·应帝王》篇"（列子）三年不出……体尽无穷，而游无朕。尽其所受乎天而无见得，亦虚而已"。这纯是一派寓言，所以司马迁《史记》不为列子立传，知其为乌有先生而已。晓得列子是这么一个庄子所假托为至人的人物，而后才好进一步来领会庄子书中所述列子的几段故事和对话：

其一，《田子方》篇　列御寇为伯昏无人射，伯昏无人说至人的故事。

其二，《逍遥游》篇　列子御风而行，旬有五日而后反的故事。

其三，《达生》篇　子列子问关尹，关尹告以至人的故事。

其四，《应帝王》篇　列子见壶子，壶子变化莫测的故事。

案《朱子语类》："老子之学，大抵以虚静无为，冲退自守为事。……若曰旁日月，挟宇宙，挥斥八极，神气不变者，是庄周之荒唐。"但其荒唐之极，尤莫过于《应帝王》列子见壶子的一例。本节亦见《列子·黄帝》篇而未录其全文，显然是抄袭《庄子》而来。还有《庄子》"渊有九名，此处三焉"，不举九渊全名。马叙伦根据成玄英、林希逸等认此章之旨，有如佛教所言止观，三机正当三止三观，乃《列子》此篇竟将《庄子》所言九渊，列举出来，未免画蛇添足，露出破绽来了。总而言之，列子之在《庄子》书中，只是神话所假托的人物。高似孙疑"观太史公殊不传列子，如庄周所载许由、务光之事，汉去古未远也，许由、务光，往往可稽，迁独疑之。所谓御寇之说，独见于寓言耳。迁于此讵得不致疑耶？周之末篇叙墨翟、禽滑釐、慎到、田骈、关尹之徒，以及于周，而御寇独不在其列者，其亦所谓鸿蒙、列缺者欤"（《子略》卷二）。这段很精彩，知道列子乃是鸿蒙、列缺一流人物，而后便可明白庄子为什么要拿他来代表"神人""至人"一类的理由了。

列子既无其人，则《列子》书也当然非列御寇所自著。柳宗元指出其言魏牟、孔穿皆出列子后，不可信。《四库提要》指出《汤问》篇并有邹衍吹律事，亦出列子后，亦不可信。最近《新建设》（一九五六年七月号）发表杨伯峻同志《从汉语史的角度来鉴定中国古籍写作年代的一个实例——〈列子〉著述年代考》，又一次应用了科学方法来证明《列子》是一部伪书：托名为先秦古籍，却出现了不少汉以后的词汇，甚至是魏晋以后的词汇，这是无论如何说不过去的。《列子》是伪书，已成定论的了，但是在这伪书之中，是否可能有《杨朱》一篇不伪？和这伪书的作者为谁？这些还是问题。如就《杨朱》篇来说，有人认为《列子》八篇之中只有这一篇专记一个人的言行，或者当时有这样一种记杨朱言行的书，后来被编造《列子》的人糊涂拉入《列子》里面，凑成八篇之数，比如张仪说秦始皇的书，如今竟成了《韩非子》的一篇（胡适《中国哲学史大纲》）。这种看法，本也不是什么创见，如柳宗元言"其《杨朱》、《力命》，疑其杨子书"；宋濂言"至于《杨朱》、《力命》则为我之意多，疑即古杨朱书，其未亡者勦附于此"（《诸子辨》）。再看张湛序文中述其父语云：

> ……吾先君与刘正舆、傅颖根皆王氏之甥也。……遭永嘉之乱，与颖根同避难，南行车重，各称力并有所载，而寇虏弥盛。……先君所录书中，有《列子》八篇，及至江南，

仅有存者，《列子》唯余《杨朱》、《说符》、《目录》三卷，比乱，正舆为扬州刺史，先来过江，复在其家得四卷。寻从辅嗣女婿赵季子家得六卷。参校有无，始得全备。

这好似《列子》八篇中，惟《杨朱》、《说符》二篇，经晋代永嘉之乱尚能原本保存下来，其余则后来补缀聚拢而成。因此也有人断定《杨朱》篇是汉初以来一种有历史的有来源的书，是前代一种独立的书（陈此生：《杨朱》，一九二八，商务版）。却是据杨伯峻同志从语言的角度来考查的结果，从《杨朱》、《说符》、《力命》三篇所揭发的情况看来，这三篇也和其他各篇同样地不可靠，那么我们应该怎样去解释它呢？

固然也有人疑《列子》即是东晋张湛即《列子》注作者，采集道家之言，凑合而成（梁启超：《古书真伪及其年代》）。又据张湛序文，则书原出湛手，其即为湛伪托无疑（顾实：《〈汉书·艺文志〉讲疏》）。但问题并不是如此简单。《列子》虽伪托而实有特点，且据张湛序言，是由数卷拼成，而数卷皆与王弼家有关：刘正舆是王氏之甥，在其家得四卷；赵季子是王氏女婿，在其家得六卷。这都是有名有姓的，所以说即张湛所伪托，绝无其事，而必出于另一人之手。此人为谁？当即为王弼的戚属，最可能就是赵季子。《列子》一书会萃补缀的痕迹极为明显，其中有十分之六见《庄子》，十分之二见《吕氏春秋》、《韩非子》，还有采用《管子》、《晏子》、《论语》、《山海经》、《韩诗外传》、《淮南》、《说苑》、《新序》、《新论》乃至佛说，作者亦可称极群书，而其为文叙事，简净有条理，刘勰称其"气伟采奇"，柳子厚称"《列》较《庄》尤质厚"，宋景濂、王元美均称其"简劲有力，似胜于周"。虽均溢美的话，然而就文论文，却非大手笔如王辅嗣的女婿不能作。这当然只是推测之辞，不过说明了魏晋玄学中集大成的作品，不能因其伪托而轻视了它。《列子》是伪书，然而伪书也有它的产生的时代。既然证明了一部书所用的词汇，许多是在汉后，那么就可以假定这是魏晋间人所作。既然证明了《列子》八篇均出于王弼戚属之家，那么在晋代玄学盛行之时，作者当也可能假定是和王氏家最有关系的他的女婿赵季子（因为当时习惯，选女婿是一件大事）。再说《列子》一书的最大特色，是全书以杨朱思想为基调。黄震《黄氏日抄》称此书"其静退似老聃，而实不为老聃，老聃用阴术而列子无之。其诞邈似庄周，而亦不为庄周，庄周侮前圣，而列子无之。不过爱身自利，其学全类杨朱，故其书有《杨朱》篇，凡杨朱之言论备焉"。这一段话，很扼要地道出伪托《列子》一书的特色。同时也可见《列子》书中虽还保留王充《论衡》之悲观的宿命论思想余波，如《力命》一篇，但仍不失其前后一贯，成一家之言。考杨朱言行见于《列子》书里的，如《仲尼》篇有"季梁之死，杨朱望其门而歌；随梧之死，杨朱抚其尸而哭"的一节；《力命》篇有杨布问杨朱一节，季梁为杨朱作歌一节；《说符》篇有杨朱语二节，杨朱邻人亡羊事一节，杨朱告其弟杨布事一节。由上可见伪托《列子》并不是如人所想像的只是抄袭或杂拼而成的书，它是有其中心思想的，这中心思想就是依据于《庄子》、《韩非子》、《吕氏春秋》、《孟子》诸书所说关于杨朱的故事，而加以扩大加以发挥，又托名《列子》，以求见重。其实这种伪托古人之名，先秦诸子中所常见，既然是伪托，就不能不利用已有的关于古人的言行思想的资料，这当然和窃取他人之作为己作的人不相同。《列子》作者是有他的主义思想贯彻其中，他所以托名的原因，也许是为避祸，不敢自名，也许只是想借重于人，也许这两个原因都有，而要之作者乃是杨朱的信徒，所以伪托列子以宣传其杨朱的思想，这是确定无疑的了。

魏晋思想与杨朱的关系

《列子》书传播杨朱思想，杨朱思想也就成了魏晋清谈家的领导思想，是适合于它们的时代、生活的要求的。而因此蔡元培先生所著《中国伦理学史》，其中第八章《清谈家的人生观》一节，也就以《列子·杨朱》篇为代表。这初看似乎很奇怪，其实再正确也没有了。不但《列子·杨朱》篇反映魏晋清谈家的生活、思想，而且《列子》全书也反映魏晋清谈家的生活思想之多方面。但问题乃在认为杨朱即是庄周，这是可能的吗？是不可能的。依此说：

> 庄子盖稍先于孟子，故书中虽诋儒家而不及孟，而孟子之所谓杨朱，实即庄周。古音"庄"与"杨"，"周"与"朱"俱相近，如荀卿之亦作孙卿也。孟子曰："杨子为我，拔一毛而利天下不为也。"又曰："杨朱、墨翟之言盈天下，杨子为我是无君也。"《吕氏春秋》曰："阳子贵己。"《淮南子·氾论训》曰："全性保真，不以物累形，杨子之所立也，而孟子非之。""贵己""保真"即"为我"之正旨。庄周书中，随在可指。如许由曰"予无所用天下为"，连叔曰"之人也，之德也，将磅礴万物以为一。世蕲乎乱，孰弊弊焉以天下为事！……是其尘垢粃糠，将犹陶铸尧舜者也，孰肯以物为事"。其他类是者，不可以仆数，正孟子所谓"拔一毛而利天下不为也"。子路之诋长沮桀溺也，曰"废君臣之义"，曰"欲洁其身而乱大伦"，正与孟子所谓"杨氏无君"

相同。

案此说据唐钺《杨朱考》云起于日本人久保天随，蔡元培先生本之。实则严复亦有此说（如《庄子评点》云"颇疑庄与杨为叠韵，周与朱为双声，庄周即孟子七篇中所谓杨朱"）。又《朱子语类》论庄子云：

> 列庄本杨朱之学，故其书多引其语。庄子说："子之于亲也命也，不可解于心，至臣之于君则曰义也……无所逃于天地之间"；是他看得君臣之义，却似是逃不得，不奈何须着臣服他，更无一个自然相胥为一体处，可怪。故孟子以为"无君"，此类是也。

这话当给庄周即杨朱说以一大暗示，但不合事实。庄子主张即与杨朱有些接近，而仍无碍其为两个人，因为《庄子》书中有许多处提到杨子（《骈拇》、《胠箧》、《天地》、《徐无鬼》），而且都是极端排斥他。如唐钺先生《杨朱考》所云："庄子如就是杨子，这岂不是自己打自己的嘴巴吗？"还有《庄子》称阳子居的地方不少（《山木》、《应帝王》、《寓言》），《释文》以为即"姓杨名朱字子居"，证之以《吕氏春秋·不二》篇"阳生贵己"，杨亦作阳。又郑宾于《杨子传略》云：

> 《孟子·尽心上》云"杨子取为我"，赵歧注云"杨子，杨朱也"，赵读误。原孟子此处之作杨子取，亦犹庄子或作阳子居耳。古人有字若符其名，其作"子居"或"子取者"，取其切音成"朱"字而已。可见杨朱之字子居或子取，竟与司马子长说庄周字子休的意义完全相同。

由上可见《庄子》书中杨墨之杨，与阳子居为一人。依据于这些《庄子》所引杨朱或阳子居的话，则杨朱即庄周说，即不能成立。依我看来，杨朱先于庄子，故庄子称他。《庄子》书固然包含着杨朱思想的主要成分，乃至庄子学的左派深刻地受了他的影响，但不能因此便误会庄子即杨朱。先秦诸子确有杨朱其人，其年代当在老子之后孟子之前，相传是老子弟子（见《庄子·寓言》、《应帝王》。又陈澧《东塾读书记》引《老子》"故贵以身为天下，则可以寄天下，爱以身为天下，则可以托天下"，元吴草庐注云"爱惜贵重此身，不肯以之为天下，杨朱为我之学原于此"）。有人考据定杨朱为纪元前四一四至三三四年间的人，此说如可信（陈此生：《杨朱》），则杨朱思想可与希腊之伊壁鸠鲁（Epicurus）学派相比，伊壁鸠鲁的年代为纪元前三四一至二七一年，与杨朱相差不过数十年，颇值得我们注意。至杨朱学说在当时的影响也决不在伊壁鸠鲁之下。如《孟子》说"杨朱、墨翟之言盈天下，天下之言，不归杨则归墨"；"逃墨必归于杨，逃杨必归于儒"。又《庄子》书中屡称"儒墨杨秉"（《徐无鬼》），或并称"杨墨"（《骈拇》、《胠箧》、《天地》）。《韩非子》亦称"杨朱、墨翟，天下之所察也"（《八说》）。可见杨朱是当时显学，而庄子思想就有承接着他的地方，这是道家思想的一致性。但虽如此，杨朱所重既在全性保真，而且如《孟子》所说"拔一毛而利天下不为"，所以除以言行传世之外，实没有著作传世。《汉书·艺文志》有《列子》八篇，但非杨朱之书，顾实《讲疏》引《淮南子》"《兼爱》、《尚贤》、《右鬼》、《非命》，墨子之所立也，而杨子非之，全性保真不以物累形，杨子之所立也，而孟子非之"，以为"以《墨子·兼爱》、《尚贤》诸篇目例之，必全性保真皆杨朱书篇名，本志不载《杨朱》篇，而淮南犹及见之"。此显为臆说，不可信。但杨朱虽无书，而魏晋间人所作的《列子·杨朱》篇，却即为杨朱思想的传播，这虽只是魏晋间人作品，不能说是杨朱的言论，但把这从魏晋间人所反映的杨朱思想，来看先秦诸子的杨朱实相吻合。这就是说，《列子·杨朱》篇虽只能当作魏晋间人的思想去研究，但他却真实反映了先秦诸子的杨朱思想，而且加以具体化和扩大化了。举例如就先秦诸子杨朱的思想来分析，杨朱思想的一般内容，不外如下三者，即是：

（一）贵己　（二）放逸　（三）无君

"贵己"（《吕氏春秋·不二》篇）就是"为我"（《孟子·尽心上》)，也就是"全性保真，不以物累形"。这是杨朱思想的中心内容，反映在《列子·杨朱》篇就是：

> 故智之所贵，存我为贵，力之所贱，侵物为贱。

"存我"就是"为我"，是极端个人主义，但和司忒奈（Max Stirner）的极端个人主义不同。司忒奈所著《唯一者及其所有》是资产阶级的剥削思想，是"侵物"的思想，相反地，杨朱是隐士一流，"存我"而并不"侵物"，为纯粹之无为论。所以说：

> 不逆命，何羡寿？不矜贵，何羡名？不要势，何羡位？不贪富，何羡货？……天下无对，制命在内。

这是"安分知足"的"存我论"，用孟子批评他的话来说，就是"古之人，损一毫利天下不与也，悉天下奉一身不取也。人人不损一毫，人人不利天下，天下治矣"。

其次放逸。刘向《列子叙录》云："杨子之篇，惟贵放逸。"放逸即是任自然，是庄子右派的根本主张。《骈拇》篇"任其性命之情"与"自适其适"，《盗跖》篇"今吾告子以人之情，目欲视色，耳欲听声，口欲察味，志气欲盈"，这都是托于盗跖之言，以明杨朱放逸思想，反映于《列子·杨朱》篇便是：

　　……则人之生也，奚为哉？奚乐哉？为美厚尔，为声色尔。而美厚复不可常厌足，声色不可常玩闻。乃复为刑赏之所禁劝，名法之所进退，遑遑尔竞一时之虚誉，规死后之余荣；偊偊尔顺耳目之观听，惜身意之是非；徒失当年之至乐，不能自肆于一时。重囚累梏，何以异哉？太古之人知生之暂来，知死之暂往，故从心而动，不违自然所好；当身之娱非所去也，故不为名所劝。从性而游，不逆万物所好，死后之名非所取也……

　　肆之而已，勿壅勿阏。……恣耳之所欲听，恣目之所欲视，恣鼻之所欲向，恣口之所欲言，恣体之所欲安，恣意之所欲行。

　　这是极彻底的放逸思想。"生则尧舜，死则腐骨，生则桀纣，死则腐骨。腐骨一矣，孰知其异。且趣当生，奚遑死后。"这种厌世主义的倾向，可以说是魏晋社会背景所激成者，是杨朱学说的发挥。

　　再说无君。《孟子·尽心上》称："杨氏为我，是无君也。"无君即是反抗政府，这在庄子左派的《马蹄》、《胠箧》、《在宥》、《让王》诸篇，都表示得很清楚。"在宥"就是任人民绝对自由，这反映在《列子·杨朱》篇，便托公孙氏的话道：

　　夫善治外者，物未必治，而身交苦。善治内者，物未必乱，而性交逸。以若之治外，其法可暂行于一国，未合于人心。以我之治内，可推之于天下，君臣之道息矣。

　　"君臣之道息"即是无政府主义，无政府则如忠义的旧道德也可以废弃了。所以说：

　　忠不足以安君，适足以危身；义不足以利物，适足以害生。安上不由于忠，而忠名灭焉；利物不由于义，而义名绝焉。君臣皆安，物我兼利，古之道也。

由上所述三点，可见伪托《列子·杨朱》篇在吸收先秦诸子杨朱思想这一点，可以算是完全成功了，因此在此书传播之后，在魏晋不当权的豪族地主阶级之间，便发生很大的影响。说到此，应该研究分析一下魏晋清谈家的社会经济背景及其阶级关系。原来魏晋玄学的产生，从社会经济的背景来说，是在封建社会地主阶级中，内部的矛盾斗争的结果，固然这也有它的政治背景，但还不如经济背景更重要。清谈家时代正如顾亭林所云"蔑礼法而崇放达，视其主之颠危若路人然，即此诸贤为之倡也"（《日知录·正始》）。在政治立场上如此不定，当然不能单纯以此判断它的哲学观点。魏晋时代社会的主要矛盾，是农民对于地主阶级的斗争，但在地主阶级内部则贯串着"豪族地主"与"皇族地主"的斗争历史。清谈家代表豪族地主在丧乱时代，一受迫害于曹魏政权，再受迫害于司马晋政权，其结果乃使豪族地主屈于皇族地主政权之下，而倡为西晋初期向（秀）郭（象）对于司马氏政权让步的所谓"名教"即是"自然"的学说。但在不久以后，即可看出在豪族地主之外，如代表农民思想的鲍敬言，仍然对皇族地主反对下去。豪族地主固然是剥削阶级，但当其反对皇族地主、反对君主专制、反对封建道德的时候，不能和皇族地主没有意见的分歧，不可一概而论。还有据《晋书》卷四十三《王衍传》称何晏、王弼之祖述老、庄，谓"贤者恃以成德，不肖恃以免身"。当魏晋之际，"天下多故，名士少有全者"（《晋书》卷四十九《阮籍传》）。宋人吕南公《灌园集》卷二《竭真君殿诗》："念昔魏晋间，士流罕身全，高人乐遗世，学者习虚玄。"

在这时社会矛盾集中表现为朝廷内外大地主阶级两个不同阶层的
斗争之时，豪门名士产生了消极革命的思想，所谓玄学，也决不
是偶然的，所以不能说豪族地主本质上有什么进步的意义。然而
也不能说，豪族地主在对于皇族政权极端压迫之下的抗议，没有
任何的思想意义可言。魏晋君主均从豪族地主出身，但兴起之后
皆极力诛锄异己，曹操如此，司马懿也如此。《世说新语·尤悔》
篇王导答晋明帝"前世所以得天下之由"，历叙宣王（司马懿）
创业之始，诛灭名族，宠树同己。事实上司马懿之诛曹爽、何晏
等八族，司马昭之诛嵇康、吕安等，和曹操之诛夷汝南袁氏等一
模一样。曹操与司马氏同出于豪族地主，但曹操"本非岩穴知名
之士"，不能列入"清流"，他只是拥有许多以门生故吏和部曲集
合起来的势力，这参看陈琳《为袁绍檄豫州文》中最明显。在曹
操初起兵时，如荀彧、田畴等之率宗族，任峻、吕虔等之领家
兵，李典、许褚等之部曲相从，这证明他是那时候豪族地主领
袖，代表了他们的利益。然而当曹操由豪族地主变成了一个大军
阀，感觉到"设使国家无有孤，不知当几人称帝几人称王"的时
候，他便逐步走上了皇族地主的地位，对于他所认为有危害性的
豪门世族，便开始加以压迫了。曹氏政权抑压豪族，是采用屯田
制、唯才是举的三诏令，还有就是户调的新诏令。《魏志·武帝
纪》建安九年八月条注引《魏书》载曹操令：

> 有国有家者，不患寡而患不均，不患贫而患不安。袁氏
> 之治也，使豪疆擅恣，亲戚兼并；下民贫弱，代出租赋，衔
> 鬻家财，不足应命。……其收田租亩四升，户出绢二匹、绵
> 二斤而已，他不得擅兴发。郡国守相明检察之，无令强民有
> 所隐藏，而弱民兼赋也。

这表面上是以抑豪强，实际上是代表皇族地主的利益。魏的屯田，晋的占田，在中国封建社会土地所有制形式上说，都是代表这种倾向。占田虽也兼顾豪族地主的利益，而非把土地一律由皇族独占，但实际上仍是以豪族地主为其争取劳动力的斗争对象，因为这同在大地主阶级中有矛盾也有统一，因此很容易使我们误会认为占田是保障豪门世族而不是和它有斗争的。魏晋玄学的产生即是由于豪族地主对抗皇族地主而产生，同时又含有皇族地主联合豪族地主以剥削农民的意味。分析这两层不同的性质，就可以明了魏晋玄学产生的社会历史条件。

豪族地主源远流长，在东汉为党锢的名士，在魏晋即为清谈的名士，所以《世说新语》竟把东汉名士与清谈的名士列在一起。而东汉名士，事实上便多出于所谓"四世三公"之家，即所谓"名世家""世族"。以今术语表之，即豪族地主。如马融之"达生任性，不拘儒者之常"，蔡邕之以王充《论衡》为"谈助"，这已经给清谈家开一道路。魏晋清谈的起源，近则应从建安七子的王粲、陈琳等算起，远则可追溯及王充，而皆为玄学的自然论派。固然近人也有主张以言名理的刘邵《人物志》为清谈家的萌芽，实则刘邵《人物志》和钟会《才性论》这些都是站在皇族地主立场，而要人君行"名教"明"法治"来治理天下的，这根本和玄学的自然派精神不同。而且在刘邵同时据《隋书·经籍志》所载名家著作有七种，如魏文帝所撰《士操》一卷，及撰者不明之《刑声论》一卷，现均不传。在这些讨论名理的著作中，《人物志》不过偶然流传下来，不能即以此偶然传下来的，即认为玄学思想的元祖。而且名理派和玄学派针锋相对。名教是皇族地主思想，而自然则为豪族地主思想，名教与自然的对立，意味着皇族地主与豪族地主的对立。刘邵《人物志》主张名教以裁抑豪族，加强中央的控制力量，这即是为皇族地主服务，是法家与儒家思想的混合，当然不能归入玄学范围。又曹操提倡法治，用人唯才，也是从豪族地主中分化出来的皇族地主作风。相反地言"名教即自然"的如王、何之流，固然未免站在儒家立场来与老、庄自然思想相合，但所重仍在自然。如何晏著《无名论》，王弼作《周易略例》主张得意忘言，这是以自然为主，不拘拘于名教。嵇康和钟会的思想斗争也是这两派斗争的具体例子。清谈家的阶级性应该肯定是豪族地主，而不是皇族地主，这也是很显然的。《抱朴子·疾谬》篇曾给魏晋清谈作一总结性的批判，指出清谈家们：

> 率多冠盖之后，势援之门……或假财色以交权豪，或因时运以佻荣位，或以婚姻而连贵戚，或弄毁誉以合威柄。

这是很明白地道出清谈家的阶级性是豪族地主。清谈家乃豪族地主势力，故所尚"浮华交会"，而曹魏政权，则专力要"破浮华交会之徒"；清谈家颇纵情奢侈（如何晏），而魏政权反之矫情尚俭；清谈家所重自然，而魏晋政权循名责实，所重在名教。曹魏政权基本上是和豪族地主对立，也就是和正始间仍是王弼的思想对立。《抱朴子》是站在极端拥护皇族地主立场，提倡尊君，为礼教的守护者，因而不免极力反对他们了。何晏、王弼都是豪族地主，《世说新语·夙惠》篇：

> 何晏七岁，明惠若神，魏武奇爱之，因晏在宫内，欲以为子。晏乃画地令方，自处其中。人问其故，答曰："何氏之庐也。"魏武知之，即遣还。

这虽年幼时事，已证明何晏和魏武有联合也更有距离。何晏、王弼虽倡言老庄自然，而同时留心儒家的名教，对农民而言，它还是剥削的地主阶级，还是名教的伪善者，但就其思想上继承东汉名士思想反对皇族地主精神来看，却又染上了进步的色彩。如王弼是王粲后裔，王粲据《魏志》本传，世代为汉三公，据曹子建《王仲宣诔》，更明白是世族地主。王弼由其祖父王粲手中获得王充《论衡》的思想，而王粲则由蔡邕手中获得王充《论衡》的思想。"蔡邕有书近万卷，末年载数车与粲，粲亡后……邕所与书悉入业。"（《魏志·钟会传附王弼传》裴松之注引《博物志》）王弼即业之子，其思想本也继承了进步的思想因素，但因其为豪族地主的原故，和人民之间便不能没有矛盾。习凿齿《汉晋春秋》（《三国志·魏志》卷二十八《王凌传》引）记曹爽、何晏被诛时，"同日斩戮，名士减半，而百姓安之，莫之或哀，失民故也"，可见豪族地主和人民之间有重大矛盾。至于阮籍、嵇康主张"名教"与"自然"对立，其实即是强调皇族地主与豪族地主的对立，而以豪族地主为主要方面。就阶级性来说，阮籍之父阮瑀，为建安七子之一，建安中瑀为司空军谋祭酒，管记室。《太平御览》卷三一引《竹林七贤论》云："诸阮前世儒学，善居室，内足于财，唯籍一巷，尚道业，好酒而贫。"可见虽贫也还是世族。嵇康据《晋书》本传与魏宗室婚，拜中散大夫，据吕安《与嵇叔夜书》，其中一段云"芳苑清流，华屋云肆"，皆信嵇康所居，可证阮、嵇都绝不是过中小地主阶层生活，如有些人所想像的。若阮、嵇之友王戎，更是典型的豪族地主，《晋书》卷四十三称其"性好兴利，广收八方园田水碓，周遍天下，积实聚钱，不知纪极。每自执牙筹，昼夜算计，恒若不足。而又俭啬，不自奉养，天下人谓之膏肓之疾"。竹林七贤就是这一阶级的代表，不过像王戎这样吝啬的却少见罢了。竹林七贤站在豪族地主立场，在皇族地主压迫之下，徘徊进退，结果发生分裂的局面，如山涛、向秀即其例，即以豪族地主的不当权派而转变为当权派。嵇康既被诛，向秀对司马昭说："巢、许狷介之士，不足多慕。"结果便成为与皇族地主结合的投降派了。豪族地主与皇族地主的相结合，标志了豪族地主屈服于皇族地主的时代开始，即在经济上、政治上也已造成了可以合作的历史条件。第一，是农民起义已被镇压下去。第二，是九品中正制度已变了质，正如《晋书·卫瓘传》所云："高门华胄有世及之荣，庶姓寒人无寸进之路。"九品中正已经不是抑压豪族地主，反而是拥护豪族地主之变相的封建世袭制度。第三，即是在皇族政权之下，豪族地主已没有反抗的力量，可以向秀为例。又《世说新语·言语》篇："司马景王（师）东征，取上党李喜以为从事中郎，因问喜曰：'昔先公辟君不就，今孤召君，何以来？'喜对曰：'先公以礼见待，故得以礼进退，明公以法见绳，喜畏法而至耳。'"可见清谈家已经是完全被镇压了。魏晋玄学的结束，同时就是反映极端封建专制主义的抬头。从王充《论衡》一线相延的名虚玄而实庸俗的唯物论的作风也没有了。

魏晋清谈家从表面上看，是"玄学"，从实质上看，应该是属于所谓庸俗唯物论，而其思想脉络，竟可寻到先秦诸子杨朱的思想上去。为要证明这一点，最好是注意一下伪托《列子·杨朱》篇：

> 杨朱曰："丰屋美服，厚味姣色，有此四者，何求于外？有此而求外者，无厌之性。无厌之性，阴阳之蠹也。"

这就完全代表豪族地主所说的话。丰屋、美服、厚味、姣色，绝不是人人有的。杨朱思想的体现者，如篇中所云的公孙朝"聚酒千钟，积麹成封"，与"穆之后庭，比房数十，皆择稚齿婑娣者以盈之"，这更明白是豪族地主所为。问题乃在这豪族地主竟具有无神论与唯物主义的倾向，如云：

> 既死，岂在我哉？焚之亦可，沉之亦可，瘗之亦可，露之亦可，衣薪而弃诸沟壑亦可，衮衣绣裳而纳诸石椁亦可，唯所遇焉。

不能否认，这种代表豪族地主阶级的观点，是有极大的限制性，但也无疑乎其为当时一种具有进步意义的唯物观点。从此观点出发可以看出魏晋清谈家思想的两面性，一方面对权威之消极不合作的反抗，一方面是颓废的生活方式。"且趣当生，奚遑死后"，这八个字道破了魏晋清谈家的秘密，虽具有唯物主义思想因素，而是把唯物主义变成庸俗化了。

把魏晋清谈家的生活方式来和伪托《杨朱》篇作一个比较，即可明了《杨朱》篇实是反映魏晋人的时代、生活的要求。由于名门世族的高等知识分子，他们的思想是现实的，同时在当时政治压迫之下，又是找不到出路，在极度悲观之余，走上了逃避现实的路上去。所谓玄学就是这样产生的。因为玄学的底子，是以现实的肯定为前提，所以虽然厌世，而反对自杀。《杨朱》篇：

> 孟孙阳曰："若然，速亡愈于久生；则践（一本作蹈）锋刃，入汤火，得所志矣。"杨子曰："不然，既生，则废而任之，究其所欲，以俟于死。将死，则废而任之，究其所之，以放于尽，无不废，无不任，何遽迟速于其间乎？"

《杨朱》篇以眼前的快乐，为人生的最高目的，以为戚戚于贫贱、汲汲于富贵的人，都与人生的目的有害。所以说：

> "原宪之窭损生，子贡之殖累身。""然则窭亦不可，殖

亦不可，其可焉在?"曰:"可在乐生，可在逸身。"

豪族地主当然不会欢迎贫穷，但也不同意于商人阶级的营利生活，他是有闲生活的代表者，所以乐自然之生，而逸自然之身，这就变成一种养生论了。《杨朱》篇托于晏平仲问养生于管夷吾一节所述养生之说，是"肆之而已，勿壅勿阏"，即是一任自然，这和《庄子》养生说相同。一任自然，"去废虐之主，熙熙然以俟死，一日一月一年十年，吾所谓养。拘此废虐之主，录而不舍，戚戚然以至久生，百年千年万年，非吾所谓养"。这既得何等明白，只乐自然之生，不受任何的约束，名誉也罢，礼教也罢，由杨朱看来，都是陷于违背自然，不识人生。这杨朱思想反映于魏晋清谈家的生活方式，清谈家以豪族地主的身份，而以魏晋间"去就易生嫌疑"(《晋书》卷九十四孙登戒嵇康语)，以当时"天下多故，名士少有全者"(《晋书》卷四十九《阮籍传》语)，所以不能无所托而逃，他们假"三玄"而立说，故有的托《列子》之书。当然他们不一定个个人都熟读过《列子》，但他们的生活方式，则几乎一致地和杨朱思想的一部或全部相合。大概说来，魏晋清谈家他们对于生之欲望，都是极强烈的，且具有庸俗唯物论的倾向。他们之中甚至有只图快活地享受眼前快乐的，如《世说新语·任诞》篇:"张季鹰纵任不拘，时人号为江东步兵，或谓之曰:'卿乃可纵适一时，独不为身后名邪?'答曰:'使我有身后名，不如即时一杯酒。'"又:"毕茂世云:'一手持蟹螯，一手持酒杯，拍浮酒池中，便足了一生。'"这不和《杨朱》篇的公孙朝、公孙穆、端木叔一类的生活思想吗? 他们之中也有服药希望得到长年益寿的，这也可说是起源于王充，《论衡·自纪》篇云:"适辅服药引导，庶冀性命可延。"寒食散创于何晏，首获神效，由是大行于豪族地主之间，服者相寻（参《世说新语·言语》篇注）。另一面也有求生命的绝对延长的神仙家思想，也发现于这一个时代，葛洪就是代表人物，不过那已不是杨朱的思想了。杨朱思想和此相反，正如《古诗十九首》所云："服食求神仙，多为药所误。不如饮美酒，被服纨与素。"又范云《赠学仙者诗》："春酿煎松叶，秋杯浸菊花，相逢宁可醉，定不学丹砂。"清谈家并不信那些撒谎胡说的神仙的书，他们服茶饮酒，都是为了享乐人生，尤其是饮酒可以说是魏晋清谈家的一种生活方式。竹林名士无不酣饮，酒成了他们生活中的高尚享乐，酒成了他们逃避政治上迫害的一种手段，令有罪的可以"以酣醉获免"（《晋书·阮籍》传）。惧祸事临头的，可以"终日昏酣，不综府事"（同上《顾荣传》），沈约《七贤论》云："彼嵇、阮二生，志存保己，既托其迹，宜慢其形。慢形之具，非酒莫可。故引满终日，陶兀尽年。"由此可见魏晋清谈家既假托于列子以宣传其杨朱思想，又假托于酒，以逃避人事的纷纠。陶渊明《饮酒诗》第十三首："一士常独醉，一夫终年醒，醒醉还相笑，发言各不领。"奇哉妙哉！魏晋清谈家的生活方式。

再把魏晋清谈家的思想方法来和伪托《杨朱》篇作一比较，也可以说是完全相合。《杨朱》篇说：

> 实无名，名无实，名者，伪而已矣。

因为实无名，所以桀、纣二凶"生有从欲之欢，死被愚暴之名。实者，固非名之所与也，虽毁之不知，虽称之弗知，此与株块奚以异矣"。因为名无实，所以舜、禹、周、孔"凡彼四圣者，生无一日之欢，死有万世之名。名者，固非实之所取也，虽称之弗知，虽赏之不知，与株块无以异矣"。这当然是对当时主张名教的人以一种极端的讽刺，而站在老庄自然立场说话的。陈寅恪先生曾经指出魏晋时代"在当时主张自然与名教互异之士大夫中，其崇尚名教一派之首领如王祥、何曾、荀颚等三大孝，即佐司马氏欺人孤儿寡妇，而致位魏末晋初之三公者也（参《晋书》三三《王祥传何曾传》三九《荀颚传》）。其眷怀魏室不趋赴典午者，皆标榜老庄之学，以自然为宗"（《陶渊明之思想与清谈之关系》）。名教与自然二派之不同，也即是主名与主实二派的不同，有了皇族地主集团之遵行名教，即以名为主，就有与之相反的豪族知识分子之反名教，即以实为主。清谈家之初起，何晏著《无名论》说：

> 自然者，道也。道本无名，故老氏曰强为之名。仲尼称尧荡荡无能名焉，下云巍巍成功，则强为之名，取世所知而称耳，岂有名而更当云无能名焉者邪？夫惟无名，故可得遍以天下之名名之，然岂其名也哉。（《列子·仲尼》篇注引）

又释《论语》"为君子儒，无为小人儒"云："君子为儒，将以名道，小人为儒，则矜其名。"又王弼注《老子》谓："本在无为，母在无名，名虽美焉，伪亦必生。"这里虽指名的害处，还没有对于儒家的名教下全攻击，却是到了竹林名士便不然了。嵇康"每非汤武而薄周礼"，有《与阮德如诗》云："荣名秽人身，高位多灾患，未若捐外累，肆志养浩然。"他们已经完全不相信乐广所说的"名教中自有乐地"，以为名教与实际生活无关，所以敢于放弃旧道德，阮籍说："礼岂为我设哉？"（《晋书·阮籍传》）鲍敬言说："夫混茫以无名为贵，群生以得意为欢。"在封建地主阶级专政的时候，居然揭起了"反名教"的大旗帜。由此可见就思想方法来说，魏晋清谈家的学说，也是和伪托杨朱思想是一鼻孔出气的。

魏晋思想家的类型

既然明了清谈家的思想是以伪托《列子》为其领导思想，那么我们就可以进一步应用《杨朱》篇的思想，试来详细分析一下魏晋思想家的类型。依照上面所说，杨朱学说可包括于以下三点，即（一）存我，（二）放逸，（三）无君。因此魏晋的思想家类型，以竹林七贤为例，也可以包括如下三种：

（一）存我型：可以嵇康为代表。嵇康有集十五卷，见严可均《全三国文》卷四十七至卷五十二，又鲁迅从明吴宽丛书堂钞本钞出，用黄省曾等刻本以及类书、古注等引文加以核勘，有一九五六年文学古籍刊行社影印本。嵇康为人，据《世说新语·德行》篇注引《康别传》曰："康性含垢藏瑕，爱恶不争于怀，喜怒不寄于颜，所知王濬冲（戎）在襄城，面数百，未尝见其疾声朱颜，此亦方中之美范，人伦之胜业也。"实则嵇康性格本来是一个"尚奇任侠"的人（《三国志》），其生活态度上的和光同尘，实由于其学养生之术。"阮嗣宗口不论人过，吾每师之，而未能及"（《与山巨源绝交书》），道破了这一个"每非汤武而薄周孔"的人，在政治的压迫之下，所生的人生忧患之感。《幽愤诗》："抗心希古，任其所尚，讬好老庄，贱物贵身，志在守朴，养素全真。"《与山巨源绝交书》说："吾顷学养生之术，方外荣辱，去滋味，游心于寂寞，以无为为贵。"《养生论》说："悟生理之易失，知一过之害生，故修性以保神，安心以全身，爱憎不棲于情，爱喜不留于意，泊然无感，而体气和平。"又："外物以累心不存，神气以醇白独著，旷然无忧患，寂然无思虑……无为自得，体妙心玄，忘欢而后乐足，遗生而后身存。"又《答难养生

论》说："以大和为至乐，则荣华不足顾也；以恬愉为至味，则
酒色不足钦也。苟得意有地，俗之所乐，皆粪土耳，何足恋哉！"
这种"全性保真"、"安分知足"的养生论，和伪托《杨朱》篇
的"贵己"思想可以说是完全一致，此亦可见魏晋清谈家基本思
想形式之一面。

（二）放逸型：《世说新语》中《栖逸》、《任诞》、《简傲》
诸篇所载，皆此思想类型，尤可以阮籍为代表。阮籍有集十三
卷，见严可均《全三国文》卷四十四至卷四十六。《晋书》
本传：

> 尤好《老》、《庄》，嗜酒能啸，善弹琴。当其得意，忽
> 忘形骸。……籍本有济世志，属魏晋之际，天下多故，名士
> 少有全者。籍由是不与世事，遂酣饮为常。文帝初欲为武帝
> 求婚于籍，籍醉六十日，不得言而止。钟会数以时事问之，
> 欲因其可否而致之罪，皆以酣醉获免。……籍闻步兵厨营人
> 善酿，有贮酒三百斛，乃求为步兵校尉。遗落世事……性至
> 孝，母终，正与人围棋，对者求止，籍留与决赌。既而饮酒
> 二斗，举声一号，吐血数升。及将葬，食一蒸肫，饮二斗
> 酒，然后临诀，直言穷矣，举声一号，因又吐血数升，毁瘠
> 骨立，殆致灭性。……籍又能为青白眼，见礼俗之士，以白
> 眼对之。……籍嫂尝归宁，籍相见与别。或讥之，籍曰：
> "礼岂为我设邪！"……

其所著有《达庄论》、《通老论》、《通易论》诸论，又著
《大人先生传》，说："夫大人者乃与造物同体，天地并生，逍遥
浮世，与道俱成，变化散聚，不常其形。"因而讥刺礼法之士，
如群虱之处裈中。此外留有如刘伶之作《酒德颂》，说："有大人

先生以天地为一朝，万期为须臾，日月为扃牖，八荒为庭衢，行无辙迹，居无室庐，幕天席地，纵意所如。止则操卮执觚，动则挈榼提壶，惟酒是务，焉知其余。"这种放情肆意的人生态度，拿来和伪托《杨朱》篇的放逸思想比较，也可以说是完全一致，这是魏晋名士思想形式在人生态度上的表现。

（三）无君型：可以鲍敬言为代表。鲍敬言生平不可考，他的无君思想，见《抱朴子·外篇》卷四十八《诘鲍》篇，《抱朴子》有《道藏》本，《四部丛刊》据明鲁藩刊本，《四部备要》据《平津馆丛书》校本。他虽不是竹林居士，却与竹林名士思想很相通。《抱朴子》称："鲍生敬言，好《老》、《庄》之书，治剧辩之言，以为古者无君，胜于今世，故其著论云……"实则这种思想在阮籍《大人先生传》已开其端，如云"盖无君而庶物定，无臣而万事理"；"夫无贵则贱者不怨，无富则贫者不争，各足于身，而无所求也"；"汝君子之礼法，诚天下残贼乱危死亡之术耳，而乃自以为美行不易之道，不亦过乎？……故不通于自然者，不足以言道"。鲍敬言即继承这种思想，所以他竟把封建君主制度攻击得体无完肤，依他意思：强暴的人压迫软弱的人，聪明的人欺骗愚蠢的人，这便是君主制度的由来。所以说：

> 儒者曰"天生烝民而树之君"，岂其皇天谆谆言，亦将欲之者为辞哉？夫强者凌弱，则弱者服之矣；智者诈愚，则愚者事之矣。服之，故君臣之道起焉；事之，故力寡之民制焉。然则隶属役御，由乎争强弱而校愚智，彼苍天果无事也。

又反对人君生活淫侈，不念民生："人君后宫三千，岂皆天意？谷帛积则民饥寒矣。"又："人之生也，衣食已剧，况又加之以敛赋，重之以力役，饥寒并至，下不堪命。"因此他理想的是没有君臣阶级的社会。

> 夫混茫以无名为贵，群生以得意为欢。故剥桂刻漆，非木之愿；投鹍裂翠，非鸟所欲；促辔衔镳，非马之性；荷扼运重，非牛之乐。……曩古之世，无君无臣。穿井而饮，耕田而食。日出而作，日入而息。汎然不系，恢尔自得。不竞不营，无荣无辱。

这样就走向无政府的绝对自由平等的理想社会了。当然这种老庄的"无君"思想，只是原始公社的生活的一种反映，是不能实现的，但在当时却代表了农民对于专制政治的抗议。这和伪托《杨朱》篇的政治思想是完全一致的，是魏晋名士思想形式在政治方面的表现。

由上所述魏晋思想家三种基型，当然是互相联系不可分开的，这里只是从各思想家的特点来作分析的研究。魏晋这种思想方式，影响到六朝时代的思想家，有的偏于存我型的，有的偏于放逸型的，如郭璞："京华游侠窟，山林隐遯棲。朱门何足荣，未若托蓬莱。……进则保龙见，退为触藩羝。高蹈风尘外，长揖谢夷齐。"(《游仙诗》)又如谢灵运之"达人贵自我，高情属天云"；颜延年之"屏欲"、"明性"等，皆存我型的例。尤以晋宋间的陶渊明思想，兼有此思想家之三种基型，最为特色。《陶渊明之思想与清谈家之关系》，陈寅恪先生已有专书(燕京大学刊)，其中指出渊明不尽同于嵇康之自然，盖其己身之创解乃一种新自然说，惟其仍是自然，故消极不与新朝合作，并取《形影神赠答释诗》加以解说。如《形赠影》，为对于旧自然者求长生学神仙的批评："我无腾化术，必尔不复疑。愿君取君言，得酒莫苟辞。"此谓旧自然说者如阮籍、刘伶借沉湎于酒，以图苟全性命，或差可耳。又《影答形》则托为是名教者非旧自然说之言。而渊明之所自托，则如《神释》所云"甚念伤吾生，正宜委运去。纵浪大化中，不喜亦不惧。应尽便须尽，无复独多虑"，及《归去来辞》所谓"聊乘化以归尽，乐夫天命复奚疑"。陈寅恪先生以此证明渊明是和范缜同主神灭论者。缜本世奉天师道，而渊明于家传的教义尤有所创获，这二人同主神灭之说，必非偶然的。现在试就渊明的思想内容来分析一下他所含有的三种基型。就存我型说，渊明的新自然说主旨在委运任化。这委运任化的思想随处可见，如《自祭文》中"乐天委分以至百年"，即《神释》诗"正宜委运去"及"应尽便须尽"义。又《影答形》在述主名教育之言："身没名亦尽，念之五情热。立善有遗爱，胡为不自竭。"《自祭文》说："嗟我独迈，曾是异兹。宠非己荣，涅岂吾淄。捽兀穷庐，酣饮赋诗。识运知命，畴能罔眷。余今斯化，可以无恨。"这"识运知命"即标明其"乘化归尽，乐天知命"的存我思想。其次是放逸型。梁昭明太子《陶集序》："有疑陶渊明诗，篇篇有酒，吾观其意不在酒，亦寄酒为迹者焉。"这是说渊明的放逸于酒，也同竹林名士一样是有托而逃。"理也可奈何，且为陶一觞。"（《杂诗》第八首）《宋书》本传载："贵贱造之者有酒辄设，潜若先醉，便语客：我醉欲眠卿且去。"所以"清歌散新声，系酒开芳颜"（《诸人共游周家墓柏下》），"谈谐终日夕，觞至谈倾杯"（《乞食》）。这便成为诗人的生活方式。诗人惟托于醉，而后可以忘忧："中觞纵遥情，忘彼千载忧。"（《游斜川》）可以称情："何以称我情，浊酒且自陶。"（《己酉岁九月九日》）可以求欢："忽与一觞酒，日夕欢相持。"（《饮酒》第一首）杜甫诗称："宽心应是酒，遣兴莫过诗。此意陶潜解，吾生后汝期。"（《可惜》）

渊明的放逸生活和阮籍、刘伶的方式不同，而放逸之意则同。《宋书》本传又言："潜不解音声，而蓄素琴一张，无弦，每有酒适，辄抚弄以寄其意。"渊明的无弦琴，和他的《闲情赋》，都可见其率性之情与逸身之意，把放逸思想更加美化了。其三是无君型。渊明所崇拜的，是荆轲（《咏荆轲》）、田畴（《拟古》之一）。他是带性负气之人，"少时壮且厉，抚剑独行游"（《拟古》）；"刑天舞干戚，猛志固常在"（《读山海经》）。他不是懦夫，所以敢于揭穿现实政治的黑幕，而持阮籍、鲍敬言的同一理想。有名的《桃花源记》，他的理想社会是无君臣官长尊卑名分的制度，正如王安石所称"虽有父子无君臣"（《桃源行》）。渊明身遭乱世，虽勉强也算世族而家贫不复肯仕（陶侃本出于业渔之贱户，本陈寅洛说），所以有此反映农民性的思想表现。总而言之，陶渊明实兼有魏晋思想家之三种基型，他的全部思想，实对于伪托《列子》中杨朱的学说，作一有力的阐扬，只要读他的《饮酒诗》的第三首，就很容易明白了。

　　道丧向千载，人人惜其情。有酒不肯饮，但顾世间名。所以贵我身，岂不在一生？一生复能几，倏如流电惊。鼎鼎百年内，持此欲何成！

伪托《杨朱》篇被道学先生们误解得太多了，其实乃是中国唯物论思想在魏晋时代的特出的作品。陶渊明《饮酒诗》第十一："虽留身后名，一生亦枯槁。死去何所知，称心固为好。客养千金躯，临化消其宝。裸葬何必恶，人当解意表。"然而这种唯物主义的思想，只是一定社会环境的产物，是庸俗的，很多人都只能从表面上去理解他，只有陶渊明能够更深刻地去体现了它。陶渊明是杨朱学说的继承者，是魏晋清谈家的光荣的下场的人物。

第八讲

《弘明集》之研究

《弘明集》之撰集及其背景

《弘明集》十四卷，梁释僧祐撰。僧祐本姓俞氏，彰城下邳人（《开元释教录》第六、《四库提要》作"彭城下邳人"），初出家扬都建初寺，武帝时居钟山定林寺，事迹见梁《高僧传》卷十一《明律》篇。僧祐生于宋元嘉二十二年乙酉（四四五年），卒于梁天监十七年戊戌（五一八年），年七十四，门徒一万余人。所著尚有《释迦谱》十卷，《出三藏集》十五卷。《出三藏集》卷一为《经异记》，卷二至卷六为《经录》，卷十二《杂录序》十篇，卷十三至十五共传三十二篇，内卷六至卷十一共经序一百十篇，支那内学院刊本称《出三藏记集》。《弘明集》通行大藏经本（露四），又《四部丛刊》据明汪道昆本和金陵刻经处本均可用。北京大学藏宋崇宁三年刻《弘明集》残本第四卷，又《中国历史参考图谱》第九辑有全刻本书影。惟汪刻本无前序，《四库全书总目》卷一百四十五收纪昀的家藏本十四卷云"末有僧祐后序，而首无前序，疑传写佚之"，此盖未见藏本前序的缘故。惟藏本有前序，又有后序。据陈垣先生《中国佛教史籍概论》（卷三）考证，谓："其实今《弘明集》卷末所载僧祐后序，本名

《弘明论》，不名后序。《出三藏记集》载《弘明集》目录，明题此为《弘明论》，本论前数行，亦自称《弘明论》，藏本前序亦谓附论于末，则此非后序明矣。"此证后序实乃《弘明论》，甚确。至此书内容，《四库提要》称其"所辑皆东汉以下至于梁代阐明佛法之文，其学主于戒律，其说主于因果，其大旨则主于抑周孔排黄老而独伸释氏之法（中略）。然六代遗编流传最古，梁以前名流著作今无专集行世者，颇赖以存，终胜庸俗缁流所撰述，就释言释，犹彼教中雅驯之言也"。这样评论，也还算是公正的。

继僧祐《弘明集》之后，有唐释道宣所撰《广弘明集》三十卷。道宣姓钱氏，丹徒人，隋末居终南白泉寺，又迁丰德寺、净业寺，至唐高宗时乃卒，事迹见《宋高僧传》十四。此书宋元藏本皆三十卷，明南北藏及清藏本四十卷，《四库总目》卷一百四十五所著录纪昀的家藏本为三十卷，并云："《唐志》载《广宏明集》三十卷，与此本合，然二十七卷以后，每卷各分上、下，实三十四卷也。"此三十卷本与四十卷本，均可用。通行《四部备要》本乃据常州天宁寺本校刊，即四十卷本。严可均《全南北朝文》引《广弘明集》，如《全宋文》用十卷本，《全南齐文》用三十卷本，《全晋文》、《全梁文》、《全后周文》则两本参用（参照《中国佛教史籍概论》）。此书内容乃续梁僧祐《弘明集》而作，体例稍有不同，《弘明集》不分篇，此则分为十篇，每篇前各为小序，叙述及辩论列代佛法兴废等事，其目如下：

一、归正，二、辨惑，三、佛德，四、法义，五、僧行，六、慈济，七、戒功，八、启福，九、悔罪，十、统归。

《四库提要》称其书"大旨排斥道教，与僧祐书相同，其中如《魏书·释老志》本于二氏神异各有纪录，虽同为粉饰，而无所抑扬。道宣乃于叙释氏者具载其全文，叙道家者潜删其灵迹。

然则冤亲无等，犹为最初之佛法，迨其后世味渐深，胜负互轧，虽以丛林古德，人天瞻礼如道宣者，亦不免门户之见矣"。实则何止于此。即作为史料看，《广弘明集》亦未可尽信，如卷四道宣《叙齐高祖废道法事》云："昔金陵道士陆修静者，道门之望，在宋齐两代祖述三张，弘衍二葛……会梁祖启运，下诏舍道，修静不胜其愤，遂与门人及边境亡命，叛入北齐。又倾散金玉，赠诸贵游，托以襟期，冀兴道法。帝惑之也，于天保六年九月乃下敕，召诸沙门与道士学达者十人，亲自对校。"陈国符《道藏源流考》指出陆静修已先于宋后废帝元徽五年（四七七年）去世，距北齐文宣帝天保六年（五五五年）尚有七十八年。又按《北齐书·文宣帝纪》及《北史·齐本纪》皆不载对校道释之事，可见上说荒诞不可信。拿《弘明集》和《广弘明集》比较，终觉前者参胜。《四库总目》又说："《神僧传》称……道宣前身即为僧祐。殆因道宣续僧祐之书，故附会是说。"这点辨明，是真确的，然因此附会，也可以见道宣和僧祐的思想关系了。

现在即依据以上两书——《弘明集》、《广弘明集》——阐明一下中古时代儒、释、道三教斗争史料。因为三教斗争是中国中古哲学史上的重大节目，从汉代永平求法的传说，以至唐代道、佛二教的斗争，均记录于《弘明》两集之中，所以《弘明集》的研究，也可以说主要地就是关于三教斗争史料的研究，分析这些史料的来源、种类、思想背景、乃至于真伪问题，因此也就成为十分必要的了。

先就史料的思想背景来说，三教斗争是跟着玄学的演变而来，魏晋清谈家本包含着两种学术因素，一是玄学，一是方术。由方术演变而与天师道相结合，成为道教。由玄学演变与佛教结合，而成为佛教玄学。本来道家之所谓"道"是内容多种多样的，他上可以包括老庄的高尚思想，下也可以包括方术符谶以至房中术，所以刘勰的《灭惑论》（《弘明集》卷八）中即提出道家三品之说：

> 案道家立法，厥品有三，上标老子，次述神仙，下袭张陵。

释道安作《二教论》（《广弘明集》卷八），也依此区别道教云："一者老子无为，二者神仙饵服，三者符箓禁厌。"

在这里老子无为即玄学思想，神仙饵服如葛洪、魏伯阳，符箓禁厌即所谓"下袭张陵"了。又上算老子，是属于道家范围，"次述神仙"与"下袭张陵"，乃所谓道教。就魏晋玄学说，如何晏、王弼等祖述三玄，尚不带任何道教的色彩，但到了竹林七贤，嵇康便已注意到呼吸吐纳服食养身的一套把戏（《养生论》），阮籍也说什么"木老于未，水生于申，而坤在西南。火老于戌，木生于亥，而乾在西北"（《通易论》），把《易经》完全方术化了（参看范宁《论魏晋时代知识分子的思想分化及其社会根源》第二节"所谓三玄与名士方士的合流"）。这意味着什么？意味着玄学已一方面与天师道相结合，而有道教的倾向。天师道始于后汉张道陵之利用老子。案《三国志·张鲁传》："祖父陵（道陵）客蜀，学道鹄鸣山中，造作道书以惑百姓，从受道者出五斗米，故世号米贼。陵死，子衡行其道。衡死，鲁复行之……鲁遂据汉中，以鬼道教民，自号师君，其来学道者，初皆名鬼卒，受本道已信，号祭酒。各领部众，多者为治头大祭酒，皆教以诚信不欺诈，有病自首其过，大都与黄巾相似。"《注》引《典略》云：

> 熹平中，妖贼大起，三辅有骆曜。光和中，东方有张

角，汉中有张修。骆曜教民缅匿法，角为太平道，修为五斗米道。太平道者，师持九节杖为符祝，教病人叩头思过，因以符水饮之，得病或日浅而愈者，则云此人信道，其或不愈，则为不信道。修法略与角同，加施静室，使病者处其中思过。又使人为奸令祭酒，祭酒主以《老子》五千文，使都习，号为奸令。为鬼吏，主为病者请祷。

由此可见天师道的起源是与农民起义同时，而且即为农民起义的宗教信仰。因为天师道在当时能分布各地，据险自守，成为农民的保障，所以信从的人很多。其后张鲁虽投降曹操，而天师道尚盛行于全国。晋代虽豪门地主的知识分子也有许多奉天师道的，例如：

王羲之——琅邪王氏为晋代最著名之天师道世家。《晋书·王羲之传》："羲之次子凝之，为会稽内史，王氏世事张氏五斗米道，凝之弥笃。"

范缜——见《梁书》四八、《南史》五七《儒林传·范缜传》，参照《中央研究院历史语言研究所集刊》第三本，陈寅恪《天师道与海滨地域之关系》中论范蔚宗条。

梁武帝——《广弘明集》载其舍事道法文，略云"弟子经运迷荒，耽事老子，历叶桐承，染此邪法"云云。

谢灵运——钟嵘《诗品》云："灵运生于会稽……其家以子孙难得，送灵运于杜治养之，十五岁还都，故名客儿。"（傅勤家《道教史概论》云此所谓治者，即天师道所设，人家以婴儿托之，信其可得神佑也）。

孔稚珪——见《南齐书》四八《孔稚珪传》、《南史》四九《孔稚珪传》及陈寅恪前著"论范蔚宗条"。又《弘明集》卷十

一载其《答竟陵王》略云："民积世门业，依奉李老。……民仰
攀先轨，自绝秋尘，而宗心所向，犹未敢坠。至于大觉明教，般
若正源，民生平所宗，初不违背。……民齐敬归依，眷自净
信……所以未变衣钵，眷眷黄老者，实以门业有本，不忍一日顿
弃。心世有源，不欲终朝悔遁。既以二道大同，本不敢惜心回
向，实顾言称先业，直不忍弃门志耳。"

陶渊明——其家世宗教信仰为天师道，见陈寅恪著《〈魏书·
司马睿传〉江东民族条释证及推论》，又《陶渊明之思想与清谈
之关系》中云："（渊明）盖其平生保持陶氏世传之天师道信仰，
虽服膺儒术，而不归命释迦也。"又云："故渊明之为人，实外儒
而内道，舍释迦而宗天师者也。"

由于天师道本为农民起义军的领导思想，所以两晋南北朝士
大夫，其家世夙奉天师道的人，也常常有进步思想的表现，而与
皇族地主往往不能合作，因之对皇族地主所信仰的佛教和神不灭
论，也能提出抗议，如范缜、陶潜即其好例。固然其中也有舍弃
其家世相传的天师道而皈依佛教的，如梁武帝；持调停道、佛二
家的两面派态度的，如南齐之孔稚珪。但那都不过充分表现皇族
地主或是投降皇族地主的本色。至于能对于其家传信仰独具胜
解的人，也不是没有。陈寅恪先生即举及天师道世家河北清河崔
氏为例。他说："至若对于其家传之天师之教义具有创阐胜解之
人，如河北之清河崔浩者，当日之儒宗也，其人对于家传之教义
不仅笃信，且思革新。故一方结合寇谦之'除去三张伪法、钱税
及男女合气之术'，一方利用拓拔熹毁灭佛教（详见《魏书》一
一四《释老志》及同书二五《崔浩传》，《北史》二一《崔宏传
附浩传》），尤为特著之例。"依我意思以为天师道即至唐代尚成
为对当时皇族地主的反抗力量。例如无能子及《化书》著者谭峭

亦即其例。无能子假严陵答光武的话称"天子之贵何有哉"（《道藏》本《无能子》卷中）。谭峭曾师嵩山道士十余年，又游三茅，事迹见《云笈七签》卷一百十三下（《四部丛刊》本）。有人疑其即宋马令《南唐书》卷三十四《方术传》之"谭紫霄"（萧公权《中国政治思想史》），这是大有可能的。如《化书·神道篇》中称"太上者虚无之神也"，又云"知真不死者，能游太上之京"，这"太上"二字即道家官府的称号，道家言"三清九宫"，"凡称太上者皆一宫之尊"。《云笈七籤》卷二十八引张天师二十四治图，"太上"之名屡见，可见谭峭也是奉天师道的，其思想所以接近农民，而与农民的利益相符合，这决不是偶然的。相反地，与天师道对立的如著《抱朴子》之葛洪，此即神仙服食一派，所重乃在炼金丹，而他极反对天师道，见《抱朴子·极言》篇，又曾亲参加镇压农民暴动，当然也就反对鲍敬言，反对作为农民起义宗教的天师道。他崇拜黄金至于极端，这是代表剥削统治阶级的立场，和谭峭之提倡"食化"、"俭化"的农民立场便有绝对的不同。辨此一点，也可见魏晋玄学之演变而为天师道，虽然把三玄之学变成宗教了，而正如梁刘勰的《灭惑论》中所加于他的辛辣的批判："标名大道，而教甚于俗；举号太上，而法穷下愚。……事合氓庶，故比屋归宗，是以张角、李弘毒流汉季，卢悚、孙恩乱盈晋末，余波所被，实蕃有徒。"可见天师道即使不足以称为大道，却正是农民起义的宗教，封建社会农民思想自必配合以宗教文化，所以天师道一开始就带有宗教色彩，这正如马克思在一八六二年《中国事件》中所云"这是东方各种运动所共有的一个特点"。魏晋玄学到了后来所以混于天师道里头，这虽然和直接领导农民起义的三张尚有不同，但在崇拜和信仰方面，却站在同一战线之上，而起一些反抗统治压迫努力和外族寺院地主的作用，这也是决无可疑的了。

然玄学演变，在天师道之外，更有别派，即所称佛教玄学。这在思想上是玄学和佛教的携手并进，在阶级立场上则是豪族地主对于皇族地主与外族寺院地主之一让步或妥协。正如天师道主要是为被压迫被统治的阶级服务，佛教玄学则主要是为统治压迫的大地主阶级服务。在汉末以前佛教初来中国，实依附黄老方伎，造成佛、道不分的局面，当时佛教，只作为道术之一种。汤用彤先生在《汉魏两晋南北朝佛教史》（上册）所作关于这个时代佛教的总结，认为："佛教在汉世，本视为道术之一种。其流行之教理行为，与当时中国黄老方伎相通。其教因西域使臣商贾及热诚传教之人，渐布中夏，流行于民间。上流社会，偶因好黄老之术，兼及浮屠，如楚王英、明帝及桓帝皆是也。至若文人学士，仅襄楷、张衡略为述及，而二人亦擅长阴阳术数之言也。此外则无重视佛教者。故牟子《理惑论》云'世人学士，多讥毁之'，又云'俊士之所规，儒林之所论，未闻修佛道以为贵，自损容以为上'；及至魏晋玄学清谈渐盛，中华学术之面目为之一变，而佛教则更依附玄理，大为士大夫所激赏。因是学术大柄，为此外来之教所篡夺。而佛学演进已入另一时期矣。"这一个结论，我以为是完全正确的。佛教只因与魏晋玄学相接触，而才变成佛教玄学；变成了佛教玄学之后，佛教才能脱离方术而大有发展。汤先生在同书《两晋际之名僧与名士》一章，指出："然吾人观西晋竺叔兰、支孝龙之风度，东晋康僧渊、帛高座等之事迹，则《老》《庄》清谈、佛教玄学之结合，想必甚早。王、何、嵇、阮之时，佛法或已间为学士所眷顾。及名士避世江东，亦遂与沙门往还。"这证之以当时盛行所谓"格义"之法，即可见以中国老庄思想以拟佛书的风气，决不是偶然的。《高僧传》载：

竺法雅……少善外学，长通佛义。衣冠士子，或附咨禀。时依雅门徒，并世典有功，未善佛理，雅乃与康清朗等以经中事数，拟配外书，为生解之例，谓之格义。及毗浮昙相等，亦辩格义，以训门徒。

又《高僧传·慧远传》："远年二十四，便就讲说，尝有客听讲，难实相义，往复移时，弥增疑昧。远乃引《庄子》义为连类，于是惑者晓然。"这"格义"和"重类"之法，陈寅恪先生《支愍度学说考》（《蔡元培先生纪念册》）及汤先生同上书均有说明，此不具述。引此只是表明佛教之援用老庄玄学，是以老庄为佛教宣传的工具，所以释道安虽后来认为"先旧格义，于理多违"（《高僧传·释僧光传》引），而也不得不"特听慧远不废俗书"（《高僧传·慧远传》），并且承认"经流秦土……于十二部毗曰罗（方等）部最多，以斯邦人老庄教行，与《方等》经兼忘相似，故因风易行也"（《鼻奈耶序》）。大概佛教玄学的开始，可以追溯到后汉牟子的《理惑论》，三十七章中兼取释、老，自云："吾睹佛经之说，览《老子》之要，守恬憺之性，观无为之行。"这已经把汉代佛教推向玄学的路上去。到了晋代般若教义盛行，名僧与名士打成一片，东晋孙绰作《道贤论》至以七道人与竹林七贤相比，如以于法兰比阮籍，以帛法祖比嵇康，竺道潜比刘伶，支遁比向秀，可以想见当时融合佛教玄理的关系人物很多。就中尤以支遁（道林）谈《逍遥游》给清谈家所倾倒不置。《世说新语·文学篇》云：

《庄子·逍遥》篇旧是难处，诸名贤所可钻味，而不能拔理于郭、向之外，支道林在白马寺中将冯太常共语，因及《逍遥》，支卓然标新理于二家之表，立异义于众贤之外，皆是诸名贤寻味之所不得，后遂用支理。

佛教玄学既有如支道林之"饮握玄标"（《弘明集·日烛》中语），再加以高僧如释道安、僧肇、慧远、竺道生等之提倡，遂发达到极点。现在试就僧祐编《出三藏记集经序》中，就佛教玄学之有关系人物的言论，摘录其一二。

释道安——"夫道地者，应真之玄堂，升仙之奥室也。无本之城，杳然难陵矣，无为之墙，邈然难踰矣。……其为像也，含弘静泊，绵绵若存，寂寥无言，辩之者几矣。怳惚无行，求矣潜乎其难测。圣人……乃为布不言之教，陈无辙之轨……归精谷神，于乎羡矣。"（卷十《道地经序第一》）"真际者无所著也，泊然不动，湛尔玄齐，无为也，无不为也。万法有为，而此法渊默，故曰无所有者，是法之真也。……诸五阴至萨云若，则是菩萨来往所现法慧，可道之道也。诸一相无相，则是菩萨来往所现真慧，明乎常道也……此两者同谓之智，而不可相无也。"（卷七《合放光光赞略解序第四》）

支道林——"夫《般若波罗密》者，众妙之渊府，群智之玄宗……其为经也，至无空豁，廓然无物者也。无物于物，故能齐于物；无智于智，故能运于智。是故夷三脱于重玄。齐万物于空同，明诸佛之始有，尽群灵之本无。……是故言之则名生，设教则智存。智存于物，实无迹也；名生于彼，理无言也。何则？至理冥壑，归乎无名，无名无始，道之体也，无可不可者，圣之慎也。……是以诸佛因般若之无始，明万物之自然。……设玄德以广教，守谷神以存虚，齐众首于玄同，还群灵乎本无。"（卷八《大小品对比要钞序第五》）

释僧肇——"《百论》者……理致渊玄，统群籍之要……有婆薮开士者……远契玄踪，为之训释。……其为论也……萧焉无寄，而理自玄会。返本之道，著乎兹矣。"（卷十一《百论序第三》）"玄道在于妙悟，妙悟在于即真，即真则有无奇观，齐观则彼己莫二，所以天地与我同根，万物与我一体。"（《涅槃无名论》）

释慧远——"夫宗极无为以设位，而圣人成其能；昏明代谢以开运，而盛衰合其变。是故知崄易相推，理有行藏，屈伸相感，数有往复。由之以观，虽冥枢潜应，同景无穷。……于是乃即之以成观，反鉴以求宗，鉴明则尘累不止，而仪像可睹；观深则悟彻入微，而名实俱玄。……生缘无自相，虽有而常无。常无非绝有，犹火传而不息"云云（卷十《大智论钞序第二十一》）。"心本明于三观，则睹玄路之可游，然后练神达思，水镜六府，洗心净慧，拟迹圣门。寻相因之数，即有以悟无，推至当之极，动而入微矣。"（卷十《阿毗昙心序第十一》）

释道生——"象以尽意，得意则象忘。言以诠理，入理则言息。自经典东流，译人重阻，多守滞文，鲜见圆义，若忘筌取鱼，始可与言道矣。"（《佛祖统纪》二十六）

但是佛教玄学不是到了两晋南北朝就完了，甚至隋唐时代中国僧人所创佛教，如华严、天台、禅之诸宗派，其中许多教义，实皆为佛教与玄学的携手，即佛教玄学的思想体系。华严宗尤其明白，如唐清凉山华严寺沙门澄观所作《华严法界玄观》，魏国西寺沙门法藏所作《玄义章》，只就题目来看，已很明白是佛教玄学。程伊川门人刘元承问伊川曰："某尝读《华严经》，第一真空绝相观，第二事理无碍观，第三事事无碍，其理如何？"伊川答道："一言以蔽之，不过万理归一理。"贤首之《法界观门》，可称佛教玄理之极致，把西晋以来的佛教玄学更推进一步了。其次是天台宗，如《大乘止观法门》，明方法互摄，举小收大，无大而非小；举大摄小，无小而非大，这完全与华严法界观义同。又止观二门也与三玄义通。至禅宗本与华严合流，如宗密即其人。《六祖坛经》一派，心即佛，无为无事，此亦与道家宗旨极近，既然是念念无相，念念无为即是佛，则一切佛法总不用学，当然也就无所谓玄学罢了。问题乃在虽不名为玄学，而也是从佛教玄学中生来。由此可见中国佛教史上除却如玄奘、窥基之宣扬法相，乃至佛教中与道教符箓派相当的所谓密宗均为纯粹印度之产物以外，中国所自创的教派，均带玄学的色彩。印度佛教即通过此民族形式之佛教玄学，而建立起外族宗教的基地，所以佛教玄学虽与印度佛教有差别，而毕竟是要为外族的宗教服务。唐玄奘西行取经，规模极大，但当时皇室，因和老子是本家的关系，反而提倡道教思想。《续高僧传》二集："敕令翻《老子》五千文为梵言，以遗西域，奘乃召诸黄巾述其玄奥，领叠词旨，方为翻述。"玄奘是和佛教玄学最无关系的人，尚且如此，可见佛教之在中国，毕竟只能通过佛教玄学才能发生巨大的影响。佛教玄学的成立，在阶级立场上是为皇族地主服务，是为外族统治剥削阶级服务。虽然从一方面看，他也使中国佛教摆脱了印度佛法的束缚而独立，造成中国佛教之新的形态，但基本上应该肯定它是外来宗教的移植和变形，因之它的本身具有反动性，是一个大骗局。

《弘明集》与《广弘明集》中占绝大部分的道、佛二教的言论，即是反映如上所述天师道的信徒和佛教的信徒之间的矛盾和斗争。佛教玄学虽偏于佛、道二教的调和方面，但仍有论争。这是因为佛教玄学和天师道在思想渊源上虽同出于魏晋玄学，有其可以调和的部分，但从阶级立场上说，却有其绝不可调和的部分。这只要注意到历代佛教为谁服务的问题就可以知道了。据后赵石虎时王度上书所述东汉时"唯听西域人得立寺都邑，以奉其神，其汉人皆不得出家。魏承汉制，亦修前轨"（《高僧传》卷九《竺佛图澄传》），可见这时佛教只是西域胡商的信仰对象。直到两晋之间，石勒、石虎等统治中国，才有特殊的僧侣阶级产生。同上书卷九同传："沙门甚众，或有奸宄避役，多非其人。"外族统治阶级认识了佛教可以作为剥削统治的工具，因此不惜全力提倡它，使之为外族封建统治阶级服务，包括投降外族的固有封建势力在内。这就是说佛教征人和外族征人是同时并行的。所以当佛图澄、鸠摩罗什等东来时，即引起了对于这外来的外族宗教的迎拒问题，而当日执政者为保持外族入主中华的政治地位，如石勒、石虎、苻坚等都是主张迎佛的。《高僧传》石虎下书云：

> 度（王度）议云"佛是外国之神，非天子诸华所可宜奉"，朕生自边壤，忝当期运，君临诸夏，至于飨祀，应兼从本俗，佛是戎神，正所当奉。

这是何等明显地宣传外族的宗教，以外族宗教为统治中国人民的工具。我们知道西晋末五胡乱华，中原沦没，这是中国历史上的一大关键。当时外族之盛达于极点，如今陕西、甘肃、山西、河南各地，都在外族统治之下凌虐汉人。据宋陆游在《老学庵笔记》云："今人称贱丈夫曰汉子，盖始于五胡乱华时。"外族以汉族为贱人为奴隶，当然需要一种统治奴隶束缚奴隶以巩固外族封建剥削统治的工具，而这就是当时"佛教"。所以就为外族统治阶级服务这一点来看，佛教便与道教不同，道教是为固有的封建势力服务，这是和佛教的立场、观点不同，是不可能调和的。

当然无论道佛教，二教都是代表地主阶级统治地位，和广大人民群众的阶级有基本矛盾，但即在地主统治阶级之中，既因有外族与本土之不同，而发生内部矛盾，又因同在地主阶级之中，尚有"皇族地主"与"豪族地主"之不同，而更加了它的矛盾斗争。但特别要注意的，夹在这矛盾斗争之间，还有"寺院地主"，如以南朝的阶级关系来看，在豪族地主之间，又可分别为北方侨族地主和南方大族地主。当时自北而南，大规模的土地兼并和土地霸占，所谓"营立屯邸，封闭山泽"，都可看出侨族地主和南方地主的矛盾，正如唐长孺在《南朝屯邸别墅及山泽占领》（《历史研究》第三期）一文所得结论是：

> 屯邸别墅所以在山泽之地发展的原因，是由于北来侨人（包括皇族、士族、军人等）在南方获得已垦熟田之不易，其土地欲望不得不以占领山泽方法获得满足，而南方大族的发展，也因北来侨人的挤入，而走向山泽。

由于北方侨族和南方大族在经济利益上划出一道界线，所以反映在政治上也有主客之争。东晋王导门阀最盛，过江后即一方面劝元帝扩充北方侨族势力，一方面又起用南方望族如颜荣、贺循一流人物（《晋书》六五），不过侨族地主势力，始终超过南方大族地主。《南史》三一《张率传》云"秘书丞天下清官，东南望胄少有为之者"，又同书三七《沈文季传》"南土无仆射，多历年所"。但是南北豪族地主虽有矛盾，而对于联合皇族地主来压迫人民，却是一致的，在他们不断地土地兼并和剥削之下，人民大众破产了，农业的耕地被分占了。又南朝豪族地主和皇族地主之间又有矛盾。豪族地主常常利用血统门阀对抗皇室，尤其寒族出身的皇室为他们所看不起。然而反一方面来看，皇室方面据赵翼《廿二史劄记》所说则"宋齐梁陈诸君，无论贤否，皆威福自己，不肯假权于大臣"。可见南朝皇室对豪族势力是加以压抑的。豪族的势力虽庞大，然而皇室的努力也就不少，所以在历史上如宋武帝、孝武帝及梁武帝三朝都有压抑豪门大族的记载。如《宋书》卷八十二《沈怀文传》"上（宋孝武帝）又坏诸郡士族，以充将吏，并不服役，至悉逃亡，加以严制不能禁，乃改用军法，得便斩之，莫不奔窜山湖，聚为盗贼"，又天监十一年（五一二年）梁武帝曾强买王导子孙王骞田八十顷，送给钟山大溪敬寺，又宋明帝之迫害王彧（《南史》卷二十三）等例，均可见皇族与豪族地主之统治内部的矛盾斗争是很剧烈的。在这剧烈的斗争场面中，我们更应该注意有"寺院地主"的存在，寺院地主和皇族地主豪族地主在经济上都有矛盾，但三者同属于统治阶级层，所以它也是压迫人民剥削人民的，是为封建统治阶级服务的。只因它的地位是介在皇族地主和豪族地主之间，在皇族与豪族的斗争中，竟可以成为两方面都要争取的对象。皇族地主利用它的精神的力量（迷信的力量）来欺压豪族地主，豪族地主也可以利用它作掩护，以免动不动为皇族所吞并。因为寺院初期还没有独立的经济能力，所以一方面要靠豪族的捐助，一方面又要靠皇族的供养，他的经济来源的两面性，使他有时站在皇族方面，有时又倒向豪族方面，他不是与皇族豪族对抗的一种力量，而是为皇族豪族的经济利益服务。不过有时因着皇族豪族两者的利害相持，而更可以给它从中取利罢了。但相反的情形也有，因为有一个时期，当豪族与皇族利害一致而对寺院地主取压抑的态度的时候，皇族豪族也可以联合起来打倒寺院，如北周时卫元嵩等豪族帮助周武帝灭佛，然后瓜分寺院的财产。不过这种情况比较少，一般都是寺院和豪族或皇族联合在经济阵线上剥削与压迫人民的。豪

族有田地有田农有佃客衣食客，可以放债取利，寺院也有田地有
寺奴也有佃客，也放高利贷。又豪族有特权，寺院也有特权，如
免税权和免役权，不独寺院豪族能免除税役，他们所隐蔽的人户
也能免税役，因此问题就大了。因为从经济上看，寺院和豪族有
共同点，所以皇族地主在要削弱豪族的势力时，便有和寺院势力
联合起来的必要，联合寺院即等于在土地和人民的争夺中，多了
一股生力军，增加了皇族阵营的物质的力量。而且通过寺院也可
以用软化的政策，使豪门大族"竭财以赴僧，破产以趋佛"（范
缜《神灭论》），因而也就削弱了敌对方面豪门地主的物质的力
量。还有寺院经济一方面有它对于皇族的经济依赖性，一方面也
有它寺院经济的相对独立性，这就是因为寺院在免税免役特权之
下，寺院变成了违逃薮。北齐文宣帝时下诏云："乃有缁衣之众，
参半于平俗，黄服之走，数过于正户，所以国给为此不充，王用
因兹取乏。"又梁武帝时郭祖深言事说："都下佛寺五百余所，穷
极宏丽。僧尼十余万，资产丰沃，所在郡县，不可胜言。道人又
有白徒，尼则皆畜养女，皆不贯人籍，天下户口几亡其半。……
恐方来处处成寺，家家剃落，尺土一人，非复国有。"（《南史》
卷七十《郭祖深传》）可见寺院经济与皇族经济是有矛盾的。寺
院地主一面享受皇室的供养，一面又隐蔽了豪门贵族。《魏书·
释老志》记魏武帝太平真君五年（四四四年）因为发现沙门住宅
里面"大有弓矢矛盾"这些武器，武帝大怒，认为"'此非沙门
所用，当与盖吴通谋，规害人耳。'命有司案诛一寺，阅其财产，
大得酿酒具及州郡牧守富人所寄藏物，盖以万计"。北朝如此，
南朝可知。僧慧远《与桓玄论料简沙门书》中也说："若有族姓
子弟，本非役门，或世奉大法，或弱而天悟，欲弃俗入道，求作
沙门，推例寻意，似不塞其清途。"这就是以寺院经济掩护豪门

经济的好例。由上可见寺院经济是有它的两面性的，寺院地主与豪门地主皇族地主形成了统治剥削阶级的三角关系，而寺院地主即因此成了中间势力，在封建统治社会，颇有举足轻重的地位，这是不容忽视的。

然而寺院地主也有两种，一种是佛教寺院，一种是道教寺院。佛教寺院的主要施主是"皇族"，而道教寺院的主要施主却是豪族地主。大概这些豪族地主有民族的反抗性而又有宗教上的要求，所以他们帮助发展道教以反抗外来的佛教。道教虽然在思想上比较落后，不易接受新事物，但信奉他的人，因其具有民族的反抗因素，因而也就加以利用，而道佛之间的思想斗争，又演成寺院经济之内部的矛盾斗争。不过名为斗争，还只是道教向外来的佛教争取其生存权。道教在南朝有陶弘景见重于梁武帝，北朝有寇谦之见重于崔浩，因而助成了魏太武灭佛。这种矛盾的表现，详于《弘明集》与《广弘明集》。

在道佛二教思想斗争最剧烈的时候，产生了不少伪经伪书。佛经初输入时依附老子，而道教因与佛教竞争，亦倡为老子西游化胡成佛之说。《后汉书·襄楷传》："或言老子入夷狄为浮屠。"《魏书·于阗传》云："此摩寺是老子化胡成佛之所。"鱼豢《魏略·西戎传》云："浮屠所载与中国《老子经》相出入。盖以为老子西出关，过西域，之天竺，教胡浮屠属弟子别号二十有九。"道经有《老子西昇经》、《老子化胡经》之类。《唐书·艺文志》有戴诜《老子西昇经》一卷，韦处玄集解《老子西升经》二卷，知此书唐代已盛行。今《道藏》洞神部收《西升经》，晁公武云"《西升经》四卷，题曰太上真人尹君纪录。老子将游西域，既为关令尹喜说五千言，又留秘旨，凡三十六章，喜述之为此经。其首称老君西升，闻道竺乾，有古先生，是以就道。说者以古先生，佛也。事见《广弘明集·辩惑论》……"(《郡斋读书志》)。又《老子化胡经》谓老子西游化为胡人，释迦为其侍者。此经为西晋末道士王浮所作，浮尝与帛远法师辩论，屡为所屈，愤而成此书。《出三藏记集》卷十五《帛远传》云："有一人姓李名通，死后复苏，云见祖法师在阎罗王处，为王讲《首楞严经》……又见祭酒王浮，一云道士基公，被锁械，求祖忏悔……乃作《老子化胡经》以诬谤佛法。"此亦可见两晋时二教论争之激烈。另一方面佛教徒也伪造经典，谓道教根源于佛经，老子之师名释迦文，如《弘明集》卷一《正诬论》即有一例，云"其经云闻道竺乾有古先生，善入泥洹，不始不终，永存绵绵"，因而证明"老子即佛弟子也"。又道安《二教论》引《清净行法经》云："佛遣三弟子震旦教化，儒童菩萨彼称孔丘，光净菩萨彼称颜渊，摩诃迦叶彼称老子。"又《辩正论》引《造天地经》云："吾（佛）令迦叶在彼为老子，号无上道，儒童在彼号曰孔丘，渐渐教化令其孝顺。"又云："按《西域传》云，老子至罽宾国，见浮图，自命不及，乃说倡供养，对佛陈情云：'我生何以晚（新本改云"佛生何以晚"），佛出一何早（新本改"泥洹一何早"），不见释迦文，心中常懊恼。'"上所引经皆释藏中所无，亦系伪造。盖道、佛两教相争，其后又有儒家加入辩论，遂成三教相争的局面。从南朝以至唐代，帝王往往召集三教名流，互相辩驳，民间也造为三教吸酸图，书儒生、僧人、道士三人，共围一醋瓮，持杯攒眉而吸醋（参照傅勤家：《道教史概论》）。而《弘明集》、《广弘明集》则是站在佛教立场，抑道、儒二教而独宣传佛法，两书收集材料很多，其中亦收入佛教所造伪书如《汉显宗开佛化法本内传》之类，因此作为中古思想史上反映三教斗争的原始资料来利用，是可贵的。《弘明集》卷一《牟子理惑论》，题汉牟融撰，附注云"一名苍梧太守牟子博传"，胡应麟疑此书(《四部正讹》)，梁启超以此《论》为伪，认为两晋六朝人所作(《梁任公近著》第一辑中卷《佛教之输入》)，周叔迦(《牟子丛残》)、陈垣(《中国佛教史籍概论》)、汤用彤(《汉魏两晋南北朝佛教史》(上册)则均认为此《论》不伪，实则此《论》断于辨夷狄之教非不可用，可见在后汉佛教初输入时，即均已发生对于外族宗教的迎拒问题，这正可见本《论》的史料价值，怎可因此断定其为晋后伪书？举此一例可见研究《弘明集》与《广弘明集》所保存的史料的重要性。

《弘明集》中所见三教思想斗争之一般内容

现在试就两《弘明集》中所见三教思想之一般内容，加以分析的研究，有如下数项：

（一）夷夏论

（二）神灭论

（三）报应论

（四）沙门不敬王者论

（五）沙门袒服论

就中尤以（一）（二）（四）项为最重要，（三）项与（二）项相关系，（五）项与（四）项相关系。（一）项发生最早，反映当初外族统治阶级利用佛教以求消灭民族之矛盾斗争，这是正当般若的佛教学说发展的时代。（二）（三）发生稍后，反映佛教已占统治地位更加利用它来消灭被压迫阶级之矛盾斗争，这是涅槃的佛教学说发展的时代。（四）（五）项乃关于寺院地主对封建统治阶级的依赖和斗争的问题。现在试约为三大项，以次加以说明：

第一，夷夏论——文献方面参考：《牟子理惑论》第十五条，《高僧传》第九《竺佛图澄传》，同书第七《慧远传》，《南史》卷七十五《顾欢传》，《广弘明集》第六第七《辩惑篇》第二之二、三，《弘明集》卷六僧绍《正二教论》，谢镇之《与顾道士书》，同书卷七朱昭之《难顾道士夷夏论》，朱广之《咨顾道士夷夏论》，慧通《驳顾道士夷夏论》，僧愍《戎华论折顾道士夷夏论》等。因为佛教初发达时，是为外族封建阶级服务，而这时所传的佛教教义，是有意地提倡般若空宗这一派佛学。如以鸠摩罗什所译经典为例，范围很广，部帙浩繁，据《出三藏记》有三十二部，《开元录》有七十四部，其所尽力之处都属于般若宗的范围，僧肇就是它的门徒。由此可见当时外族封建统治阶级所用以统治人民的工具，就是般若佛教学说。要知道般若佛教学说，所以成为当时外族统治阶级的工具，须明了当时的社会矛盾情况。当时的社会矛盾是以民族矛盾占第一位，其次才是阶级矛盾。因为民族矛盾居先，所以正当五胡之初，后赵石勒、石虎和佛图澄提倡佛教，同时就有中书郎王度上书说："佛出西域外国之神，功不施民，非天子诸华所应祠奉。"中书令王波附和他，然而石虎居然说出了"佛是戎神，正所应奉"，可见宗教思想的矛盾，正是不折不扣的民族矛盾之表现。继此如东晋成帝时秘书监蔡谟说："佛者夷狄之俗，非经典之制。"（《晋书》六六，《广弘明集》六）相反地，信佛的人，则或谓华夷一般（如朱昭之《难顾道士夷夏论》），或谓天竺即中国（僧愍《戎华论折顾道士夷夏论》）；排佛者如顾欢《夷夏论》（《弘明集》未载，见《南史》卷七十五、《南齐书》卷五十四），则力斥其以"中夏之性，效西戎之法"。虽然时代后些，但亦可以证明佛教问题里面，有民族问题。直到唐代韩愈《谏迎佛骨表》，更指出"伏以佛者夷狄之一法耳"。韩愈《赠译经僧》云："万里休言道路赊，有谁教汝度流沙？只今中国方多事，不用无端更乱华。"佛教是外族乱华时的输入品，是为外族统治阶级服务的，所以在佛教玄学思想的掩护之下的般若佛教学说，事实上也就有麻痹中国人民，使之走向脱离现实对外族斗争途径的作用。举例如当时以玄学解说佛理的支道林，他所作《大小品对比要抄序》说："至无空豁，廓然无物者也，无物于物，故能齐于物。"既然连"物"都不存在了，还有什么夷夏的分别？什么阶级的分别？鸠摩罗什的弟子僧肇，他的《物不迁论》基本上否定了客观世界的发展。还有《般若无知论》谓鸠摩罗什之来中国，是当"弘始三年（四〇一年），岁次星纪，秦乘入国之谋，举师以来之意也。北天之运数其然矣。大秦天王者，道契百王之端，德洽千载之下，游刃万机，弘道终日，信季俗苍生之所天，释迦遗法之所仗也"。把一个外族君主捧到九天之上，又把一个天竺沙门的宣传般若和符秦"入国之谋"联系起来，我们对于这一位似佛教徒又似汉奸的口吻，不得不加以警惕的。总而言之，般若学说的建立和发展，由我看来最根本之点还是用来麻痹和消灭民族意识，因而解决了民族的矛盾斗争，但是斗争还是继续下去的。《弘明集》中不录顾欢的《夷夏论》，也不录司徒袁粲托道士通公《驳夷夏论》文，只录朱昭之《难顾道士夷夏论》等，这无疑还是门户之见，所以我们利用这些史料时，还必须参考《南史》、《南齐书》各史书。

第二，神灭论与报应论——文献方面参考《弘明集》卷一所收《牟子理惑论》第十三条第十四条，卷五罗含《更生论》，慧远《形尽神不灭论》（《沙门不敬王者论》第五），卷二宗炳《明佛论》（一名《神不灭论》），又沙门慧琳著《白黑论》（参见《高僧传》卷七、《广弘明集》卷七《叙列代王臣滞惑解》，《白黑论》一名《均善论》），否定灵魂，宗炳《难白黑论》（见《弘明集》卷十一何尚之《答宋文皇帝赞扬佛教事》），又《答何衡阳书》（见《弘明集》卷三），何承天反驳宗炳，作《释均善难》，又示宗炳《再答何衡阳书》，何重答宗均见《弘明集》。以上为白黑论之争。又何承天著《达性论》（见《弘明集》卷四），否定灵魂的不灭，宋颜延之作《释达性论》，何承天作《答颜光禄》，颜延之复《重释何衡阳》，何承天《重答颜光禄》（同上书）。又颜延之父颜之推《家训·归心篇》倡灵魂不灭，并载《广弘明集》卷三。对何承天之反驳，尚有郑道子之《神不灭论》（露四），又《高僧传》卷七《释僧会传》（致二）著《无三世论》，今不传，盖亦主神灭论的。以上为达性论之争。又南齐范缜著《神灭论》，见《南史》卷五十七及《弘明集》卷九萧琛《难神灭论》中所引范缜的话，总共三十一条。对于范缜的反驳，重要文献有萧琛之《难神灭论》、曹思文《难神灭论》（露四）、沈约之《难范缜神灭论》（露六）。对此范缜亦作《答曹舍人》（露四），曹思文作《重难神灭论》。又《弘明集》第十所载大梁皇帝（梁武帝）《敕答臣下神灭论》（参《续高僧传》卷五《法云传》），及《弘明集》第十所载对法云所问六十二人之奉答书，皆主灵魂不灭说。以上为关于神灭论之论争。白黑论以沙门慧琳为中心，达性论以何承天为中心，神灭论以范缜为中心，要之皆主张无神论唯物论，而与宗炳、颜延之、郑道子、萧琛、曹思文、沈约等主张有神论唯心论者相对立。

又主张神灭论的人，同时极力否认因果报应之说，因而又发生了与神不灭论者关于因果报应说的争论。文献方面早如孙绰之《喻道论》（露四），慧琳之《明报应论答桓南郡》（露四）。反驳者为戴安公著《释疑论》（露六），不信有因果报应。周道祖作

《难释疑论》（露六），戴安公再作《释疑论答周居士难》（同上），并以《释疑论》附书呈慧远，慧远答书，又戴安公《重答周居士难释疑论》，亦呈慧远，慧远乃作《三报论》与戴安公（露四），因此戴安公又有《答与远法师书》（露六）。又宗炳《明佛论》，宗答何书，《答何衡阳难释白黑论》，又何承天与颜延之往返三度论难，与何承天与刘少府论难所作《报应对》（露六），刘少府答何承天（同上），又颜之推《家训·归心篇》第二条（露五），《弘明集》卷十一所载何尚之《答宋文皇帝赞扬佛教事》（露四），及竟陵王子良与范缜间之争论(《南史》卷五十七《范缜传》)，批评范缜说沈约所作《形神论》(《广弘明集》第二十二)，皆涉及因果报应之问题。即一方有孙绰、慧远、宗炳、刘少府、竟陵王子良、沈约等之主张因果报应，一方又有戴安公、何承天、范缜等之否定因果报应。这从哲学方面来说，即是关于因果问题上唯物论对唯心论的斗争，是极可宝贵的文献史料。

惹起这一番重要的哲学论战，是有其政治的意义的。正如般若佛教学说发展是在东晋佛教滋长蔓延的第一阶段，所重在消灭民族的矛盾斗争，所以有夷夏论的问题，而到了南北朝佛教滋长蔓延的第二阶段，这时因门阀制度强化，严重的阶级压迫制度下，故特提倡涅槃佛教学说，所重在消灭阶级的矛盾斗争，所谓神不灭论的问题。门阀制度在西晋末东晋初已经是根深蒂固，在石勒时代虽然以外族压迫汉人，但对门阀也加以优待。石勒有"不得侮易衣冠华族"的严令(《晋书》)，石虎又予十七姓门阀以特别蠲免兵役，认他们为特殊阶级加以笼络。可见外族所压迫的汉人，主要的还是以普通人民为对象。至于门阀，它为着稳定自己的统治权力，还要藉大姓力量加以利用。然而北朝大族究竟到了北魏末叶才大发达，而南朝大族则自东晋计划过江以后，始终

没有衰落,当时高门大族,门户已成。赵翼《廿二史劄记》说:

> 六朝最重世族……其时所谓旧门、次门、后门、勋门、役门之类,以士庶之别为贵贱之分,积习相沿,遂成定制。……侯景请婚王、谢,梁武曰:"王、谢门高,可于朱、张以下求之。"一时风尚如此。

由此可见以门阀制度强化严重的阶级压迫制度来说明涅槃佛性学说的流行,是极正确的(汤用彤、任继愈说,见《晋宋间般若涅槃佛教学说的发展和它的反动的政治意义》),完全合于历史事实的。不过应该注意的,就是这种涅槃学说的产生,在社会背景之外,还有思想的背景。东晋以来形神的论战,因果报应的论战,均与涅槃佛教学说相关。南朝佛教以梁武帝(萧衍)时为最盛,梁武帝是主张神不灭之中心人物,他的学问宗旨即在涅槃。《均正大乘四论玄义》卷七分佛性学说有本三家末十家,末十家中第四即梁武帝,主真神为正因体,即神明成佛义。又《制旨大涅槃经讲疏》十帙合目百一卷,又天监八年(五〇九年)敕宝亮作《涅槃义疏》,并为制序,又自讲涅槃之字,又请当时涅槃宗匠法藏讲说,亲临听讲(参照《汉魏两晋南北朝佛教史》下册)。凡此可见涅槃佛教学说与神不灭论之关系,正如般若佛教学说以夷夏论为思想骨干,涅槃佛教学说实以神不灭论为其思想骨干,以求消灭阶级间之矛盾斗争。神不灭论本身就是佛性论。在何承天与宗炳的白黑论之争中,宗炳答书,提出神不灭论,谓"若身死神灭是物之真性,但当即其必灭之性,与周孔并力致教。……何(为)诳以不灭,欺以佛理,使烧祝发肤,绝其牉合……以伤尽性之美"(宗答何书)。又说:"夫火者薪之所生,神非形之所作,精神枉则超形独存,无形而神存,法身常体之谓也。"(参何衡阳《释白黑论》，见《弘明集》卷二）这法身常住说亦即《大般涅槃经》四十卷所说法身常住佛陀真身不灭之说，可见神不灭即是佛性不灭的雏形。所以《弘明集》后序所作总结的话是："若疑人死神灭无有三世，是自诬其性灵……"由法身不灭一转而成"一切众生皆有佛性"；佛的法身不仅常住，而且所有一切众生的法身和佛的法身并无差别，这就是释道生学说的根据。自从道生提出"善不受报，顿悟成佛"与"一阐提皆得成佛"的宗旨以后，再加后来涅槃大乘到了中国，证明这种消灭阶级的学说是很有根据，于是涅槃的学说便得到了很快的发展。在统治阶级的阵营中，皇族地主信佛，豪族地主也信佛，侯外庐先生等《中国思想通史》（第二卷下册）曾统计得当时王者信佛的有四十二人，士族信佛的有七十九人，他的材料是参考《汉魏两晋南北朝佛教史》（下册）所载补订而成。统治阶级所以信佛即因佛教学说可以提供利用来模糊人民反压迫的意志，神不灭论与因果报应说都是为统治阶级服务，其目的所在，正如列宁所说贱价出售升入天堂享乐的门票，利用佛教学说来欺骗人民的。

第三，沙门不敬王者论与沙门袒服论——文献方面参考东晋咸康六年（三四〇年）庾冰与何充的争论（何充事迹见《佛祖历代通载》第七），见《弘明集》卷十二《尚书令何充奏沙门不应尽敬表》（露四）。又元兴二年（四〇三年）桓玄《与八座论沙门敬事书》，桓玄《与王中令书难沙门应敬王事》，王答桓书，桓难；王重答，桓重难；王重答，桓重书；重难，王重答；桓玄书与远法师，远法师答，桓太尉答，以上均见同上书。又元兴三年（四〇四年）慧远作《沙门不敬王者论》五篇，见《弘明集》卷五，又同卷书载慧远《沙门袒服论》，对之何镇南作《难袒服论》。在这论争中表示了佛教与名教的矛盾，也就是寺院地主与世俗地主的矛盾。佛教总要把沙门说成超俗世的政权的统治以外，其实际意义，乃是提出寺院对于统治阶级的依赖和斗争的问题。因为寺院经济有它的相对的独立性，因此，对于皇族统治阶级有依赖也有斗争。寺院经济的来源有两种，一是靠皇族供养，一是靠豪族捐助。凡是由豪族捐助多的，对于皇族最高的统治权便有可能有条件取对抗的地位，当然这种对抗也是相对的表面的，例如在庐山的慧远，所作《沙门不敬王者论》，主张沙门抗礼万乘。慧远与鸠摩罗什，当时称南北二大派，罗什为北派，受政府宠遇，是给皇族地主服务；慧远为南派，他在庐山结念佛社即历史上有名之白莲社，白莲社的支持者为谢灵运，入社者百三十三人，有僧有道，内多避世之士，实即豪门地主，如谢灵运。据沈约作传："灵运因父祖之资，生业甚厚，奴僮既众，义故门生数百，凿山浚湖，功役无已。"他是一个和皇族斗争到死的人物，而白莲社即由于他凿池东林寺前植白莲而得名。慧远即以这样豪族地主为其背景，所以竟可说："在家奉法则是顺化之民……出家则方外之宾，迹绝于物。其为教也，达患累缘于有身，不存身以息患，知生死由于禀化，不顺化以求宗。……故凡在出家皆遁世以求其志，变俗以达其道。变俗则服章不得与世典同礼，遁世则宜高尚其迹。"在这里分别在家——顺化，出家——不顺化，即是以寺院地主和皇族地主对立，但也只是对立而已，并不发生如欧洲中古时期把教会威力放在各国君主之上的事实。因为基本上寺院还要依赖于皇族的势力，所以在这王权与教权的矛盾之中，只好如《魏书》一一四《释老志》中法果对于魏道武帝的屈服的诡辩似的，说："我非拜天子，乃是礼佛耳。"又如《续高僧传·五智藏传》，当他知道梁武帝欲自为白衣僧正时，愤然说："佛法大海！非俗人所知！"这说明了寺院和最高政权有矛盾，尤其是当最高政权侵入到寺院的时候。所谓沙门不敬王者与沙门袒服论的政治意义就是如此。

《弘明集》与《广弘明集》中三教斗争史料

晓得《弘明集》中所见三教思想斗争之一般内容，那末进一步来考察《弘明集》与《广弘明集》中三教斗争史料，就格外容易明白了。《弘明集》是一部护法的书，正如僧祐自己所说："余所撰《弘明》，并集护法之论。"（卷十二）所谓护法，即是站在佛教徒的立场，以反对儒、道二教，就中尤以对于道教的思想斗争最为剧烈。此为寺院地主之内部的矛盾斗争，因之斗争的情形更为突出。对于儒教尚不过把"方内""方外"分清界线，僧祐所云："《易》之蛊爻，不事王侯，礼之儒行，不臣天子。"意在反对世法，而所引却为儒家之言，可见其自相矛盾之至。现在试就两《弘明集》中所载三教斗争史料，略为介绍之如下（参看久保田量远：《支那儒道佛三教史论》）：

首先是佛教的输入之三教斗争史料，如《广弘明集》卷一所载《汉显宗开佛化法本内传》、《吴主孙权论叙佛道三宗》，《弘明集》卷一《牟子理惑论》等皆是。《汉显宗开佛化法本内传》称迦叶摩腾竺法兰抵洛阳后，五岳十八山道士于永平十四年（七一年）正月上奏与佛僧斗法于白马寺，"便置三坛……道士……等各赍《灵宝真文》、《太上玉诀》、《三元符录》等五百九卷置于西坛，茅成子、许成子、黄子、老子等二十七家子书二百三十五卷置于中坛，馈食奠祀百神置于东坛……佛舍利经像置于道西，十五日斋讫，道士等以柴荻和檀沉香等为炬，遶经泣曰……今胡神乱夏，人主信邪……臣等敢置经坛上，以火取验……便纵火焚经。经从火化，悉成煨烬。道士等相顾失色，大生怖惧"，而同时"佛舍利光明五色，直上空中……摩腾法师，踊身高飞，坐卧空中，广现神变"。结果是道士六百二十人与诸官妇女二百三十人皆愿出家，而南岳道士领袖以所试无验，自憾而死。这当然是一派神话。此书《法苑珠林》、《集古今佛道论衡》卷甲、《续集古今佛道论衡》（露七）均引用，久保田量远《支那儒道佛三教史论》（第一章）考据疑其为晋代所作，汤用彤先生则认为元魏僧所伪造（《汉魏两晋南北朝佛教史》第二章）。要之此书虽时代未确定，仍不失为佛教初输入时道佛二教斗争之绝好史料。又《牟子理惑》，后人据《隋志》儒家类有《牟子》二卷，题后汉太尉牟融撰，以为著《理惑》之牟子，即后汉之牟融，陈垣先生《中国佛教史籍概论》认为："《隋志》太尉牟融乃后汉初人，著《理惑》之牟子乃后汉末逸士；太尉牟融所著之《牟子》是儒家，后汉末逸士所著之《牟子理惑》是释家。"又："《三藏记集》目，只作《牟子理惑》，不著撰人姓名。宋咸淳间，志磐撰《佛祖统纪》二十六，犹云'《牟子》不得其名'，则今本《牟子理惑》题汉牟融撰，实不可据。"按陈说是也，《牟子理惑》据《弘明集》"一云苍梧太守牟子博传"，博字乃因下文传字而误衍，此云"一云"，可见原文并未肯定牟子为谁，故有此疑词，但牟子作者虽未能确定，而此书乃站在佛教立场，而兼取佛、老，为道、佛二教调和论之先声，这却是可以确定的。

　　其次是两晋南北朝之三教斗争史料，这除前面所述《弘明集》中所见三教思想斗争之一般内容，如夷夏论、神灭论、沙门不敬王者论等之外，我们更可算到如在魏晋时代曹植之《辩道论》，孙盛之《老聃非大贤论》，孙盛《老子疑问反讯》，见《广弘明集》卷五，未详作者之《正诬论》见《弘明集》卷一，又北魏太武帝废佛事见《广弘明集》卷二《魏书·释老志》、卷八

《叙元魏太武废佛法事》，参考志磐之《佛祖统纪》第三十八（致九），念常之《佛祖历代通载》第九（致十），《北史》卷二、卷十三、卷二十一关于寇谦之、崔浩等事迹。又宋末南齐时道佛二教之异同论争，见《弘明集》第六（露四）张融《门论》，周颙《答张书》，张融《答周颙书》。其后景翼《正一论》，亦主道佛二教同一说，见《南史》卷七十五所引，又张、周事迹参考《南史》卷三十二、卷三十四。又梁魏齐代道佛二教的思想斗争，关于梁武帝之压迫道教，见《广弘明集》第四所载《上武帝舍事道法启》、《叙高祖我帝舍事道法》及《南史》卷七《高祖武帝本传》。关于北魏清道观道士姜斌与融觉等法师昙无最道佛先后之讨论，见《续高僧传》第二十三《昙无最传》及《集古今佛道论衡》卷甲（露七）等。关于北齐文宣帝（高洋）之道教斗争见《广弘明集》第四《叙齐高祖废道法事》（露五）、《集古今佛道论衡》卷甲北齐高祖文宣皇帝下勅废道教事（露七）、《续高僧传》第二十三《昙显传》等。又北周武帝对于道佛二教之废弃事，见《广弘明集》卷八《叙周武帝集道俗议灭佛法事》，《集古今佛道论衡》卷乙，《广弘明集》卷七《叙列代王臣滞惑解》，《续高僧传》第二十五。就中《广弘明集》卷九周甄鸾《笑道论》（上中下共三十六条）、卷八《二教论》、《大唐内典录》第五（结二）僧勔作十八条《难道章》，三书立论形式不同，而皆批判道教，极论道教的弊害及缺点（参看久保田量远书），因而引起了北周武帝与张宾、智炫之间关于道佛二教废立的论议，见《续高僧传》第二十三《释智炫传》（致三）及《广弘明集》卷八。又《广弘明集》卷十《叙释慧远抗周武帝废教事》中载武帝与净影寺慧远的讨论，《叙任道林辨周武帝除佛法诏》载任道林在殿上与武帝之抗论，《叙王明广请兴佛法事》载僧王明广驳卫元嵩被佛议六条。以上关于两晋南北朝之三教斗争史料，《弘明集》及《广弘明集》均站在护法的立场，故所载史料均对道教多所不利，如《广弘明集》删《魏书·释老志》中道教灵迹，即其显例。又如关于寇谦之、卫元嵩等事迹，均须参考正史，方能明其真相。两《弘明集》固然在南北朝三教斗争最剧烈的时候，保存了许多珍贵史料，但不能算做惟一正确的史料，这一点是要特别加以注意的。

再次就是隋唐时代的三教斗争史料。隋代偏于三教调和方面，其先梁沈约著《均圣论》，见《广弘明集》卷五，以调和儒佛二教为宗旨。道士陶隐居著文驳它（见同上陶隐居《难均圣论》）。但尽管如此，提倡儒佛两教调和，说"周孔即佛，佛即周孔"的仍代不乏人，如《广弘明集》卷三颜之推《家训·归心篇》，《弘明集》卷三孙绰《喻道论》都是。到了隋代，这种论潮更盛行一时，如《佛祖历代通载》第十一所载李士谦、王通之言论。又《文中子·周公篇》、《礼乐篇》、《问易篇》皆言三教一致，这当然是反映那时候三教之间趋于平衡发展的局面。却是到了唐代情形又不同了，道、佛二教的思想斗争见于《广弘明集》的，如第七及第十一《太史令朝散大夫臣傅奕上减省寺塔僧尼事十有一条》，这就是道教对于佛教开始攻击，应战的有法琳所著《破邪论》二卷，见《广弘明集》卷十一，参考《唐护法沙门法琳别传》（致八）。法琳弟子李师政也著《内德论》，驳傅奕之说，见《广弘明集》卷十四。论分三篇：一辩惑篇，二通命篇，三空有篇。又绵州振响寺释明槩亦驳傅奕，见同上书第十二《决对傅奕废佛僧事》。又李仲卿著《十异九迷论》，别进喜著《显正论》，与傅奕同攻真佛教，前者见《广弘明集》第十三所载法琳之《辩正论》。《辩正论》上、下二卷，上卷《十喻篇》破

《十异论》，下卷《九箴篇》即为破《九迷论》与《显正论》。又关于道、佛二教的先后问题，在两教之间也有争论，如慧乘与道士李仲卿的争论，见《续高僧传》第二十四《释慧乘传》。又贞观十一年（六三七年）智实上表，见同上书智实传并《广弘明集》卷二十五《令道士在僧前诏并表》。自此以后道、佛二教的争论，参考《古今佛道论衡》卷丙、《佛祖历代通载》第十五（致十）。又《化胡经》的伪作问题，见《佛祖统记》第四十。代宗时代偏重佛教，但到了武宗会昌元年（八四一年）则因过信道教，佛教竟遭废斥，事详《旧唐书》卷十八、《佛祖统纪》第四十二、《佛祖历代通载》第二十三。此外日本僧人圆仁所作《大唐求法巡行记》（《东洋文库丛》第七册附篇共四卷——据京教东寺观智院藏本影印大正十五年《东洋文库》本），其中卷二所述唐废佛毁寺之事，亦为极珍贵之原始资料，有必须参考的价值，却是这已经超出《广弘明集》所记载的时代范围之外了。[1]

---

　　〔1〕　作者在油印稿此讲结尾空白处写有以下几句："Ⅰ. 隋唐以后三教斗争史料Ⅱ. 耶律楚材与丘处机，李屏山Ⅲ. 明代三教合一史料（包括李卓吾、焦竑）。"——编辑者

第九讲

四朝“学案”批判

中国哲学史史料学包括关于中国哲学著作之考订、校勘、分类、训诂、辑佚等特殊工作，但也包含着关于批判文件作者的诚实和正确问题，用现在的话来说，即关于文件作者的立场、观点和方法的问题了。因为我们不能假定文件作者个个都很诚实，也许他凭着他的阶级利益，而说出许多假话，或歪曲史实，或对于不值得赞美的人而歌功颂德，这就是阶级立场问题。但史料批判不但注意作者的立场，还要更进一步批判他们的观点是否符合于客观事实。在哲学基本问题上，是属于唯物主义，还是唯心主义？还有他所用的研究方法是否周密靠得住？如果有错误，错误是在什么地方？例如唐刘知几作《史通》，在《六家》篇里讥《尚书》为例不纯，《载言》篇里讥《左传》不遵古法，这种对于史料批判，虽其批判者也当受批判，但总不失其为史料批判学的一种作风。因为史料批判是知人论世之学，就中国哲学史这一门学问来看，更万万少不得，所以我现在即以四朝“学案”作例，来讲明一下史料批判的范式。

首先我们知道在阶级社会里，人是有阶级性的。人的阶级性是由人的阶级地位决定的。在阶级社会中，人们的一切思想、言论、行动、一切社会制度、一切学说、都贯串阶级性（参看刘少奇：《人的阶级性》）。四朝学案的作者，因为都是拥护封建社会的道德传统，所以都具有封建统治阶级的阶级特性，即地主阶级的通性。但问题乃在：在外族征入中国时，除了阶级立场以外，还应该注意到民族立场。宋元时代有坚决反对民族压迫的地主阶级立场，也有讨好外族不惜出卖民族利益的地主阶级立场。《宋元学案》里反映了这种种不同的立场，因而便产生了作者他自己的立场，所以关于立场问题的史料批判，我即以《宋元学案》作为代表。其次是观点。有不同的立场便产生不同的观点，一个文件作者的观点，是和他的立场为不可分的关系。由地主阶级立场应该产生唯心主义观点，却是当地主阶级倾向于人民性或革命性那一边的时候，他也可能超出唯心主义思想的限界，而成为唯物论者。如《明儒学案》的作者黄宗羲，就是一个很好的例子。《明儒学案》当然不可能是完全的唯物主义著作，但其中却孕育着唯物主义的哲学史观点的萌芽，所以关于观点问题的史料批判，我即以《明儒学案》作为代表。再次就是方法了。讲到历史方法，本来就是研究矛盾的东西，换言之即辩证法。"因为辩证法在其意义上说来，是对象的最本质的矛盾之研究。"（列宁）如以清代哲学为例，分析清代哲学中唯物主义与唯心主义的斗争，研究清代思想之最本质的矛盾，这正是清代哲学史的任务。然而所有"清儒学案"，无论是唐鉴的《国朝学案小识》，或是徐世昌的《清儒学案》，都不能完成这种工作。相反地在清代考证学已经发达，而他们所用的还是背死书或教条主义的思想方法，真再陈旧也没有了。因此关于方法问题的史料批判，我也即以《学案小识》作为最坏的例子。我们知道以上所述四朝"学案"，如《明儒学案》、《宋元学案》尚可以说是科学的中国哲学史的先驱，如《学案小识》本不能列为一谈，可一旦坊刻如上海文瑞楼石印本，既已将四朝"学案"印在一起，且颇流行，那么对于此四朝

"学案"的史料价值，也有加以检查的必要。《明儒学案》成书在《宋元学案》之前，从《明儒学案》来看，在它以前的思想史著作不是没有，但都不及它，不是陷于教条主义，就是流于宗派主义。自有《明儒学案》以后，中国哲学史才开始具有科学研究的雏形，不完全是道统论了。因此在四朝"学案"之中，对于《明儒学案》应该特别加以表扬，不过就时代的先后的顺序来看，仍应先从《宋元学案》说起。

《宋元学案》批判

两宋理学兴起的原因，虽甚复杂，但重要之点，在于以学术思想巩固了封建君主政权。在欧洲十一世纪后半期到十二世纪后半期是封建君主贵族军阀政治的成熟时代，国王同教王冲突，结果是国王胜利，成功了宗教革命。在中国就是唐代及前后的"三武一宗"（北魏太武帝、北周武帝、唐武宗、后周世宗）打倒佛教运动。那时中国政教之间发生很大的矛盾，佛教的势力扩大，一般贵戚富豪都想跑进寺院之中，避去徭役、租税，真可谓"不忠不孝，削发而揖君亲；逆手游食，易服而逃租税"的教权集中君权衰落时代，当时学者如姚崇、狄仁杰、李峤、韩愈等大声疾呼，提倡屈教权尊皇帝的学说，都不外这个意见。因此当时就出了几个很有远见的君主，与佛教势力作斗争，不久便有武宗会昌法难发生，一举手便把那佛教的旧势力打得粉碎，把所有"还俗僧尼，放充税户……驱游惰不业之徒五十万，废丹艧无用之室六万区"（诏）。到周世宗时还废去寺院三万百三十六所，民间铜器佛象总五十日以内，官买铸钱，这种宗教改革不是巩固了君主在政治上的封建势力吗？自宋至清都是实行君权集中，都是封建君主贵族军阀的政治局面，但这种局面无论欧洲、中国都是从宗教改革开始，我很可惜许多研究政治历史的，都把这一段重要史实忽略过去。两宋理学代表封建君主贵族军阀政权，故初起时即对佛教取极端反对的态度，其渊源可追溯到唐韩愈。韩愈作《原道》、《谏迎佛骨表》等都是站在儒家立场，排斥佛教，给宋初儒者以很大的刺激，如欧阳修作《本论》三篇即受其影响。由于宋代君权凌驾教权，寺院地主被裁抑，寺庙寺庄及教徒人口与财产的免税特权是没有了。僧尼的数目被限制、甚至沙汰僧尼黥刺为兵(《宋史》四三二《胡旦传》)。王安石变法时，"宋阙伯微子庙皆为贾区"，让给商人做买卖了(《宋史》三一八《张方平》)，可见不但佛教打倒，连一切宗教庙宇的存在都成问题了。而排佛废释的运动，在唐代已经是儒、道二教共同所向的目标。宋代君主如宋徽宗与真宗，皆以道教护法者自居，所以宋初儒者一方面虽排斥佛教，一方面又可以站在儒教立场与道教调和。在土著寺院地主与外族寺院地主的斗争之中，道教渐与儒教打成一片。陈钟凡先生《两宋思想述评》第二章述及两宋学术复兴的原因，其中一节指出：

> 五代之乱，天下扰攘者四五十年，贤人君子黄冠弃世，遁迹山林，尤难指数。如陈抟之栖华山，种放之隐终南，魏野之在陕州，林逋之在杭州，张正随之居信州，或著述自娱，或勤行修练，并为当代王者所宗仰，而图书之学，赖之以传。

这话证之以朱震《进汉上易说表》所云（见《宋史》本传及《宋元学案》三十七《汉上学案》）而更为明白了。据朱震所说：

> 陈抟以《先天图》传种放，种放传穆修，修传李之才，

之才传邵雍。放以《河图》、《洛书》传李溉，李溉传许坚，许坚传范谔昌，谔昌传刘牧。修以《太极图》传周敦颐，敦颐传程颢、程颐。是时张载讲学于程、邵之间，故雍著《皇极经世书》，牧陈天地五十有五之数，敦颐作《通书》，程颐述《易传》，载造《太和参两》等篇。

虽然《宋元学案》全谢山案语谓"汉上谓周、程、张、刘、邵氏之学出于一师，其说恐不足信"，实则就宋初图学发达的情形来看，是不会没有来源的。即使穆修传周敦颐说不能成立（元刘因《记太极图说后》，谓穆死于明道元年，周子时年十四，有人考证说是十六），而无极之说，在周子之前已有，则为事实。老子"复归于无极"，柳宗元"无极之极"，邵康节"无极之前，阴含阳也，有极之后，阳含阴也"。据北溪陈淳云"其主意不同，老子、柳子、邵子以气言，周子则专以理言"，实则"无极而太极"，无极是混然，太极是一气，基本观点还是出于老庄（《庄子·在宥》有"入无穷之门，以游无极之野"）。这就怪不得陆象山要对朱子提出疑问（陆与朱书云："朱子发谓濂溪得《太极图》于穆伯长，伯长之传出于陈希夷，其必有考。希夷之学，老氏之学也。'无极'二字出于《老子》'知其雄'章，吾圣人之书所无有也，老子首章言无名天地之始，有名万物之母，而卒同之，此老氏宗旨也，无极而太极，即是此旨。"见《宋元学案》卷十二附录）。而后来如毛奇龄之《太极图说遗议》，胡渭之《易图明辨》，黄宗炎之《易学辨惑》，都要肯定此图出自道家的了。即因宋儒理学的兴起和儒道二教的融合不无关系。所以北宋五子一般说来，均具有辩证的素朴唯物主义的倾向。北宋理学当以邵康节（一○一一——一○七七年）为首，次周濂溪（一○一八——

一〇七三年），次张横渠（一〇二〇——一〇七九年），次程明道
（一〇三二——一〇八五年），程伊川（一〇三三——一一〇七
年）。邵康节的先天学，乃就气而言。王船山《思问录·外篇》
云："邵子之言先天，亦倚气以言天耳，气有质者也，有质则有
未有质者。"《淮南子》云："有夫未始有无者。"所谓先天者，
此也。而神与气合一，所谓"气者神之宅"（《观物外篇》）。"气
一而已，主之者神也，神亦一而已，乘气而变化，能出入于有无
死生之间，无方而不测者也。"（同上）把神看做变化或作用，这
是以泛神论思想，而接近于唯物论。所以《击壤集序》中认为道
即是物，而心只是道中之一物，如云："性者道之形体也……心
者性之郭郭也，身者心之区宇也……物者身之舟车也。"这就是
说"性"包括于"心"，"心"包括于"身"，"身"包括于
"物"。所以说"性伤则道亦从之矣；心伤则性亦从之矣，身伤则
心亦从之矣，物伤则身亦从之矣"（如右图）。

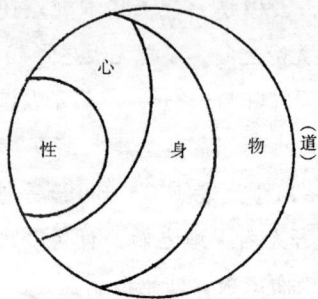

邵康节的数学，说者谓本于回回《九执历》（陈钟凡说，见
《两宋思想述评》），也有人说是本于印度之太衍历（宇野哲人
说），但其基本哲学观点，则出自《易》、《老》、《庄》。周濂溪
更不消说。《太极图》说："一阴一阳互为其根。"这"根"字，
说者谓其即从《老子》"玄牝之门是为天地根"而来。二程和张

载也一样，同受《易》、《老》影响，发展了辩证的素朴唯物主义。程颢说："气外无神，神外无气。"（《程子遗书》十一）又说："生之谓性，性即气，气即性。"（《遗书》一）又说："形而上为道，形而下为器……器亦道，道亦器。"（同上）程颐说："道则自然生物。"（同上卷十五）又说："道之外无物，物之外无道。"（同上卷四）二程主理气一元论，拿来和朱子比较，朱子分事理为二，程子主事理一致；朱子分理气为二，程子说理气为一；朱子分知行为二，程子说知行合一；朱子对鬼神疑信参半，而且信有神仙，程子主无鬼论，不信神仙。可见，在哲学基本问题上，朱子是唯心主义思想体系，而二程则接近于唯物主义思想体系。明道《答横渠先生定性书》，谓："今以恶外物之心，而求照无物之地，是反鉴而索照也。"结论是："圣人之喜怒哀乐不系于心，而系于物也，是则圣人岂不应于物哉？乌得以从外者为非，而更求在内者为是也。"（《明道文集》卷三）伊川也怀疑太虚之说："或说惟太虚为虚，曰无非理也，惟理为实。"（《粹言》一）"又语及太虚，曰亦无太虚"，"曰皆是理，安得谓之虚？天下无实于理者"（《学案》十五）。这虽只是名词的争论，然亦可见二程哲学之具有唯物主义的倾向。至于张横渠更不消说了。用明高攀龙《正蒙释》的话来解释他的气一元论，就最明白："太和，阴阳会合冲和之气也。《易》曰：'一阴一阳之谓道。'张子本《易》，以明器即是道，故指太和以明道。盖理之与气一而二、二而一者也。理无形而难窥，气有象而可见，假有象而无形者可默识矣。"然张横渠之说也有所本，本于以《老》、《庄》言《易》，朱彝尊《曝书亭集》卷五十九《王弼论》（《四部丛刊》本）云：

　　吾见横渠张子之《易说》矣，开卷诠《乾》四德即引

"迎之不见其首，随之不见其后"二语，中间如谷神、刍狗，三十辐为一毂，高以下为基，皆《老子》之言，在宋之大儒何尝不以《老》、《庄》言《易》。

由上所述，可见北宋五子皆"儒道合流"者。正如我在第六讲中所说，儒道合流是中国秦汉以来素朴的唯物主义的哲学传统，而北宋五子的哲学也不出此例。

从北宋五子传到南宋，朱熹曾经以"空同道士邹䜣"的名义写《周易参同契考异》一书，又给蔡季通的信说："《参同契》更无缝隙，亦无心思量，但望他日为刘安之鸡犬耳。"朱子是客观唯心主义者，究竟尚不能脱"阳儒阴道"的现象，所接受的却未必是道家的好处。盖学到了南宋，又分为二派：一派即朱子学派，继承"道教"的思想系统；一派即陆象山，继承了佛教玄学的思想体系。朱、陆往复论辩，其实也只是地主阶级思想中之内在的矛盾斗争，即朱子近道，陆子近禅。宋儒吸收了天师道的图学，同时又与佛教玄学中之"禅宗"发生了不即不离的关系。中国禅宗出自达摩一派，达摩本南天竺一乘宗，《续僧传·习禅》篇称："摩法虚宗，玄旨幽赜。"此派历代相传，或奉楞伽，或奉金刚般若，要之皆为大乘空宗，而与中国玄学最接近（参照汤用彤《两汉魏晋南北朝佛教史》）。陆象山固然受其影响，即朱子以虚灵不昧为心，以明善复初为教，由陆象山看来，也未尝不可当他做禅宗来攻击（《象山全集》二《与朱元晦书》），这也就是《学蔀通辨》的作者陈建所证明的"朱子早年尝出入禅学，与象山未会而同，至中年始觉其非，而返之正也"（前编卷上）。总而言之，宋学是继承唐五代三教斗争的局面而来，当然不免染上了道佛二教的色彩，"阳儒阴道"的朱学和"阳儒阴释"的陆学，在近世哲学史里所以纠缠不清，这决不是偶然的。朱、陆以后，宋学里更有代表商业资本的一派，这即是永嘉永康学派。全谢山在《宋元学案》中称之为"吕学"者是。谢山《同谷三先生书院记》云（《宋元学案》卷五十一，又《鲒埼亭集外编》卷十六，《四部丛刊》本）：

> 宋乾淳以后，学派分而为三，朱学也，吕学也，陆学也。三家同时，皆不甚合。朱学以格物致知，陆字以明心，吕学则兼取其长，而复以中原文献之统润色之。门庭径路虽别，要其归宿于圣人则一也。

其实这三派即代表三种不同的阶级立场，所谓宋学正统派即朱学，代表大地主阶级，起于元祐，盛于淳熙。在朱子学极盛时代，却有陆象山一派与之对立。陆象山反对"豪家拥高赀，厚党与，附会左右之人"（《全集》九），提倡"损下益上谓之损，损上益下谓之益"，这是代表小地主阶级思想。同时更有与朱、陆鼎足而立、提倡"义利双行，王霸杂用"的浙学派，如从吕祖谦一派出来的永嘉的叶水心、永康的陈同甫。这派谈制度、谈历史、讲文辞，这是代表小地主兼市民阶级思想。合上就是南宋以来宋学的三大派。但虽有此三大派，而毕竟同出于儒，有其异也有其同，有其异所以有内在的矛盾斗争，有其同即同为封建社会的意识形态，同为封建统治阶级服务。但就此三派的优劣而论，朱子学在初起时候，生气勃勃，在政治上也站在主战派方面。朱子对孝宗说："金人与我有不共戴天之仇"，"非战无以复仇，非守无以制胜"（《宋元学案》卷四十八）。这是中国传统的尊王攘夷思想。尽管朱子学所注重的不超过于现象的抽象之理，但他毕竟反对了中古佛教的空寂，使知识分子在外族压迫之时，起而为讲求圣学，植纲常，拥护他们所称的"天理"而战。例如宋之文天祥、元之刘因、明之方孝孺与东林学派，他们都是笃信朱子，表现极强烈的民族意识，就这一点，朱子学在那时候是有其进步的意义的。但从另一方面看，朱子学既然高谈性命之学，为封建大地主阶级服务，其结果乃常相反，正如浙学派陈亮所指出的话：

> 今世之儒士，自以为得正心诚意之学者，皆风痹不知痛痒之人也。举一世安于君父之大仇，而方且扬眉拱手以谈性命，不知何者谓之性命乎？（《龙川学案》—《上孝宗书》）

到了朱子学者假名欺世回避现实问题不谈之时，当然便有其他急进些的学派发生，来完成反对外族侵略的任务。陆象山宣称：

> 二圣之仇，岂可不复？可欲有甚于生，所恶有甚于死。今吾人高居无事，优游以食，亦可为耻。乃怀安，非怀义也。（《象山全集》卷三十五）

他主张变法，认为王安石"新法之行，当时诋诽之人当与荆公共分其罪"（《全集》卷九）。这可见是代表小地主阶级立场而与朱子学的立场不同。朱子学未免议论无益，其门人多腐化，而陆象山之学传至王阳明，仍生气勃勃，明袁宏道推崇良知之学。他说：

> 宋时讲理学者多腐，而文章事功不腐，今代讲文章事功者腐，而理学犹不腐。宋时君子腐，小人不腐，今代君子小人多腐。故仆谓当代可掩前古者，惟阳明一派良知学问而已。（《袁中郎尺牍·又答梅先生》）

宋代文章事功不腐是指浙学派。浙学派继承王安石的思想体系，谈论古今，说王说霸，其实反映了城市商业资本的萌芽思想，而陆象山之学传到王阳明，正值明中叶以后，中国封建社会经济已发生裂痕，沿海中国商人资本与封建统治阶级利益矛盾的时候。王阳明一派代表小地主，也代表市民，所以提倡个性解放。"泰州之后，其人多能以赤手搏龙蛇。"（《明儒学案》卷三十二）虽然就思想来看，不可讳言是"阳儒阴释"——在明代禅宗特别发达，不能不与"禅"相结合——然而可注意的即禅宗乃是佛教中具有市民性的色彩的宗教，恰似恩格斯在《费尔巴哈论》中所说基督新教之具有市民性的色彩一样，禅宗实从大城市（广州）起点，而广泛传播于全国市民与小地主阶级之间，如寒山、拾得，即提倡自由解放，与阳明左派几无不同。由此可见宋明哲学是有它的阶级性的，有不同的阶级立场便产生不同的学术流派；全谢山所说的宋学三派，实即代表地主阶级之不同的三个阶层。现在试问一下在全谢山等所撰的《宋元学案》是否就能充分反映了这三个阶层的哲学思想呢？我的答案：以为这种阶级立场的认识在《宋元学案》中不是完全没有，但是有意把它弄乱了。

《宋元学案》初起稿于黄梨洲。全谢山为《梨洲神道碑》文云："晚年于《明儒学案》外，又辑《宋儒学案》、《元儒学案》，以志七百年儒苑门户……尚未成编而卒。"王梓材、冯云濠作《宋元学案考略》，指出此书原版本有梨洲黄氏原本、谢山全氏修补本、二老阁郑氏刊本、月船卢氏所藏底稿本、樗庵蒋氏所藏底稿残本及余姚黄氏校补本。就中谢山修补《宋元学案》时间很长，但尚未成书。二老阁郑氏刊本所刻止《序》、《录》与第十七卷《横渠学案》，《序》、《录》可见谢山完本百卷的次序。谢山卒后，《学案》稿归其弟卢配京（月船）及蒋学镛（樗庵），蒋本多与卢本重复，但也有特别的。而梨洲的后人所纂辑的八十六卷的校补本，也列谢山于续修，而冠其百卷序录于首。惟八十六卷之目，究于《序》、《录》未能印合，故今传鄞县王梓材、慈谿冯云濠、道州何绍基所校刊的定本，仍以百卷本为准。《宋元学案》定本中，有为黄氏原本全氏修定或补定，有为全氏补本，而王梓材等校刊之功亦不可没。梨洲原本无多，有待于黄百家的纂辑与全谢山的修补，而谢山原本未全的，也有待于王梓材的参补。王梓材、冯云濠并别著《宋元学案补遗》一百卷附录三卷，刊入《四明丛书》中，惜流传不广。由此可见，《宋元学案》是一部罕见的中国哲学史家的集体著作，虽创自黄梨洲，而著成之功，当首推全谢山，其次即黄百家。现在我们要就《宋元学案》的著作来作批判，也应该先明了这三个人的阶级立场，看他们是否在《宋元学案》中，正确地反映了历史事实。

先讲黄梨洲，据全谢山所作《梨洲神道碑》，知《宋元学案》之作，实后于《明儒学案》，而且是梨洲的晚年未完成的著作，那么要问梨洲写成《明儒学案》之后，跟着大时代的转变，他个人的立场、观点，是否有一些改变呢？我以为是可能有的。其间消息，可看他可作的《二程学案》二卷。《四库全书总目》卷九十七儒家类存目论《二程学案》云：“是编以二程造德各殊，因辑《二程语录》及先儒议论二者各为一卷，百家又以己意附论各条之下，然黄氏之学出王守仁，虽盛谈伊洛，姚江之根柢终在也。”其实反过来说，黄梨洲本为姚江之学，而今乃盛谈伊洛，这已经是思想上有些转变了。姚江之学代表中小地主阶级与商业资本的携手，伊洛之学则代表大地主阶级，自宋以后在思想战线上，历来皇族地主或豪族地主一得政权，则必提倡程朱之学，即因程朱代表大地主阶级的利益，所谓程朱与陆王之争，陆王代表中小地主，所以王学左派竟可以走向接近农夫、樵夫、陶匠一途，而程朱则无论何时均接近于大地主政权，为统治阶级服务。元明如此，清代也如此；中国如此，日本也如此。康熙尊朱子为十哲，又命李光地编《性理大全》、《朱子全书》等颁布天下。为什么不提倡陆王？这是很明显的界限，证明程朱之学是常和大地主阶级相联系，而黄梨洲之从姚江之学转而注意伊洛之学，也就是从中小地主立场而站向大地主阶级立场。这种思想战线上的转变，是有它一定的理由的。原来清室入关以后，社会的主要矛盾是民族矛盾暂时超过了阶级的矛盾，如明末以阶级矛盾为主体，则清初实以民族矛盾为主体。清入关后土地制度大有变动，"大圈地"消灭了土著人民的大地主阶级，因此遂促成了土著人民之间大地主与中小地主的联合战线，以反抗外族地主。照那时候的社会历史条件来说，对于外族地主之将中国社会逆转为奴隶社会（据《东华录》天命、天聪、崇德朝等记载，清室未入关前，目的都在俘获人口为奴隶）。中国代表地主阶级的思想家，无论是大中小各阶层，都一致坚决反对。在这民族地主反对外族地主的斗争中所形成的反清运动，其提倡反清的，据李文治《晚明民变》一书附表十一所录，其中即有：山东巡抚一人——知县二人——推官一人——参将一人——乡官八人——进士一人——举人一人——贡生二人——诸生十七人。贡生二人中之一人即黄梨洲，这是极值得注意的。即是这些反清运动的人物有大地主有中小地主，而对于外族地主而言，均可称之为民族地主立场。这站在民族地主立场的，除黄梨洲之外，还可算到和我们哲学史有关的好些人物，如代表湖南的王船山、代表浙江的朱舜水，在江苏的顾炎武，在广东的屈大均，在山西的傅青主。例如王船山，我们同志中就有人把他划入中小地主阶层，我觉着有很大疑问。我以为这一位伟大的爱国主义者王船山，他确然代表民族地主对外族地主的斗争，但他本身即是没落的大地主阶层，并不是中小地主阶层。这从他的出身来看，据其子启所作《姜斋公行述》（《船山遗书》卷首）、潘宗洛《船山先生传》和《姜斋文集》卷十《家世节录》中，都可看他虽处在乱世时代，大地主阶级已渐没落，但他所代表的仍是大地主阶级的利益。其次就王船山的言论来看，如他看不起农民，把"庶民"比做禽兽，这是已经很够了。在《读通鉴论》卷十九有一段说："有世禄者有世田，即其所世营之业也。名为乡大夫，实则今乡里之豪族而已。世居其土，世勤其畴，世修其陂池，世治其助耕之氓，故官不侵民，民不欺官，而田亦不至于污莱。"这是肯定乡里的豪族世代私有其土地是合理合法的。又《宋论》卷十二，更是站在大地主立场说话："兼并者非豪民之能钳束贫民而强夺之也。……均一赋也，豪民输之而轻，弱民输之而重；均一役也，豪民应之而易，弱民应之而难。于是豪民无所畏于多，有田而利有余，弱民苦于仅有之田而害不能去。有司之鞭笞，吏胥之挫辱，迫于焚溺，自乐输其田于豪民，而若代为之受病，虽有经界不能域之也。"这简直把大地主之吞并中小地主乃至剥削农民，说成是中小地主和农民的心甘情愿，这种反动言论不是代表大地主阶级的利益是什么？但虽如此，大地主阶级即如程朱派的正统王船山，在其拥护封建社会上看，虽是剥削阶级立场，而当外族侵入的时候，他却最能号召人民起领导民族革命的作用。所以在明末清初的反清斗争中，大地主阶级已经不是绝对地和人民对立，而是可以和人民结合起来从事反外族地主斗争的民族地主立场。民族地主反异族，不是反封建。反异族，所以王船山著《黄书》、《噩梦》，朱舜水著《阳九述略》；不反封建，所以均仍站在大地主阶级立场。黄梨洲却与此不同，他本提倡姚江之学，不但反外族，也可以站在市民立场来反封建，如《明夷待访录》中《原臣》、《原君》即为反封建的有名著作。他又著《日本乞师记》一卷，《海外恸哭记》一卷，现收入清薛凤昌辑《梨洲遗著汇刊二十九种》中（上海时中书局铅印本）。全祖望《梨洲神道碑》文曾述及此，并以《避地赋》为证（《鲒埼亭集》卷十一）。案《南雷文定》（前集卷十二）《避地赋》云"越长岐与萨师玛兮"云云，《鲒埼亭集》"长岐"作"埼"，"萨师玛"作"萨斯玛"。狩野直喜考证认为两书均误，应作"长崎"与"萨摩"（《中国哲学史》第六编第二章，岩波书店本）。可见梨洲当时的反清斗争，是极其热烈的。他在奔走国事完全失败之后，才一变而从事著述和学问，因之而有《明儒学案》和《宋元学案》之作。尤其《宋元学案》是在晚年眼见得地主阶级在反清斗争中有联合战线的必要和可能，所以他也不惜从中小地主阶级而转向接近于大地主阶级的思想，所以才有《二程学案》与原本完全的《横渠学案》之作。梨洲的苦衷，我们是很容易了解的。晚年思想的一些转变，并不是抛弃了他一向的立场、观点，而是他在反清斗争中，更坚定地站在从中小地主阶级立场移向民族地主的立场。

梨洲如此，他第三个儿子黄百家（字主一，号秉史。参看黄嗣艾：《南雷学案》卷九《主一公传》）继承家学。二老阁校刻梨洲《宋儒学案》卷十七标云：男黄百家编，门人杨开沅、顾湜分辑。今定本《宋元学案》中有百家案语很多，且精彩处，胜过全谢山。他编刻《宋元学案》止第十七卷《横渠学案》，也就受了横渠学说的影响。全谢山《宋元学案·序录》称："横渠先生……其言天人之故，间有未当者，梨洲稍疏证者，亦横渠之忠臣哉。"梨洲《孟子师说》："天地间只有一气"，这完全是唯物主义者口吻，百家继之更发展了气一元论的观点，如云：

> 天地之间，只一气之循环而已。(《宋元学案》卷十七，
> 文瑞楼石印本)

> 盖虚空即气，为物不二者也。(同上)

> 生者，气也，生之理，性也。(同上)

> 杨晋庵东明曰：气质之外无性，盈宇宙只是浑沦元气，
> 生天生地，生人物万殊，都是此气为之，而此气灵妙自有条
> 理，便谓之理。夫惟理、气一也……先遗献谓晋庵之言，可
> 谓一洗理、气为二之谬。(同上)

> 释氏以理能生气，天道之运行气也。求道于未有天地之
> 先，而曰有物先天地，无形本寂寥……总由其不知天命、不
> 识理即是气之本然，离气无所谓理，忘认气上一层别有理
> 在，理无穷而气有尽，视天地乃理之所生，转觉其运行覆载
> 之多事，真所谓夏虫之疑冰者与。(同上)

> 性即气之有条理者是，非别是一物也。(卷四十九)

> 理在气中一语，亦须善看，一气流行，往来过复，有条
> 不紊。从其流行之体谓之气，从其有条不紊谓之理，非别有
> 一理在气中也。(卷九十二)

由上所举，可见黄百家确然在哲学观点上是家学相承，但在
阶级立场上是不是也继承了他的父亲呢？这就大谬不然。百家有
许多开明思想，如关于儒林、道学之辨（卷二），关于反对先天
卦图、太极图的见解（卷十、卷十二），关于表彰二程（卷十
六）、调和朱陆（卷五十七、卷五十八），都和他的父亲一脉相
承，但那都只属于观点方面。至于阶级立场，因为百家曾应清室
之聘，入京都参史局，例授翰林院编纂官，食七品俸。就这样他

便与他的父亲不同，只有地主阶级立场，而失却民族立场了。例如关于元儒的批判，黄梨洲曾这样说过：

> 陆氏之学流于浙东，而江右反衰矣。至于有元，许衡、赵复以朱氏学倡于北方，故士人但知有朱氏耳。然实非能知朱氏也，不过以科目为资，不得不从事焉。则无肯道陆学者，亦复何怪？（《宋元学案》卷九十三）

这就是挖苦宋亡后仕元的朱子学派，是站在民族立场上说话。百家却不然，同书卷九十百家案语云：

> 自石晋燕云十六州之割，北方之为异域也久矣。虽有宋诸儒叠出，声教不通。自赵江汉以南冠之囚，吾道入北，而姚枢、窦默、许衡、刘因之徒，得闻程朱之学，以广其传，由是北方之学郁起。

这两种不同的观点，即是反映了两种不同的立场。在外族统治的时候，起而应征仕元的儒学教授，如许衡之流，实属苟合干进者流，梨洲的批语是极正确的。至于刘静修（因）不受集贤之命，持身高洁，又应作别论，如何可混为一谈？明此一点，可见在阶级立场上说，百家虽不是幸进之徒，但却不能不说脚根是有些模糊的了。

《宋元学案》定本的著成者为全谢山，名祖望，字绍衣，浙江鄞县人。他是黄梨洲的私淑者，"年十四补诸生，始谒学官，至名宦乡贤词，见谢太仆三宾、张提督杰木主，曰此反复卖主贼，捶之不碎，投池频"（严可均《全绍衣传》，见《铁桥漫稿》卷七，《心矩斋丛书》本）。"又尝与同里黄之传读《明夷待访录》，之传云：'是为经世之文，虽然，犹有憾。夫箕子受武王之访，不得已而应之。若以贞艰蒙难之身，存一待时之见于胸中，则麦秀之恫荒矣，作者亦偶有不察耳。'谢山乃瞿然下拜道：'是言乃南雷忠臣，亦天下万世纲常所寄。'则祖望所谓宁饿死无失节者，殆亦此志也欤？"（刘光汉：《全祖望传》，见《左盦外集》卷十八）以这样看重气节的人，应该是有明确的、民族的立场了，所以严可均称："黄梨洲著述甚多，其最传者《南雷文定》，于残明碧血，刻意表彰。祖望踵南雷之后，亦刻意表彰，详尽而朴实，可当续史。"（《全绍衣传》）刘光汉则简直认全祖望为民族思想巨匠之一，《全祖望传》作赞云：

> 明社既墟，惟两浙士民，日茹□□之痛。晚村讲学，庄氏修史，华周抒策，嗣庭讽诗，此尤彰彰在人耳目者。以吾所闻，秀水朱彝尊曾举鸿博而官编修，晚作《吊李陵文》以自抒怀抱，钱溏杭世骏目击□汉之失平，以言事落职，此可以觇浙人之志矣。祖望生雍乾之间，诛奸谀于既死，发潜德之幽光，其磊落英多之节有足多者。后人以儒林目之，岂祖望之志哉？又祖望既殁，浙人承其志者，有仁和龚自珍、德清戴望，攘□之思，形于言表，然祖望表彰节烈之功则固诸子不所逮也。

这种过分的赞扬，证之以我依《宋元学案》分析的结果，所得结论几乎相反。依我的意思，谢山只有地主阶级的立场，而没有足够的民族立场。而就地主阶级立场上说，也是摇晃不定，主要还是站在大地主阶级立场。这不是有意挖苦我们民族的思想家，实在事实如此。补修《宋元学案》当然有许多优点，如卷首《序录》中称邵康节不在乎《皇极经世》，称司马光不在乎《潜虚》，证明伊洛不传濂溪之学，永嘉诸子兼传关学，这都是极卓越的见解。即其在驳西河谓宋儒讲学者无一死节（参《答诸生问思复堂集帖》，见《宋元学案》卷七十三）也证明了如下事实：

> 夫宋儒死节多矣。蕲州死事，李诚之最，在理度二朝忠臣之先，东莱之高弟也。欧阳巽斋为朱门世嫡，其弟子为文山。徐径畈为陆氏世嫡，其弟子为叠山。二公为宋之大忠，其生平未尝有语录行世，故莫知其为朱陆之私淑者。……况朱子后人有浚，南轩后人有唐。而赵良淳者，双峰之高弟也。许月卿者，鹤山之高弟也。其余如唐震、吕大圭之徒，不胜屈指。而曰无一死节，是梦中呓语也。潭州之陷，岳麓三舍诸生，荷戈登陴，死者尤多，史臣不能博访，附之《李芾传》后。

又《宋元学案》卷八十八《巽斋学案》，列入巽斋门人文天祥，认为晦翁三传。谢山看重气节，这是和梨洲所说："新安之学自山屋一变而为风节，盖朱子平日刚毅之气凛然不可犯，则知斯言之为嫡传也。"（《宋元学案》八十九）其说很相近。却是谢山生长在乾隆年间，外族入主中华时间久了，地主阶级忍辱出仕的多，不能如贫苦人民那样坚持民族立场，这在《宋元学案》卷九十一所载《谢山书文靖退斋记》后，反映得最为明白：

> 许文正、刘文靖，元北方两大儒也，文正仕元而文靖则否。以予考之，两先生皆非宋人，仕元无害。然以元开创规模言之，其不足有为可知，则不仕者自此远矣。……文正之仕元，世多遭议，予盖不尽以为然。

又《书刘文靖渡江赋后》云：

> 许文正与文靖皆元人也，其仕元又何害？论者乃以夷夏之说绳之，是不知天作之君之义也，岂有身为元人而自附于

宋者，真妄言也。

在这里谢山好像也告诉我们他自己是清人，不可能以夷夏之说责备他，即不可能要他站在民族立场上说话，而如曾充任清统治剥削的工具如李光地、汤斌一流，都可以宽恕他了。代表地主阶级的全祖望，他只知道"天作之君之义"，这是封建社会的天经地义，他给许文正辩护，给宋亡后仕元的大儒辩护，也就是给李光地、汤斌之一流人物辩护，给他自己辩护。然而何以便和他所私淑的黄梨洲对于许衡的评价如此不同呢？这当然是由于阶级立场的不同罢了。谢山只有地主阶级立场，没有足够的民族立场，所以他修补《宋元学案》也是为封建地主阶级服务的。黄梨洲的调和朱、陆之说，意在巩固民族地主的统一战线，而谢山的调和朱、陆之说（《宋元学案》卷五十八、卷六十三、卷八十六），则意在使中小地主与大地主联成一起，因而取消了封建社会统治阶级间的内部矛盾。还有谢山和梨洲的不同，即因梨洲站在中小地主阶级立场转向大地主阶级，而谢山则站在大地主阶级立场混进了中小地主阵营，如他对永嘉学派所取的态度，即为好例。他在序录中称这一学派为"永嘉之学"又称为"浙学"（《东发学案序》），有时又称"婺学"（《说斋学案序》），"吕学"（《同谷三先生书院记》），他好似很看重这一学派，并且承认"吕学"在宋学三派中居第一位（《宋元学案》卷五十一）。但即在《宋元学案》同一卷中，他又翻过来说：

谨案：朱、张、吕三贤，同德同业，未易轩轾。张吕早卒，未见其止，故集大成者归朱耳。

"归朱"才是大地主阶级的真正立场、真实面貌，而所说吕学"兼取其长"的话，就完全变成不足信了。这只要一读其所著

《陈同甫论》（卷五十六）和《龙川学案序录》之攻击永康学派，可见谢山并不是站在中小阶级立场，而是混进了中小地主阶级阵营。再看他对于王安石的态度，而更加明显。《宋元学案》卷九十八《荆公新学略》中序录说：

> 且荆公欲明圣学而杂于禅，苏氏出于纵横之学而亦杂于禅，甚矣西竺之能张其军也。

他又说："安石晚年学说溺于释典，是以近制禁学者无习而已。"（卷九十八）又说："谨案：道原每言荆公而带妖气。"（卷八）这对于王安石的攻击，可见大地主阶级思想怎样和中小地主思想分歧。黄百家说过："欲明为儒者不识吾性之即为礼义，狷狷焉欲以沿门乞火为秘旨，凡有反求诸己者，即便妄诋之为禅，不可言也。"（卷一）这话应用来批判谢山，也是再恰当没有了。谢山的修补《宋元学案》，虽也有许多优点，但决不能如梁启超所称似的："比《明儒学案》更进化了。"（《中国近三百年学术史》，中华书局本）只就其立场来看，幸而他不生在清初，不然便与伪学者如李光地、汤斌还不是一样。至于梁启超评论谢山的为人"是纯然得力王学"（同上书），这也是毫无根据的。王学代表中小地主阶级与商业资本的携手，而谢山乃代表大地主阶级混进了中小地主阵营，他的思想渊源，很明白是出于朱学而与陆调和。他所作《庆历五先生书院记》（《宋元学案》卷三），很羡慕宋学初起时，是"亦会值贤者在朝，安阳韩忠献公、高平范文正公、乐安欧阳文忠公，皆卓然有见于道之大概，左提右挈"；又说："睢阳学统至近日而汤文正公发其光。"他的阶级立场是和当时大地主阶级工部尚书、《洛学编》的著者汤斌相一致，那么怎样可以说是纯然得力于王学呢？分析了全谢山的阶级立场，也可

以肯定修补《宋元学案》的史料价值，比较《明儒学案》是更有
其制限性的。还有继《宋元学案》之后，王梓材与冯云濠所著
《宋元学案补遗》一百卷，外附《宋元儒博考》一卷，卷首增入
张寿镛《序录》。拿来和《宋元学案》比较，虽此书本为参校
《宋元学案》正编随卷补辑而作，但也有几个优点，如多取材于
志乘诸书，且多采聚珍版诸书，"以其多本《永乐大典》，是固谢
山所欲尽观而不得者"（凡例），"各传俱用原文：惟删繁就简，
略清眉目，并无参杂己语"。传下亦各注所出，这在治哲学史方
法上说，是有进步的意义的。至于立场方面，如论王安石引《吴
草庐序荆公集记》，谓"一时议公者非偏则私"，这把对全谢山的
批评也包括在内了。此书收入《四明丛书》第五集中，惟以篇幅
庞大，作为史料看，可称为《宋元学案》之一补充，而尚欠整理
的工夫，以致形成史料的堆积，价值也就不大，可惜。

《明儒学案》批判

现试回头来看，黄梨洲的《明儒学案》作于著者六十七岁的
时候，那时已经是康熙十五年（一六七六年）了，距离他晚年所
作未完稿的《宋元学案》约早十九年。梨洲熟于明代史事，又以
此书为明室数百年学脉，从《崇仁学案》开始以至《蕺山学案》，
这六十二卷分源别派，实际上即是叙述了他自己的学术渊源。此
书先以钞本流传，据乾隆四年（一七七九年）郑性《序》文
"康熙辛未鄞万氏刻其原本三分之一而辍，嗣后故城贾氏一刻杂
以臆见，失黄子著书本意，今续完万氏之未刻。"今传《明儒学
案》有清雍正十三年甘陵贾氏修补康熙三十二年刊本、慈谿二老
阁郑氏刊本、道光元年会稽莫氏重刻本、光绪十四年豫章徐兆澜
等重刻本、长沙刻本、文瑞楼石印本、《四部备要》据郑氏补刻

校刊本、梁启超节钞本(《饮冰室丛著》第六种）及陈叔谅、李心庄《重编明儒学案》四十五卷本。此书影响很大，梁启超至称清代"史学之祖当推宗羲，所著《明儒学案》，中国之有学术史，自此始也"(《清代学术概论》)。实则此书最大特点，在于提出了新的观点。《明儒学案》发凡云：

> 大凡学有宗旨，是其人之得力处，亦是学者之入门处。天下之义理无穷，苟非定以一二字，如何约之使其在我。故讲学而无宗旨，即有嘉言，是无头绪之乱丝也。学者而不能得其人之宗旨，即读其书，亦尤张骞初至大夏不能得月氏要领也。是编分别宗旨，如灯取影。杜牧之曰丸之走盘，横斜圆直，不可尽知，其必可知者，知是丸不能出于盘也，夫宗旨亦若是而已矣。

这"宗旨"二字用现代语来说，即是"观点"。黄梨洲《明儒学案》，穷原竟委，博采兼收，使宗旨历然，虚心体察了各人的观点，而同时也就是阐扬了他自己的观点。黄梨洲《明儒学案》的观点，具见于其《移史馆论不宜立理学传书》中：(见《南雷文定》前集卷四，《梨洲遗著》汇刊本)：

> ……姑以四款言之。其一以程朱一派为正统，是矣。薛敬轩、曹月川、吴康斋、陈剩夫、胡敬斋、周小泉、章枫山、吕泾野、罗整庵、魏庄渠、顾泾阳、高景逸、冯少墟十余人，诸公何以见其滴骨程朱也？如整庵之论理气，专攻朱子理气，乃学之主脑，则非其派下明矣。……其二言白沙、阳明、甘泉，宗旨不合程朱。此非口舌可争，姑置不论。其言象山、慈湖，例入《儒林》，按《宋史》慈湖未尝入《儒林》也。……又言罗念庵本非阳明弟子，其学术颇似白沙，

与王甚别。《阳明年谱》为念庵所定。……当日之定论如此，今言与王甚别，不知其别者安在也，且不知白沙、阳明学术之异，又在何等也。……其三言浙东学派，最多流弊，有明学术白沙开其端，至姚江而始大明，盖从前习熟先儒之成说，未尝反身理会，推见至隐，此亦一述朱，彼亦一述朱。高景逸云"薛文清、吕泾野语录中，皆无甚透悟"，亦为是也。逮及先师蕺山，学术流弊，救正殆尽。向无姚江则学脉中绝，向无蕺山则流弊充塞。凡海内之知学者，要皆东浙之所衣被也。今忘其衣被之功，徒訾其流弊之失，无乃刻乎？其四言学术流弊，宜归一是。意不欲稍有异同也。然据《宋史》所载，道学即如邵尧夫。程子曰"尧夫犹空中楼阁"，曰"尧夫豪杰之士，根本不帖帖地"。是则尧夫之学未尝尽同于程子也。又曰"阳明之学流弊甚多，程朱门人必不至此"。按朱子云："游、杨、谢三君子初皆学禅，后来余禅尤在……"是程子高第弟子已不能无流弊。……如以弟子追疑其师，则田常作乱之宰予，杀妻求将之吴起，皆足为孔曾累矣。

梨洲尤其反对封建统治的道统之说，为道学立传，他接着说：

夫十七史以来，止有《儒林》。以邹鲁之盛，司马迁但言《孔子世家》，《孔子弟子列传》，《孟子列传》而已，未尝加以"道学"之名也。《儒林》亦为传经而设，以处夫不及为弟子者，尤之传孔子之弟子也，历代因之，亦是此意。周程诸子道德虽盛，以视孔子则犹然在弟子之列，入之《儒林》，正为允当，今无故而出之为道学，在周程未必加重，而于大一统之义乖矣。……某窃谓《道学》一门，所当去也。一切总归《儒林》，则学术之异同皆可无论，以待后之学者择而取之。……

在这洋洋数千言的《移史馆书》，黄梨洲应用了接近科学的浙东史学观点，驳斥了"此亦一述朱，彼亦一述朱"之学术史上的宗派主义、教条主义。他们的关于废去《道学传》的主张，以后影响及于《明史》。他在道学正在很时髦的时候，而能从学术史上着眼，提出抗议，这不能不称是史学史上之新的贡献。浙东史学虽如永嘉、金华两派兼取朱陆而辅之以文献之学，而实则与程朱的关系较浅、与陆王的关系却深。章实斋《文史通义·内篇》五"浙东学术"中说得最为明白：

> 浙东之学虽出婺源，然自三袁之流，多宗江西陆氏，而通经服古，绝不空言德性，故不悖于朱子之教。至阳明王子，揭孟子之良知，复与朱子抵牾。蕺山刘氏本良知而发明慎独，与朱子不合亦不相诋也。梨洲黄氏出蕺山刘氏之门，而开万氏弟兄经史之学，以至全氏祖望辈尚存其意，宗陆而不悖于朱者也。……世推顾亭林氏为开国儒宗，然自是浙西之学，不知同时有黄梨洲氏出于浙东，虽与顾氏并峙，而上宗王刘，下开二万，较之顾氏源远而流长矣。顾氏宗朱，而黄氏宗陆。……浙东贵专家，浙西尚博雅，各因其习而习也。"（《章氏遗书》卷二。商务印书馆本）

因为"浙东之学言性命者必究于史"（同上），所以，所成就的不是历史哲学，就是哲学的历史。这一派实首创以治史的方法治经，且有五经皆史的主张。最早如王阳明，《传习录》中有一段说：

以事言谓之史，以道言谓之经，事即道，道即事，《春秋》亦经，五经亦史。

又说：

《易》是庖牺氏之史，《书》是尧舜以下之史，《礼》、《乐》是三代之史。

这以经学为史学的新观点，实为后来章实斋、龚定盦等"六经皆史"说之所本，这也可见浙东学源的渊源了。从阳明一转为刘蕺山，虽不是史学家，而所著《人谱》，以史实证明理学，实为浙东史学之过渡人物。再传而为黄梨洲。《清史稿·黄宗羲传》据他自述谓：学者必先穷经，然拘执经术，不适于用。欲免迂儒，必读史。全谢山《甬上证人书院记》云：

自明中叶以后，讲学之风，已为极敝，高谈性命，束书不观，其稍平者则为学究，皆无根之徒耳。先生始谓学必源本于经术，而后不为蹈虚，必证明于史籍，而后可以应务。源源本本，可据可依，前此讲堂锢疾，为之一变。

又《南雷余集》，曾慨乎其言地说：

自科举之学兴，史学遂废。若蔡京、蔡卞当国，欲绝灭史学，至于废《资治通鉴》之版，然卒不能。今未有史学之禁，而读史顾无其人，此人才所以有日下之叹也。

这就可见梨洲是怎样提倡史学，不愧称为清代史学之开山祖了。而他平生著史的成绩，不在于教训的历史，而在学术的历史。他尝有志辑《宋史》未成，存《丛目补遗》二卷，又辑《明史案》二百四十四卷未成，只流传《行朝录》九种，及《赐姓本末》等，可见在这方面的贡献尚不算大。但就《明儒学案》

将明代二百余年的学术源流，说得源源本本，比较同时所著关于学术史的著作，又不知进步得许多了。《移史馆书》中梨洲在述其学术宗旨的时候，给阳明学派辩护，但并未讳言阳明学的末流已入于禅，更不讳言有了刘蕺山的救正，而后阳明学才恢复其真正价值。黄梨洲所见的王阳明，是属于浙东学术的。把阳明和朱子比较，朱子分理气为二，而阳明主张理气为一，谓天下无理外之物，也无物外之理。所以说：

> 理者气之条理，气者理之运用。

日本林罗山是一个朱子派学者，但也极钦佩阳明这个学说，《文集》卷六十八随笔四：

> 程子曰："论性不论气不备，论气不论性不明，二之则不是。"古今论理气者多矣，未有过焉者。独大明王守仁云："理者气之条理，气者理之运用。"

> 理气一而二、二而一，是宋儒之意也。然阳明子曰"理者气之条理，气者理之运用"；由之思焉，则彼有支离之弊，由后学起，则右之二语，不可舍此而取彼也。

黄梨洲所受王阳明的影响，也就是在这理气合一论上。理气合一论是唯物主义的观点，也就是黄梨洲在《明儒学案》中所坚持的观点。用这新的观点作武器，批判诸家哪个纯哪个驳，哪个浅哪个深。同时也表现了他自己思想的唯物主义的倾向。例如《崇仁学案》三批判魏庄渠云：

> 理也、气也、心也，歧而为三，不知天地间只有一气，其升降往来即理也。人得之以为心，亦气也。气若不能自主宰，何以春而必夏、必秋、必冬哉？草木之荣枯，寒暑之运

行，地理之刚柔，象纬之顺逆，人物之生化，夫孰使之哉？皆气之自为主宰也。以其能主宰，故名之曰理。其间气之有过不及，亦是理之当然，无过不及，便不成气矣。若先生之言，气之善恶，无与于理，理从而善之、恶之，理不特死物，且间物矣。（卷三）

批判余讱斋云：

其《性书》之作，兼理气，论性深辟"性即理也"之言，盖分理是理，气是气，截然为二，并朱子之意而失之。（卷三）

《河东学案》，批判薛敬轩云：

其谓"理气无先后，无无气之理，亦无无理之气"，不可易矣。又言"气有聚散，理无聚散"。以日光飞鸟喻之。……羲窃谓，理为气之理，无气则无理，若无飞鸟而有日光，亦可无日光而有飞鸟，不可为喻。盖以大德敦化言之，气无穷尽，理无穷尽，不特理无聚散，气亦无聚散也。（卷七）

《浙中王门学案》，批判季彭山云：

夫大化只此一气，气之升为阳，气之降为阴，以至于屈伸往来、生死鬼神皆无二气。故阴阳皆气也，其升而必降，降而必升，虽有参差过不及之殊，而终必归一，是即理也。今以理属之阳，气属之阴，将可言一理一气之为道乎？先生于理气非明睿所照，以考索而得者，言之终是鹘突。（卷十三）

《江右王门五学案》，批判王塘南云：

盖佛氏以气为幻，不得不以理为妄。世儒分理气为二，而求理于气之先，遂堕佛氏障中。非先生岂能辨其毫釐耶？（卷二十）

《北方王门学案》，批判杨晋菴云：

其学之要领，在论气质之外无性，谓"盈宇宙只是浑沦元气，生天生地，生人物万殊，都是此气为之，而此气灵妙，自有条理，便谓之理。夫惟理气一也，则得气清者理自昭著，得气浊者理自昏暗，盖气分阴阳，中含五行，不得不杂揉，不得不偏胜，此人性所以不皆善也。然太极本体立二五根宗，虽杂揉而本质自在，纵偏胜而善根自存，此人性所以无不善也"。先生此言，可谓一洗理气为二之谬矣。而其间有未莹者，则以不皆善者之认为性也。夫不皆善者是气之杂揉，而非气之本然，其本然者，可指之为性，其杂揉者，不可以言性也。（卷二十九）

《诸儒学案》上二，批判曹月川云：

然先生之辨虽为明晰，然详以理驭气，仍为二之。气必待驭于理，则气为死物。抑知理气之名，由人而造，自其浮沉升降者而言，则谓之气，自浮沉升降不失其则者而言，则谓之理。盖一物而两名，非两物而一体也。（卷四十四）

又《诸儒学案》中四，批判王廷相云：

先生主张横渠之论理气，以为气外无性，此定论也。但因此而遂言性有善、有不善，并不信孟子之性善，则先生仍未知性也。盖天地之气有过、有不及，而有愆阳、伏阴，岂可遂疑天地之气有不善乎？……先生受病之原，在理字不甚分明，但知无气外之理，以为气一则理一，气万则理万，气聚则理聚，气散则理散，毕竟视理若一物，与气相附为有无。不知天地之间只有气更无理，所谓理者以气自有条理，故立此名耳。亦以人之气本善，故加以性之名耳。如人有恻隐之心，亦只是气，因其善也，而谓之性，人死则其气散，更何性之可言？然天下之人各有恻隐，气虽不同而理则一也，故气有万气，理只一理，以理本无物也。宋儒言理能生气，亦只误认理为一物，先生非之，乃仍蹈其失乎？（卷五十）

由上关于理气的批判，真可谓牛毛茧丝，无不辨晰。总而言之，即是以唯物主义的观点，批判了各种各式唯心主义的观点。固然《明儒学案》原序里，有开首一句：

> 盈天地皆心也。

这似乎他到了将近晚年变成唯心主义的俘虏了。但细细研究一下，却又不然。因为依照梨洲一向的言论，都主张心即是气，例如卷首《师说》中论罗整菴云：

> 心即气之聚于人者，而性即理之聚于人者，理气是一，则心性不得是二，心性是一，性情又不得是二。使三者于一分一合之间终有二焉，则理气是何物？心与性情又是何物？天地间既有个合气之理，又有个离气之理，既有个离心之性，又有个离性之情，又乌在其为一本也乎？

《河东学案》批判薛思菴云：

> 先生之论，特详于理气。其言"未有无气质之性"，是矣，而云"一身皆是气，惟心无气"，"气中灵底便是心"，则又岐理气而二之也。气未有不灵者，气之行处皆是心，不

仅腔子内始是心也，即腔子内亦未始不是气耳。（卷七）

《甘泉学案》二批判吕巾石云：

> 理不能离气以为理，心不能离身以为心，若气质必待变
> 化，是心亦须变化也。今日心之本来无病，由身之气质而
> 病，则身与心判然为二物矣。（卷三十八）

又《宋元学案》卷三十九（《孟子师说》卷二文同）云：

> 天地间只有一气充周，生人生物。人禀气以生，心即气
> 之灵处。……理不可见，见之于气，性不可见，见之于心，
> 心即气也。

因为梨洲言心即是气，又言必不能离身而独立，这分明是唯
物主义，拿来和原序所云"盈天地皆心也"一比，可见其宗旨不
合。按《蕺山学案》中很分明说"盈天地间皆气也"，而此却说
盈天地皆心，可见原序云云为伪作无疑。全谢山《鲒埼亭集外
编》卷二十五（《四部丛刊》本）《南雷黄子大全集序》曾指出，
梨洲《文约》雕本中，多冒附之作。又指出"先生之文，累有更
窜"，而当以其晚年手迹为据。《明儒学案》原序又见于《南雷文
定四集》卷一（《梨洲遗著》汇刊本），与《学案》卷首所载字许
多不同，尤以首末两段为最明显。例如，《文定》本序首有"穷
心则物莫能遁，穷物则心滞一隅"，《学案》本无此二句。《文
定》本序末"览者未终纸已欠伸思睡，能读之终篇惟王益柔尔"
二十一字，《学案》本只"世人毕读者少"六字。又《学案》本
末有"康熙三十二年癸酉黄宗羲序"十二字，《文定》本无。既
然序文自认此为"病几革"时"暂彻呻吟口授"之作，也可见其
无甚价值。伪作者谁？可能即自称"北地隐士贾若水"之子贾醇

庵（《文定》四集本无"隐士"二字）。黄嗣艾《南雷学案》卷九黄百家传载，康熙三十年仇沧柱函陈：北地贾醇庵，富赀好名，拟刻南雷《明儒学案》。南雷老病在床，倚枕口授序文，百家笔录。可见其中颇有曲折。百家笔录，亦不足信。郑性《序》谓"故城贾氏一刻，杂以臆见，失黄子著书本意"，此说是也。今已无暇详考，而要之此原序为好事者所妄作或改窜则为事实。《明儒学案》作者黄梨洲与阳明后之学者，测度想像、以心法起灭天地的人，实有其本质的不同。梨洲虽然在学术史上还未脱王学正统的思想体系，但他却无疑乎是一个新王学者，扬弃了王阳明的主观唯心主义而创辟了唯物主义的新方向。所以他在《学案》卷十论王阳明，可以说："得羲说而存之，而后知先生之无弊也。"

新王学者黄梨洲，在所著《明儒学案》之外，还曾更彻底地表现着他的唯物主义的思想倾向。他所著有《明夷待访录》和《破邪论》。前书以《原君》、《原臣》、《原法》为题阐明他的革命民主思想。后书斥地狱为佛氏之私言，对于不合理的社会现象，一一加以批判。他又反对神仙家所谓洞天福地之说："颇怪此等妄说，不可以欺愚者。"（《南雷文约》卷四，《梨洲遗著》汇刊本）反对伪造的阿育王舍利之神异说，以为"亦不过世俗自欺欺人之说"（同上卷四《阿育王寺舍利记》）。而在其反对鬼荫之说时（同上卷三《读葬书问对》），居然接近了过去的一位无神论者范缜的《神灭论》了。

> 夫子孙者，父祖之分身也。……堕地以来，日远日疏，货财婚宦，经营异意，名为父祖，实则路人。勉强名义，便是阶庭玉树，彼生前之气已不相同，而能同之于死后乎？子孙犹属二身，人之爪发，托处一身，随气生长，剪爪断发，

痛痒不及，则是气离血肉，不能周流。至于手足指鼻，血肉所成，而折臂刖足，蒿指劓鼻，一谢当身，即同木石。枯骸活骨不相干涉，死者之形骸，即是折臂刖足蒿指劓鼻也。在生前其气不能通一身，在死后其气能通子孙之各身乎？昔范缜作《神灭论》，谓神即形也，形即神也，形存则神存，形谢则神灭。……后来儒者言，断无以既尽之气为将来之气者，即神灭之说也。……而鬼荫之说……言死者之骨骼，能为祸福穷通，乃是形不灭也，其可通乎？

他又漫谈《七怪》，站唯物主义的观点上，批判了那些迷信虚伪等种种陈腐不堪的怪东西，而不胜其深恶痛绝之感。《七怪》开首便云：

> 王孙满云：魑魅魍魉，莫能逢之，言川泽山林也。嵇叔夜羞与魑魅争光，言昏夜也。今通都大邑，青天白日怪物公行，而人不以为怪，是为大怪。（《南雷文案》卷四《梨洲遗著汇刊》本页三）

不过这一位反宗教迷信的素朴唯物主义者，实际上还只是继承其师刘蕺山理气合一之说，虽取范缜的《神灭论》之例证，却不必如侯外庐同志所说（见《近代中国思想史》上册）即接受了范缜思想的影响。所以在《宋元学案》卷十二案语中他说："使其学而果非也，即曰取二氏而谆谆然辩之，则范缜之《神灭论》，傅奕之《昌言》，无与乎圣学之明晦也。"这点也可说是梨洲思想的制限性。

但是梨洲虽然不是什么彻底的唯物主义，而却能应用他所有素朴的唯物观点来写成他的名著《明儒学案》。在《明儒学案》以前，并不是绝无具有学术史雏形的著作，如朱熹于宋孝宗乾道

九年（一一三七年）所作《伊洛渊源录》十四卷，记周敦颐以下
及二程交游门弟子言行，这是宋儒谈道学宗派的开始，为《宋
史·道学》、《儒林》诸传所本，这已经是《明儒学案》的起源
了。即在《明儒学案》著作的同时，也有很多的学术史已经出
世。但只可惜那些都是根据唯心主义观点造成的道学正统图。
《明儒学案·发凡》中指出：

> 从来理学之书，前有周海门《圣学宗传》，近有孙钟元
> 《理学宗传》，诸儒之说颇备。然陶在赟与焦弱侯书云：海门
> 意谓身居山泽，见闻陋陋，常愿博求文献、广所未备，非敢
> 便称定本也。且各家自有宗旨，而海门主张禅学，扰金银铜
> 铁为一器，是海门一人之宗旨，非名家之宗旨也。钟元杂
> 收，不复甄别，其批注所及，未必得其要领，而其闻见亦犹
> 之海门也。学者观羲是书，而后知两家之疏略。

这不是梨洲自己的夸大狂，实际上《圣学宗传》与《理学宗
传》两书都只限于主观主义唯心观点，当然不能和《明儒学案》
相比美。《圣学宗传》十八卷，原书久佚，近有吴兴刘承干影印
明刻原本，惟前后均有缺页，跋文未声叙，可怪。前缺开卷所列
奉新黄苞的《道统正系图》，今据费密《弘道书》下（怡兰堂校
刊本）录之如下：

道统正系图

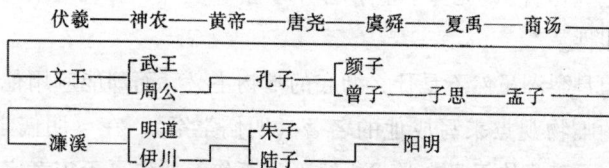

周汝登称此图"其信阳明笃，叙统系明，非实有所诣者不能，而何其名实之未甚显赫也？余作《圣学宗传》，此图足相发明，故以冠宗传无端"云云，可见《圣学宗传》的道统观念。《明史·儒林传》附载《王畿传》末，称王守仁传王艮，艮传徐樾，樾传颜钧，钧传罗汝芳，汝芳传杨起元及汝登，起元清修姱节，然其学不讳禅，汝登更欲合儒释而会通之，辑《圣学宗传》，尽采先儒语类禅者以入，盖万历以后士大夫讲学者多类此云云。可见纯是宗派主义的唯心主义著作。例如书中云"仲尼即天地也，我即仲尼也"（卷三），"太极即吾心是也……生天生地万事万物者此也"（卷一）。就观点言，是一派胡诌。惟作为史料看，此书卷十三至十八录阳明学派资料颇多，尤以卷十八附朱恕、韩贞、夏廷美，可与《明儒学案》卷三十二《秦州学案》比看，各有详略。而此书注明史料来历，见于楚侗耿公所称述，此等处尚可用。又孙奇峰《理学宗传》，也同以"宗传"为名，而实以天为宗，其神秘主义观点，和周海门没有不同，梨洲批判它"杂收"，还只是就他的方法上说，观点更不必说了。试读康熙五年（一六六六年）他的巨作《理学宗传》的《序》：

> 呜呼！学之有宗，尤国之有统，家之有系也。系之宗有大有小，国之统有正有闰，而学之宗有天有心也。今欲稽国之运数，当必分正统焉，溯家之本源，当先定大宗焉，论学之宗传，而不本诸天者，其非善学者也。先正曰："道之大源出于天，神圣继之。尧舜而上，《乾》之元也，尧舜而下，其亨也。洙、泗、邹、鲁，其利也，濂、洛、关、闽，其贞也。（光绪庚辰浙江书局刻本）

尽管此书经三十年的工夫来写，但是观点一错方法也就错了。当然这样极端的反理性的唯心主义著作，一看便知其纯系教条主义的大集合物，正如张沐序中所称"大哉《宗传》乎！非目为一书，特合五经四书为一大部书也。又非为十一子，特合尧舜禹汤文武周公孔子为一大流人也"（同上），真是教条主义史家的供状！其缺乏作为史料的价值可知。却是可怪的，就是这一类教条主义的学术思想，在黄梨洲时代的前后，出现了很不少，只就收入《四库全书总目·史部》"传记"类和"儒家"类及"存目"中的，便有如下的十余种：

《元儒考略》四卷　明冯从吾撰　是编乃集元代诸儒事实各为小传，大抵以《元史·儒林传》为主，而参以志乘。体例颇为丛杂，又名姓往往错误。

《伊洛渊源续录》六卷　明谢铎撰　是书所录共二十一人，盖继朱子《伊洛渊源录》而作，以朱子为宗主，所载多全录《宋史·道学》及《儒林》两传。

《考亭渊源录》二十四卷　明宋端仪撰　薛应旂重修　是编系仿《伊洛渊源录》，先列宋学师承所出，次载朱子及其友人，次则备列朱子门人自黄勉斋以下二百九十三人。此书重修本，以陆九渊兄弟三人列入《录》中，可见体例杂，名实也不符。

《台学源流》七卷　明金贲亨撰　是书叙述台州先儒，自宋徐中行至明方孝儒、陈选共三十八人，其书调停朱陆，谓朱陆先异后同。

《新安学系录》十六卷　明程瞳撰　是书辑新安诸儒，自宋至明共一百〇一人。《四库总目》批评说："夫圣贤之学天下所公也，必限以方隅，拘以宗派，是门户之私矣。"

《道南源委录》十二卷　明朱衡撰　是书托始于杨时，附以游酢，明代惟录陈真晟等四人，乃其视学闽中所作。

《儒林全传》二十卷 明魏显国撰 所录自孔子至元吴澄，皆采录前史。

《圣学嫡派》四卷 明过庭训撰 是书自汉董仲舒至明罗洪先所取共三十六人，各略录其言行。

《浙学宗传》无卷数 明刘鳞长撰 是书采自宋至明两浙诸儒言行，排纂成帙，大旨以阳明为主，而援入朱子一派。

《诸儒学案》八卷 明刘元卿撰 是书辑自宋至明二十六家语录，而增入耿定向之说。其说出于阳明，但亦择程朱一派之近陆者。

《道学正宗》十八卷 明赵仲全撰 是书分古今圣贤为正宗、羽翼二门，以伏羲、神农以及明罗钦顺、罗洪先诸人为正宗，以颛顼、高辛以及明湛若水、吕柟诸人为羽翼，随意分别，绝无义例。

这十余种中，所见如《元儒纪略》、《伊洛渊源续录》、《道南源委》数种，要之皆与《理学宗传》为同一类型的唯心主义著作，和《明儒学案》相形之下，益见《学案》为极有价值的著作。梁启超称《学案》："将来做哲学史科学史的人，对于他的组织虽有许多应改良之处，对于他的方法和精神，是永远应采用的。"（《中国近三百学术史》）这句话如照观点来说是极正确的。《明儒学案》的出世，使唯心主义的学术史顿为失色，因此攻击《学案》的人，拿出卫道的面孔的也有，妄行毁谤的也有。首先就是《四库全书总目》卷五十八中的批判，他指出此书的缺点是：

> 太抵朱陆分门以后，至明而朱之传流为河东，陆之传流为姚江，其余或出或入，总往来于二派之间。宗羲生于姚

江，欲抑王尊薛则不甘，欲抑薛尊王则不敢。故于薛之徒阳为引重而阴致微词，于王之徒外示击排而中存调护。夫二家之学各有得失，及其末流之弊，议论多而是非起，是非起而朋党立，恩仇輮轕，毁誉纠纷，正嘉以还，贤者不免。宗羲此书尤胜国门户之余风，非专为讲学设也。

这一段话似公平而实也是门户之见，不过是站在朱、薛的立场罢了。唐鉴《国朝学案小识》与《四库全书总目提要》是一鼻孔出气，他也批判此书，谓其以陈（白沙）王（阳明）与薛（敬轩）胡（敬斋）为例，为不识道统。殊不知梨洲根本上即否认这种狭隘固陋的道统观念。唐鉴又说："学者喜其采之广而言之辨，以为天下之虚无怪诞，无非是学，而不知千古学术之统纪，由是而乱，后世人心之害陷，由是而益深也。"（卷十二）这真是卫道先生的口吻！《明儒学案》居然变成异端邪说了。正唯卫道先生把梨洲此书看作异端邪说，所以更显得出此书的史料价值。梨洲的弟子万斯同著《儒林宗派》十六卷，有浙江图书馆据文渊阁校刊本，此书上始孔子下迄明季诸儒，缕析条分，使诸儒传授源流，一目了然，而且第一卷列入老墨诸家，可见眼光之大。尽管如此，此书究不过图表性质，就内容来说，当然不如梨洲的书远甚，然而《四库全书总目》（卷五十八）却有意抑彼扬此，以为"然较之学统学案诸书，可谓涮除锢习，无畛域之见矣"。这是拿梨洲的弟子作幌子，来暗中攻击《明儒学案》的。还有和梨洲同时的沈佳作《明儒言行录》十卷《续录》二卷。是书仿朱子《五朝名臣言行录》之例，编次有明一代儒者，各征引诸书，述其言行，始于叶仪，终于金铉，共七十五人，附见者七十四人；《续录》所列从宋濂至黄淳耀共五十九人，附见者九人。

沈佳之学出于汤斌而一宗朱子，故是编大旨以薛瑄为明儒之宗，于陈白沙则颇致不满，虽收王阳明，而删汰其弟子。这是一本无论在立场、观点、方法上都是庸俗的教条主义的著作，《四库全书总目》（卷五十八）却要特别加以表扬，拿来和《明儒学案》比较，认为："黄宗羲作《明儒学案》，采摭最详，顾其学出于姚江，虽于河津一派不敢昌言排击，而于王门末流诸人流于猖狂恣肆者，亦颇为回护。门户之见，未免尚存。佳撰此《录》，盖阴以补救其偏。鄞县万斯大，宗羲之弟子也，平生笃信师说，而为佳作是《录》序，亦但微以过严为说，而不能攻击其失，盖亦心许之也。学者以两家之书互相参证，庶乎有明一代之学派，可以得其平允矣。正不必论甘而忌辛，是丹而非素也。"这一段似极公平，其实仍是朱子学派的代表薛敬轩来反对王阳明，拿万斯大作幌子攻击其师。薛瑄曾经宣称："自考亭以还，斯道已大明，无须著作，直须躬行耳。"站在教条主义立场，尽管闭着眼睛看不见《明儒学案》的价值，但是事实胜于雄辩，究竟这《明儒言行录》著作给人的印象深，还是《明儒学案》的影响大呢！

《学案小识》批判

再从教条主义的学术史的著作，来进一步分析一下关于清代学者所作的学术史，也多半都是应用教条主义的方法，而且变本加厉了。黄梨洲虽给学术史开了一条新途径，而在梨洲以后，整个清代竟无一个可称为有真正史料价值的学术史，这究竟是为什么呢？原因很简单，就因为自此以后，在清三百年专制统治之下，大多数儒者的立场、观点都几乎和梨洲的人民立场、唯物观点背道而驰，既然没有正确的立场、正确的观点，也就不可能有正确的科学治史方法。清儒所作的非科学的学术史，并不算少，都是教条主义方法的粗制滥造。因为清政府提倡朱子学，他们也都成为朱子学的应声虫了。关于这一类作品，《四库全书总目》所录可见一斑。

《圣学知统录》二卷、《圣学知统翼录》二卷，清魏裔介撰。前者共载伏羲、神农以至许衡、薛瑄二十六人，意在发明道统。《翼录》中录伯夷、柳下惠以至顾宪成、高攀龙二十二人，自序谓以羽翼圣道，鼓吹六经，实为任意去取之作。

《闽中理学渊源考》九十二卷，清李清馥撰。他是李光地之孙，此书原题《闽中师友渊源考》，所述断自杨时，而分别支流，下至明末。四、五百年之中，谱牒秩然有序，盖宗派主义著作的典型。

《理学正宗》十五卷，清窦克勤撰。是编列宋周、张以至许衡、薛瑄共十五人，人各一传。

《学统》五十六卷，清熊赐履撰。此书以孔子、颜子、曾子、子思、孟子、周子、二程、朱子九人为正统，以闵子以下至明罗钦顺二十三人为翼统，以冉伯牛以下至明高攀龙一百七十八为附统，以荀卿以下至王守仁七人为杂统，以老庄杨墨告子及二氏之流为异统。而陆象山、陈白沙、王阳明均入杂统之中，纯然是门户之见。

《道统录》二卷附录一卷，清张伯行撰。此书乃仇熙所著《道统传》的增辑。

《道南源委》六卷、《伊洛渊源续录》二十卷，前书本明末朱衡《道南源委录》旧本重加考订，后书因明谢铎《伊洛渊源续录》采辑不全，加以补正。

《关学编》五卷，清王心敬撰。是书本明冯从吾《关学编》。冯著始于孔门弟子秦祖，终于明代王之士，心敬续辑，于秦祖之前增伏羲、泰伯、仲雍、文王、武王、周公六人，自汉至明，均有增补。

《闽学志略》十七卷，清李清馥撰。是书仿汤斌《洛学编》之例，大旨以朱子为宗，录其以后传教的人。朱子以前，亦仿汤斌例为前编。

《全闽道学总纂》三十八卷，清陈福林撰。是书亦以朱子为宗，篇内源流远近，派别是非，均以此为断。所列宋儒二百三十六人，元儒十七人，明儒七十二人，清儒二十四人，同治癸酉年刊本，《四库》未收。

盖自孙奇逢作《理学宗传》，又指导其门人魏鳌（莲陆）著《北学编》，汤斌（荆岘）著《洛学编》，已给教条主义的治史方法奠定下基础。《洛学编》四卷（《汤文正公全集》同治庚午刊本）分前编、正编，前编列汉杜子春、唐韩愈、宋穆修等六人，正编列宋二程、邵雍、吕希哲，元许衡、明薛瑄、吕坤等三十五人。其后尹会一（元学）又辑《续编》一卷，列清儒孙奇逢、汤斌、张伯行等七人，并前共五卷，为地方封建主义张目。此类著作不胜枚举，而要之实为清儒所著学术史之一大特色。清儒所作学案，以及清儒学案本身，不带地方主义、宗派主义的极为少数，这是应用教条主义治史方法之必然的结果。就中尤其侥幸而享盛名的，即为唐鉴所批《国朝学案小识》十五卷，有清光绪十年据四砭斋重刊本、《四部备要》据原刻校刊本、上海文瑞楼石印本十四卷、上海群学社新标点本八卷。此书坊刻取与《宋元学案》、《明儒学案》相配合，称《清儒学案》，实则是对于前三朝"学案"之一侮辱。唐鉴专主程朱之学，他所推崇的是清初二陆（陆陇其、陆世仪）二张（张覆祥、张伯行），而于汤斌以兼宗陆王的，尚多加以批评。可见其见解狭窄，眼光短小，尚在汤斌之下。此辈所知只有朝廷的功令，所讲的也不过富贵、利禄，然而居然以哲学史家自居，至窃"四朝学案"之名，此可忍孰不可忍？读《学案小识·自叙》就很明白了。

> 欣逢圣朝，昌明正学，崇奖斯文，特示优隆。重加尊奉朱子，升祔十哲之次，诚千载一时，亿万禩学统人心之所系也。宜乎真儒跃起，辨是与非，扫新奇而归荡平，玄歧趋而入堂奥。还吾程朱真途辙，即还吾颜、曾、思、孟真授受，更还吾夫子真面目。

这真是道貌岸然的伪君子的开场白！全书《学案》十四卷，卷末一卷，分：《传道学案》、《翼道学案》、《守道学案》、《经学学案》、《心宗学案》。卷十二《经学学案》中列入余姚黄先生，所下评语，居然说："孔子曰：'攻乎异端，斯害也已。'孟子曰：'生于其心，害于其事；发于其事，害于其政。'是言岂欺我哉。"真狂悖已极，侮辱先哲，不值一驳的话。然而此书既经其徒曾国藩为校字付梓并加提倡，则其恶影响所及，当在意料之中。此书所用治史方法和当时盛行的考证学方法无关，这只要注意曾国藩的书后，便容易明白了：

> 近世乾嘉之间，诸儒务为浩博，惠定宇、戴东原之流，钩研诂训，本河间献王实事求是之旨，薄宋贤为空疏。……别有颜习斋、李恕谷氏之学，忍嗜欲、苦筋骨，力勤于见迹等于许行之并耕，病宋贤为无用，又一蔽也。

唐鉴、曾国藩之流，反对当时的进步思想及其治学方法，这是有他们的反动的阶级立场、观点的，《国朝学案小识》无疑乎是给压迫人民的清封建统治阶级服务，他们的提倡朱子学，是朱子学的厄运，而他们所反对的戴东原及颜李学，则正是戴东原及颜李学的幸运。继此，民国徐世昌所作的二零八卷的《清儒学案》（一九三九年北京修绠堂刊本一百册），其书列入正案者一百七十九人，附九百三十二人，《诸儒学案》六十八人，共一千一百六十九人，虽就体例说，只算教条主义的著作，是史料的罗列，不能称为科学的学术史，且其作书的动机，也不过沽名钓誉，本不足取，但就其提倡颜李学，与别撰《颜李师承记》这一点，其见解仍出于《学案小识》之上，而且搜罗资料，取材于《汉学师承记》、《宋学渊源记》、《洛学编》、《濂学编》、《学案小识》、《先正事略》之《名儒经学》、《碑传集》之《理学经学》、《续碑传集》之《儒学》，《耆献类征》之《儒学经学》，虽不免"杂收"，而方法上可说是比唐鉴高明多了。此外如江藩之作《宋学渊源记》，自称"我朝圣人首出庶物，以文道成天下，斥浮伪，勉实行，于是朴樕之士，彬彬有洙泗之遗风焉"（卷上，中华书局聚珍仿宋本），这是一派阿谀奉承的话，接着便抬出元和惠氏手书楹帖云"六经尊服郑，百行法程朱"，这是又一个给封建剥削阶级作叩头虫的门户之见，决也不在唐鉴之下。因此黄宗羲、顾炎武只能附列入《汉学师承记》卷八，而附于册后，变成尾巴了。

总而言之，"四朝学案"以黄梨洲的《明儒学案》为最珍贵的哲学史遗产，其他《宋元学案》因全祖望的立场不稳，便减少了史料的价值。至如《学案小识》一类的玩意儿，既与当时的科学的方法无缘，也就不能当作学术史看。但即就《明儒学案》来说，其缺点还很多。《学案》虽保存了许多原始资料，而当我们在作进一步的科学研究时，便觉得很不够。举例如王学左派李贽，当时名溢妇孺，"卓吾书盛行，咳唾间非卓吾不欢，几案间非卓吾不适"（陈明卿语），然而《学案》中一点原始资料的消息也没有，这不能不说是最大缺点。但《学案》虽对史料选择有其思想的制限性，一般说来治史方法还是好的，如《明儒学案发凡》说："每见钞先儒语录者，荟撮数条，不知去取之意谓何。其人一生精神未尝透露，如何见其学术？是编皆从全集纂要钩玄，未尝袭前人之旧本也。"这就是《明儒学案》所以高于其他的地方。《宋元学案》因有冯云濠与王梫轩所作的补遗，也可以讹漏较少，却是清儒学案直到现在尚没有满人意的著作，可称为尚未开垦的境地。从前缪荃孙有《国史·儒林传叙录》（《古学汇刊》第一集本），易顺鼎有《国朝学案目录》（琴志楼杂刻之一），刘师培有《近儒学案序目》（《左盦外集》卷十七《刘申叔遗书》），虽均有目无书，但较唐鉴等似尚高明一些。编纂学案的时代，现在是成过去了，代替它的乃是科学的中国哲学史或哲学断代史。这极伟大的科学研究工作，是应该完全站在工人阶级立场，用唯物观点与科学方法，即在马克思列宁主义历史研究方法论的基础上来从事的。谈何容易！然而无论如何，这一门的科学研究，既已由浙东学术开其端，我们只要脚踏实地，在前人的成绩上百尺竿头更进一步，科学的中国哲学史是一定会完成其任务的。

第十讲

近代思想史料选题

中国近代思想史的史料整理方法，和古代哲学史料的整理方法有些不同，即古代哲学史料的整理，主要在"去伪存真"，而近代思想史料的整理，则主要在"去粗取精"。因为近代时代较晚，史料太多了。近代思想史的第一任务乃在怎样理解目前世界历史和中国历史思想的大转变，换言之即使近代思想史的研究工作和现代思想发生密切的联系。因此近代思想史的史料学，应该方向转变，即从单纯的辨别真伪一变而尤注重史实的解释与历史的现代性。当然在史料的搜集时，我们也不应该忘记那些校勘考订和一般改正文字错误的方法。但即在改正文字错误的时候，也须联系时代背景，近代思想史料和古代哲学史料的不同地方，在近代思想史料，有一部分文献是在外国的记载中，把外文译成中文，就已经会有许多问题发生。举例如马克思《资本论》第一编第一章注二十五（莫斯科马恩列学院德文本一九三二年版，中译见《马恩论中国》）："Man erinnert sich, dass China und die Tische zu tanzen anfingen, als alle übrige Welt still zu stehn schien——Pour encourager les autres."［um die Anderen zu ermutigen］

这当然是关于太平天国很好的思想史料，却是这一段在《万人丛书》英译本（Everymens Library, 848, Eden 与 Cadar paul 合译）便完全省略。中译本（王亚南、郭大力译，读书出版社版，三联书店版文同）：

> 我们想起了这样的话，当一切其余的世界皆静着不动时，瓷器和桌子舞蹈起来了。

在这一段费解的文句里，"瓷器"一名据河上肇·宫川实的日译本，译作"陶器"，本质上没有什么不同，只多出一句：

> 吾々は、他のすべての世界が静止しているように見えるとき、他のものが起こさぬまに、陶器と机が踊り出す、そういうふうな話を思い出す。（第一卷第一分册页105，岩波文库创刊版131）

实则"陶器"二字，原为 China 之译文，应作"中国"解释。里阿查诺夫（Riazanoff）在《在马克思主义旗帜下》（第一年度）发表马克思在一八五三年《纽约每日论坛报》（*The New York Tribune*）所作《中国与欧洲革命》（*Die Revolution in China und in Europa*），并作解说，其所引《资本论》这一段话，正作"中国"解。原来这里"中国"和桌子舞蹈起来，即是指太平天国革命。马克思在一八六二年七月七日《泼莱塞报》第一八六期上，并未署名，发表《中国事件》也说及：

> 在桌子开始跳舞以前不久，在中国，在这块活的顽石上开始了革命酝酿。（《马克思恩格斯论中国》，解放社版）

我们能将这里"中国"一名解作"瓷器"或"陶器"吗？不能。因为桌子振动，为欧洲当时流行的一种迷信，据马恩列学院编辑部注："这是指一八五零年代初，欧洲贵族界中很流行的请仙扶乩，使桌子跳舞。"马克思不过借来表明太平天国革命使中国开始翻身的意思而已。为想明白这一段《资本论》的文句，最好是把里阿查诺夫说明《中国与欧洲革命》一文的时代背景引证一下：

> 正好在这个时候，欧洲的反动派奏着凯歌，共产者同盟解散了，马志尼及其徒党所组织的米兰暴动，（1853 年 2 月）结果是失败了。马克思因此把这看作最近继续着的危机的前兆而欢迎它，而他更多地欢迎远东方面革命运动的崛起。神经硬化了底欧罗巴，直到如今尚缺乏什么动作，把他和开始活动的中国对照一下，谁也一目了然只颠覆了帝位和祭坛底文明欧罗巴，现正热中于跟着美洲舶来的流行品而亦步亦趋。马克思以后想到这个事情，在《资本论》中说："人们想起来了当一切其余世界都处在静止状态的时候，中国和桌子开始跳舞起来，正如来鼓动大家也来跳舞似的了。"

这不过一个例，证明了即在近代思想史料中，也需要有校勘、考订的工夫，不过不能把这种工夫作为近代思想史料学的惟一方法罢了。中国近代思想史资料，开始于外国资本主义势力侵入后地主阶级社会改革思想和人民革命思想的兴起，终结于五四运动时期资产阶级、小资产阶级革命思想的分化和马克思主义在中国的传播，中国经过了太平天国革命、戊戌维新运动、辛亥革命以迄五四运动（参看：《中国近代思想史教授提纲》，人民出版社）。这单举中文史料上说已经是太丰富了，即因其太丰富了的缘故，所以不能不"去粗取精"。"精"是指民主性的精华，"粗"是指封建性的糟粕，这关于思想史料的选题标准，当然适用于中国哲学全史，而在近代思想史上尤其显得突出。近代思想史是民主主义与封建主义斗争，并且标志着民主主义逐步胜利的历史。民主主义是从唯物主义哲学出发，封建主义则从唯心主义哲学出发，因此这种漫长的过程，同时也就标志着唯物主义与唯心主义两个对立面的斗争过程。现在即马克思所称打破了"天朝"万古不朽思想，推翻了与文明世界隔绝的闭关主义(《马恩论中国》)，即从鸦片战争所引起的反封建的运动开始。

鸦片战争时期的思想史料

鸦片战争时期地主阶级的知识分子抵抗外国资本主义的侵略和要求社会改革的思想，可以龚自珍、林则徐、魏源为代表。现先从龚自珍说起，自珍所著有关于文字学的(《说文段注札记》，见《观古堂汇刻书》)，关于文学的(《定盦诗集》定本二卷词一卷集外未刻诗一卷，见《风雨楼丛书》册一；《定盦词》五种，见《清名家词》)，有关于地理的(《蒙古水道志》、《蒙古台卡志》、《青事宜论》、《居庸关说》、《昌平州说》，均见《小方壶舆地丛钞》)，有关于经学的(《大誓答问》一卷，《春秋决事比》见《清经解续编》)，但关于思想的主要著作，则收入如下三书：

《龚定盦集》一卷　据魏默深、龚孝拱手定原本校刊，见《风雨楼丛书》。

《龚定盦全集》十五卷　清光绪二十三年（一八九七年）万本书堂精刊本五种八册（此书较别集缺文、拾遗、年谱等）。

《定盦文集》三卷、《续集》四卷　又《文集补》及《补编》四卷、《佚文》一卷　《文集》、《续集》为武林吴氏据龚定盦手写定本，《补编》为兰山汤氏所定，《万有文库》本。

就中重要论文有关于抵抗外国资本主义侵略的如《送钦差大臣侯官林公序》(《定盦文集补编》卷二)，文中决定鸦片为"食妖"，主张严厉禁绝，并禁止外货如呢羽毛之类，积极方面则请求火器。关于反对专制政治的，如《古史钩沉论一》(《文集续编》卷二)，《乙丙之际箸议第九》(《文集》卷上)。又《古史钩沉论四》(《文集续编》卷二) 亦为对清室种族歧视而发的抗议。关于要求社会改革思想的，最早见于《平均篇》(《文集》卷上) 指出贫富的不平等，由小不相齐，渐至大不相齐，大不相齐即至丧亡天下，又《乙丙之际箸议第七》(同上)、《上大学士书》(《文集补编》卷二) 均表现改良主义思想，为后来变法运动所本。《述思古学议》(《续集》卷二) 指出时文流弊，《祀典杂议之二》(同上) 提议废文昌帝君及魁星，均与后来维新思想有关。又《五经大义终始答问七、八》(同上) 发明太平大一统，与《春秋》三世之义，亦为康有为大同说所本。关于哲学思想，如《壬癸之际胎观第五》(同上) 发明变化的规律是一而立，再而反，三而如初，这是自发的辩证法思想。《论私》(同上卷一) 与《农宗》(《文集》卷上) 言上古不讳私，表现其个人主义思想。又《古史钩沉论二》(《续集》卷二) 主张六经皆史，诸子皆出于史，则为浙东学派历史哲学之一继承，至于《释魂魄》(《文集补编》卷三)，提出魂有知的疑问。《最录神不灭论》(同上) 以神不灭为亦儒者之言，则完全跳入唯心主义的圈套中，此亦可见龚定盦思想的制限性。

其次林则徐，著书有关于文学的如《云左山房诗钞》八卷 (清光绪十二年家刊本)，关于地理的如《俄罗斯纪要》一卷 (见《洋务丛钞》)、《滇轺纪看戈纪程》(见《小方壶斋舆地丛钞》)，有关于水利的如《畿辅水利议》一卷 (见《海粟庐丛书》，又光绪二年刊本)。而最特色的是译书二种：《华事夷言》、《四洲志》(见《小方壶斋舆地再补编》)。但单就其抵抗外国资本主义势力侵略的思想史科来看，则只《林则徐政书》和《信及录》二种，就已经够了 (光绪三年长洲黄氏所刻《政书蒐遗》可供参用)。《政书》有四家奏议合钞本二卷,清光绪十一年刊本三十七卷,咸丰侯官林氏家刻本三集七种,附李元度撰《林文忠公事略》,近刻有《万有文库》第二集第144种本。《信及录》为林则徐所遗留的钞本,一九二四年在广东虎门烧烟九十年纪念时刊行,收入《神州国光社内乱外祸丛书》中。

再次魏源,本林则徐幕客,道光十年(一八三〇年)曾与林则徐、龚自珍等结成一南诗社,其所著主要关于历史地理方面。历史有《元史新编》九十五卷(清光绪三十一年邵阳魏慎微堂刊本),地理书见《小方壶舆地丛钞》,约共二十余种。关于经学有《诗古微》(《清经解续编》),《书古微》(同上),子学有《老子本义》二卷(《渐西村舍丛刻》)。但使他成为思想史上重要人物的,却在于以下三书:

《圣武记》十四卷 清道光二十二年古微堂刻本、光绪七年粤垣榷署重刊本、光绪二十八年上海书局石印本、民国十七年上海中华据古微堂原刻校刊《四部备要》本

《海国图志》五十卷 清道光二十二年活字版印本;又六十卷 道光二十九年古微堂杨州刻本、道光二十四年邵阳魏氏古微堂活字本;又一百卷 同治六年彬州陈氏刊本、光绪二年平庆泾固道署重刊本、光绪六年邵阳急当务斋刻本、光绪二十八年文贤阁石印本附林乐知等编译《海国图志续集》

《古微堂内外集》十卷 清光绪四年淮南书局刊本,内《默觚》前十四篇论学,后十六编论治;又《外集》卷三、《皇清经世文编叙》、《海国图志叙》、卷八《军储》篇均为重要思想史料。

案魏源实为中国重商主义元祖,《海国图志》据光绪元年(一八七五年)左宗棠叙:"海上用兵,泰西诸国互市者纷至,西

通于中，战争日亟，魏子忧之，于是蒐辑海谈，旁摭西人著录附己见。"其书自叙称："为以夷攻夷而作，为以夷款夷而作，为师夷长技以制夷而作。"第一是兵战，第二即商战。重商学派重货币，魏源作《圣武记》，卷十四《军储篇》一、二、三、四篇主张"源之利"，前三篇言货源，后一篇言食源。"语今日缓急之法，则货务先于食"，"货源莫如采金"，所以极力主张开银矿。开银矿"不惟足以实边储，且力足以捍外海"，这是很明白的重商主义思想。因重商所以重城市过于乡村，《默觚》卷三《治篇》可见。这和顾炎武《日知录》卷十二"人聚"重乡村之重农派思想绝不相同。魏源思想影响颇大，日本明治维新曾受《海国图志》之影响（见范文澜《中国近代史》、梁启超《论中国学术思想变迁之大势》第八章第三节），分析他的史料时，是应特别注意他和后来戊戌维新思想的关系。

在鸦片战争前后，地主阶级知识分子要求社会改革的思想以外，还应注意那时候中国人民抵抗外国侵略和反对卖国投降的思想。这重要史料，在《中国近代思想史参考资料简编》（三联书店版）中所举的如《广东乡民与英夷告示》及道光二十六年五月初八日揭帖。这三种史料之外，近广东省文史研究馆所编三元里人民抗英史料，如何玉成之《揽翠山房诗辑》等，亦可供参考之用。

太平天国思想史料

于是从鸦片战争时期的思想史料，再进来搜集一下农民革命运动高潮时期太平天国的革命思想材料就更多了，而且这些材料的整理现已成为一种新兴的专门学问。自从孙中山为《太平天国战史》作序开始，以后国内研究太平天国的便分史料考订和史料整理两大派分途并进：一派注重史料之考订整理，如《太平天国丛书》（萧一山编）、《太平天国杂记》（简又文编）、《太平天国史事论丛》（谢兴尧）、《太平天国辨伪集》（罗尔纲）之类。一派则注重史料之解释，如张霄鸣之《太平天国革命史》，李一尘之《太平天国革命运动史》。两派互有短长，即前一派注重史料之考订，是其所长，而缺乏史料之解释，是其所短。后一派注重史料之解释，是其所长，而缺乏史料之考订，是其所短。到了现在，太平天国史料的研究法，基本上有了改变，从前注重史料考订的一派，如罗尔纲等都已转变方向，综合了两派的所长而去其所短，以马克思主义历史方法为依据，将史料考订和史料解释联系在一起，这是太平天国史料学的新倾向。

现在试述一下太平天国史料之考订方面，太平天国史料应包括史料之各方面即（一）民俗学的史料（传说），（二）文献学的史料（文献），（三）考古学的史料（遗物），就中尤以文献学的史料为最丰富。民俗学的史料，如简又文的《金田之避及其他》（《太平天国杂记》二辑，一九四四年商务版），广西省太平天国文史调查团所作《太平天国起义调查报告》，其中从洪秀全等故乡所得的太平天国新史料中不少即为传说史料。考古学的史料，如太平天国起文钱（参照《太平天国杂记》），据云为起义各首领在金田起义时，私铸此以为群雄聚义——群虎会风云——之纪念品。又如浙江嘉兴之太平天国遗碑二种，一为永安炮台碑，一为长乐炮台碑，均可考见太平军占领嘉兴的史绩。又如绍兴太平天国壁画（调查记见《历史研究》一九五六年第二期），南京如意里太平天国壁画（见同上第五期），罗尔纲均为考证。其余如太平军器之类，现存者尚不少，可见考古学的史料，对于太平天国史的研究，也是很有帮助的。

　　然而史料之最丰富者，还是文献学的史料。这类史料又可分为二类，一为依文字传承者，一为依绘画传承者。后者如呤唎：《太平天国革命史》（LinLe：*Ti-Ping Tien-Kwoh*：*The History of the Ti-Ping Revolution*）中所载太平军队、太平教堂及忠王肖像、忠王主临军事会议图之类。又如《贼情汇纂》卷四《伪军制》中"阵法"一节所绘各阵图和营垒各图，又同书卷六《伪礼制》中"伪朝仪"一节所绘帽、龙袍马褂等图，以上各图可考见太平军之兵制服饰，故甚可贵，且为《太平天国野史》所无，惟《野史》有"号帽图"，较《贼情汇纂》卷五所绘更为精美。以上为依绘画传承者。

　　就文献史料之依文字传承者，又可分为十四类如下：

　　（一）官书　如太平天国所印诏书，所谓"旨准颁行诏书"，如①太平礼制，②幼学诗，③④天父下凡诏书（第一部第二部），⑤天命诏旨书，⑥天条书，⑦太平诏书，⑧太平军目，⑨太平条规，⑩颁行诏书，⑪天父上帝言题皇诏，⑫⑬新旧遗诏圣书，⑭太平天国癸好三年新历，⑮三字经，⑯太平救世歌，⑰建天京于金陵论，⑱贬妖穴为罪隶论，⑲诏书盖玺颁行论，⑳天朝田亩制度，㉑天理要论，㉒天情通理书，㉓御制千字诏，㉔行军总要，㉕天父诗，㉖醒世文，㉗王长次兄亲目亲耳共证福音书。以上共二十七部，内①②⑧⑮原刻本藏德国柏林普鲁士国家图书馆，③④⑤⑩⑰⑱藏法国东方语言学校东方图书馆，⑥⑦⑨⑪⑭⑯⑲⑳㉒至㉗藏英国不列颠博物院，㉑藏英国剑桥大学图书馆。现分别收入程演生《太平天国史料》、萧一山《太平天国丛书》及王重民《太平天国官书十种》、罗邕、沈祖基合编《太平天国诗文钞》中。官书有不见于《旨准颁行诏书总目》中的，如㉘太平天国甲寅四年，㉙戊午八年，㉚辛酉十一年新历三种。㉛太平礼制第二部，㉜资政新篇，㉝天父天兄天王太平天国己未九年会试题，㉞开朝精忠军师干王洪宝制，㉟钦定军次实录，㊱钦定英杰归真，㊲钦定士阶条例，㊳太平天日，㊴幼主诏书，共十三种。内㉚㊲㊴不列颠博物院藏，㊱旧国立南京图书馆藏。均收入《太平天国丛书》第一集，余均为剑桥大学藏本，收入王重民《太平天国官书十种》。

清室方面官书如朱学勤等纂《钦定剿平粤匪方略》，亦属此种。

（二）诏谕 如太平天国文书、谕、呈、尺牍、职凭等，见北京故宫博物馆编《太平天国文书》，北平研究院萧一山编《太平天国诏谕》、《太平天国书谕》。

（三）供状 如李秀成供状（湘乡曾富厚堂藏自传原稿，有罗尔纲笺证本）、干王洪仁玕供状、幼主洪天福贵供状、邱王洪仁政供状、昭王黄文英供状（胡友棠藏原刻本载《逸经》第二十期、第二十一期）、洪大全供状（载民国二十三年九月一日《大公报》图书副刊第四二期）、遵王赖文光供状（柴小梵辑《梵天庐丛录著录》），及杨辅清福州供词等。供状之史料价值甚高，如洪仁玕供状与李秀成供状比较，两者同叙述洪杨等广西起义的情形，洪氏偏重宗教方面，李氏叙述则偏经济方面，而两人针锋相对，参考《沈文肃政书》卷三《讯明逆首供情折》（同治三年十月十三日）便知。要之这两供状均为无尚珍贵的史料，如以洪秀全之出身言，依清官书及笔记所载，各种说法不同，如（一）护送烟土洋货说（《贼情汇纂》卷一），（二）演命卖卜说（《平定粤匪纪略》附记一《王定安湘军记》卷四、《求阙斋弟子记》卷四、《庸闲斋笔记》卷四，广州传雅堂本）均不可靠。护送烟土与太平天国宗旨根本不合，断无此事，演命卖卜说当系误以洪大全的传说和洪秀全并作一谈。惟李秀成、洪仁玕两供状（三）读书说为可信，《瓮牖余谈》与《金壶七墨》亦有此说，乃本于供状。举此一例即可以证明供状之史料价值。

（四）战纪　如韦以成《太平天国战纪》及杜文澜《平定粤匪纪略》、秦湘业《平浙纪略》、鲍照《战功纪略》、王闿运《湘军志》及王定安《湘军记》、陈昌《霆军纪略》、罗尔纲《湘军新志》等。

（五）类纂　如张德坚所编《贼情汇纂》，为言太平天国典章文物必备之书，为《太平天国野史》所本。太平天国官书为太平天国宣传，《贼情汇纂》则为太平天国作反宣传。但此反宣传的编者张德坚，除了反宣传的语句以外，采访事实是很能抱科学态度的，观其自序可知。此书首列采访姓氏，分官绅、兵勇、难民、俘贼四等。书中各篇，系何人所见所说，皆于一编之末注明，而且其书其名，决非敷衍塞责者比。最有趣的是在凡例里说明他一片苦心，求人原谅。他说："一切伪制本属荒谬暴虐者，皆极力丑诋之。然披猖至此，似非毫无伎俩，于军制诸条殊多记其能事。剿盗在前，詈之何益？览者谅焉。"此书共十二卷，总分九类，实为太平天国文化研究之一重要史料，因为太平官书虽极可靠，但尚非有系统的著作，此则条理明白。现在拿来和凌善清所著《太平天国野史》比较，《野史》据著者自序，实本于《洪杨纪事》抄本。实则《洪杨纪事》所记太平故实，止于咸丰五年（太平四年），于职官兵制考订周详，实即《贼情汇纂》一书的变名。又有《洪杨汇纂史略》抄本（清华大学图书馆藏），与民国十七年北京广业书社所刊行《太平天国别史》亦均出于《贼情汇纂》。而《太平天国野史》为从《洪杨纪事》抄本增补订正而成则决无可疑也。把《野史》与《汇纂》比较，如《太平野史》所删削的文字，均为《汇纂》所认为"一切伪制本属荒谬暴虐"、应"极力丑诋"的。《野史》所改正的文字，如《汇纂》卷八"贼文告"改作"文告"，"伪文字"改作"文字"，此一条首一句"考古篡窃之君"，"篡窃"改为"革命"，此可见《野史》为全从《汇纂》改编之痕迹。又《野史》所增加的文字，以列传为最多。又太平军所颁檄文，亦为《汇纂》所无、《野史》所特有。《野史》与《汇纂》颇有异同，而均为文化史资料。《汇纂》原抄本旧藏南京国学图书馆，现已散失，影印本流传亦不广，故特为之说明如上。

（六）奏疏 如《曾文正公奏稿》（《全集》第二册）、《胡文忠全集》（包括奏疏及书牍共八十六卷）、《左文襄公奏疏》（初、续二编内初编三十八卷《剿匪》可参考）、《李文忠公奏疏》（二十卷，或《李文忠公全书奏稿》本）、《骆文忠公奏议》（十六卷，又续刻《四川奏议》十一卷附录一卷）、《沈文肃公政书》（七卷）、《彭刚直公奏疏》（八卷）、《李文恭公奏议》、《江忠烈公遗集》（三册），《忠武公会办发逆奏疏》（清华大学藏钞本）、《杨勇悫公奏议》、《刘壮肃公奏议》、《曾忠襄公奏议》（六十四册）、《皇朝道咸同光奏议》（王延熙、王树敏辑共二十八册）。此项奏议甚多，如上所举曾国藩、胡林翼、左宗棠、李鸿章、骆秉章，沈葆桢、彭玉麟、李星沅、江忠源、向荣、杨岳斌、刘铭传、曾国荃等已十三家，其奏报军情战绩虽未免夸张失实，不足称为信史，但是我们只要用新的治史方法，来整理它、批判它，则未尝不可发现新史料。如第一将各家奏疏互对比看，王闿运作《湘军志》，看胡奏稿，又看曾奏疏，发觉曾不及胡，即是应用这种方法。又如左宗棠自同治甲子后与曾国藩绝交不通音问，这事薛福成《庸盦笔记》卷二曾有记载。但其绝交的理由，事关幼天王洪福瑱，详细情形可并看曾、左、沈三人奏疏。此即一例。第二是将各家奏疏与家书函牍并看。咸丰以来名臣有奏疏的多也有家书，如《曾文正家书》、《左宗棠家书》、《李鸿章家书》、《彭玉麟家书》之类。奏疏虽多夸张粉饰的话，家书中间有涉及军情战报的，则较为可信。如前耶鲁大学海尔（Hall）所著《曾国藩与太平天国》（*Tseng Kuo-fan and the Taiping Rebellion*）即专根据曾国藩的信件为资料而成功的。

（七）文集 如冯桂芬之《显志堂稿》卷四有《上海守城记》，卷六有张国梁、程学启等传，及郭嵩焘《泰知书屋文集》、梅曾亮《柏枧山房文集》、汪士铎《梅村膡稿》，均可资旁证。

（八）笔记 如谢稼鹤《金陵癸甲纪事略》（有谢兴尧《太平天国丛书》十三种排印本，《国粹丛书》第三集国学保存会本颇有删节，改名《金陵癸甲摭谈》），朱圭《思痛记》（上海振震书房校录原稿改订本名《太平军中被难记》），樗园退叟《盾鼻随闻录》（《小说月报》第六卷第九号至第十一号）之类，均为专记太平军事者。如陈其元《庸闲斋笔记》、薛福成《庸盦笔记》、王韬《瓮牖余谈》、黄钧宰《金壶浪墨》、汪士锋《乙丙日记》则皆涉及太平军者，均极精彩。又《上海掌故丛书》中有关于太平军占领上海的笔记，谢兴尧《太平天国丛书》十三种第二辑《珍籍汇编》，亦均属这一类。

（九）方志 如《同治浔州府志》、《民国桂平志》、《光绪贵县志》均可见洪杨起义时情形。又《上海县志》、《宁波志》、《镇江府志》等均可见太平军进至上海附近时的情形。

（十）传记 如朱孔彰《中兴将帅别传》（坊刻作《中央名臣事略》，或作《续先正事略》），又如王定安《求阙斋弟子记》共三十二卷，专为曾国藩作评传，卷十附《贼酋名号谱》，为研究太平天国封爵之参考资料。

（十一）外人著作　如英国蓝皮书（*Taiping Rebellion*：*Papers Respecting the Civil War in China*，*1853—1863*）出版各册，吟唎（Lin-le）著 *The History of the Ti-Ping Tien-kwoh Revolution*，*Including a Narrative of the Author's Personal Adventures*（zVols，London，一八六六年；孟宪承译《太平天国外纪》三册，商务印书馆一九一五年版）。瑞典人韩山文（Rev. Theodore Hamburg）著 *The Visions of Hung-sin-tshuen and Origin of the Kwang-si insurrection*（一八五四，香港）。此书洪仁玕所述，有简又文译本，载《太平天国杂记》，又中西文合璧有燕京大学图书馆本。此外如 Hake，Meadows，Rine，Callery and Yuen 等所著关于太平天国的著作文件，未经汉译者，依戈尔逊（H. Cordier）《中国学图书目录》（Bibliotheca Sinica V01. I. PP. 645-664. Vol. IV. P. 3106—3107，Vol-V. P. 3483—3484）所载英文著作有一百七十种，法德文著作有三十种，均可资参证。

（十二）近人著作　如刘成禺《太平天国战史》、王钟麒《太平天国革命史》（商务）、罗尔纲《太平天国史纲》（商务）、李一尘《太平天国运动史》（光华）、张霄鸣《太平天国革命史》（神州国光社）、谢兴尧《太平天国的社会政治思想》（商务）、李群杰《太平天国的政治思想》（真理出版社）、罗尔纲《太平天国史稿》（开明）、范文澜等《太平天国运动》、彭泽益《太平天国革命思潮》（商务）、简又文《太平天国广西省义史》等，皆属通史性质。或专论社会政治思想者。其属于考证方面，如郭廷以《太平天国史事日志》、《太平天国历法考订》。就中尤以罗尔纲最近的著作为多，有《太平天国史记载订谬集》、《太平天国史事考》、《太平天国史料辨伪集》等。

（十三）史料丛刊　如《文献丛编》、《掌故丛编》（故宫博物馆）中之太平军事件史料，《中国近百年史资料》正、续编（中华）之太平天国史料。尚有程演生《太平天国史料》第一集（北京大学出版社），刘复辑录《太平天国有趣文件十六种》（北新），及罗邕、沈祖基编《太平天国诗文钞》，则为专辑太平天国史料而不及其他者。《史料》第一集收录巴黎东方语言学校所藏史料，《有趣文件》收录不列颠博物院所藏史料，惟多琐碎小品，其藏普鲁士国立图书馆的最精彩，由俞大维摄影，张菊生校补，共计八种，罗邕据以编入《太平天国诗文钞》。又谢兴尧编《太平天国丛书》十三种（一九三八年北京瑶斋丛刻本），第一辑论著，第二辑珍籍汇编，第三辑太平诗史。

（十四）新闻杂志　如邸报兼录上谕奏疏，惜不多见。英文《华北先驱周刊》（*North China Herald*）与《中国邮报》（*China Mail*），为数十年前在上海香港出版的，颇多珍贵之太平天国史料。《遐迩贯珍》（*Chinese Serial*）咸丰三年至六年在香港出版，其中有关太平天国史料，现已收入《明清史料》第二种《太平天国史料》（北京大学文学研究所、北京图书馆合编，开明书店版）中，又解放前杂志如《逸经》、《经世》、《国闻周报》、《大风》及现出版之《历史研究》，均有关于太平天国文献的报道。

由上所述文献学史料共十四种，实则应用参考书目，决不止此数。如研究太平天国背景，则如《清经世文编》、《续经世文编》、《东华续录》（道光朝、咸丰朝、同治朝）、《清史稿》，均不能不加注意。由于太平天国史料太丰富了，使我们得以见到史料之多样性之一范例。又因在海外所藏太平天国当时之直接史料，现均从外国方面不断地归回本国，使我们对于清政府官书所作对于太平天国的歪曲记载，得以纠正。有了这样巨大的收获，而后太平天国的革命思想才好讲。不过太平天国革命思想史料，虽然所涉范围极广，而应用起来则不能不去粗取精。如关于史料的解释，马克思在一八五三年《纽约每日论坛报》所作《中国与欧洲革命》，一八五〇年一月三十一日所作《国际概况》，一八六二年七月七日所作《中国事件》，一八五八年九月二十五日所作《鸦片贸易》（第二编），均能科学地分析太平天国革命的原因，这是太平天国革命思想研究的绝好材料。马克思不但在《拿破仑第三政变记》和《资本论》中应用了历史唯物主义的理论，即在论太平天国革命各篇，也都是这理论的应用上的一个非常辉煌的例子，真是再正确也没有了。至于太平天国思想史料本身，它固然是太平天国史料的精华所在，但却不就等于所有太平天国史料。所以在太平天国史料之中，选出那是革命思想史料，这便成为必要的了。这些史料，约可分为数类：

（一）官书

原道救世歌（一八四五——一八四六）洪秀全

原道醒世训（一八四五——一八四六）洪秀全

原道觉世训（一八四五——一八四六）洪秀全

天条书（一八五〇）

天朝田亩制度（一八五三）

天父下凡诏书（一）（一八五一）蒙得天、曾天芳纪录

天父下凡诏书（二）（一八五三）

天命诏旨书（一八四九——一八五三）

太平救世歌（一八五三）

天情道理书（一八五四）

幼学诗（一八五一）

醒世文（一八五八）

天父诗（一八五〇——八五九）洪秀全

王长次兄亲目共证福音书　洪仁玕

英杰归真（一八六一）洪仁玕

太平天日（一八四八年作，一八六二年刊行）

资政新篇（一八五九）洪仁玕

军次实录（一八六一）洪仁玕

（二）诏谕

诛妖诏（《贼情汇纂》卷七"贼文告"）洪秀全

戒吸鸦片诏（同上）洪秀全

赐西泽番弟诏（王重民据英剑桥大学钞本载《逸经》第二十三期）洪秀全

奉天诛妖救世安民谕（一八五二）杨秀清、萧朝贵

奉天讨胡檄布四方谕（一八五二）杨秀清、萧朝贵

救一切天生天养中国人民谕（一八五二）杨秀清、萧朝贵

檄告招贤文（一八五二）石达开

攻湖南檄文　石达开

诰四民安居乐业谕（一八五三）杨秀清、萧朝贵

诲谕殿右壹拾检点陈玉成弟（一八五五）秦日昌

照会天朝国宗石兄（一八五四）罗大纲

劝谕弃暗投明檄（一八六〇）洪仁玕、陈玉成、李秀成等

戒浮文巧言谕（一八六〇）洪仁玕、蒙时雍、李春登

（三）供状

李秀成自传原稿（一八六四）李秀成

干王洪仁玕供状（一八六四）洪仁玕

（四）诗文

颁行历书序（一八五四）

常熟报恩牌坊碑序（一八六二）

白龙洞题壁诗　石达开

歌咏忠王民歌（一八六四）

（五）其他

讨粤匪檄（一八五三）　曾国藩

上逢天义刘大人禀　黄畹

太平天国虽然是农民性的反对封建革命，但却与从前中国历史上的农民革命不同，即从前的农民革命是在闭关时代，而太平天国则处在中国的海禁大开时代。前者革命之经济原因纯然为反封建的剥削，后者革命之经济的原因，则在帝国主义侵略与封建统治的剥削两层经济的压迫之下。太平天国起义中人，因其与西方的宗教文化接触，因亦最早"向西方国家寻找真理"。史料中如《天朝田亩制度》提出"有田同耕，有衣同穿，有钱同使，无处不均匀，无人不饱暖"的伟大理想，这尚不过空想的农业社会主义，是《周礼》一书和早期基督教徒《使徒行传》中思想的结合。但到了洪仁玕的《资政新篇》，便不然已。洪仁玕是农民革命队伍中受过西方资本主义思想影响的启蒙人物，从他以后，中国的思想界便孕育着资本主义的萌芽思想，如太平天国革命以后、戊戌维新以前的思想界即是包围在这资本主义的萌芽思想的气氛之中，这就是从封建统治阶级中初步分化出来的具有资产阶级观点的改良主义。

戊戌维新思想史料

在国际帝国主义侵略下的中国，初期资本思想乃从官僚资本开始，其次才有商业资本的集积，但还不是工业资本。商业资本在中国和在欧洲一样，它是工业资本主义发展的历史前程。马克思曾指出商业斗争是与工场手工业之兴起同时，一般地出现于十五世纪之末与十六世纪之初，这和封建制之解体有关。(《德意志意识形态》) 在十六、十七世纪与地理发现一同发生并曾迅速促进商人资本发展的商业大革命，在封建生产方法到资本主义生产方法的过渡上是一个主要的推进原因(《资本论》)。因为商业资本先于产业资本。真正所谓资本主义生产方式占统治地位是在资本主义的机器时期，而真正所谓机器，创始于十八世纪之末(《哲学之贫困》)。在此之前工场手工业还不是用机器之近代的工业。因此可以说在工场手工业时期，即在资本主义社会的前阶段，是商业支配工业(《资本论》)。为要指明这在以商人为代表的商业资本怎样和产业资本不同，马克思曾指斥近世经济学就连它的最上流的代表，也在把商业资本和产业资本混同，并且把商业资本的特征忽视(《资本论》)。因为商业资本是产业资本的历史前驱，所以他在封建生产方式变为资本主义生产方式中起了巨大的推进作用；同时又因为商业资本和产业资本不同，他的独立发展有助于为数众多的封建残余的保存。正如斯大林在一九二七年时事问题简评《关于中国》(《列斯论中国》) 中所云：封建残余的统治，同乡村商人资本的存在相结合。这就是中国产业落后与不容易发展的原因。

现在专就戊戌维新时期来说，这时候中国资本——商业资本和高利贷资本——已占统治地位。而在生产领域内，资本才走上了第一步，尚在工场手工业时期，是商业支配产业，不是产业支配商业。所谓工业，大体属于商办或官商合办，虽从外国输入机器，但还不能自己制造。这时候二十一省所办"新政"据胡思敬《戊戌履霜录》(光绪癸丑南昌退庐刊本，题退庐居士撰) 卷四所载"工商"、"矿务"、"股票"各表，其中"股票"一项，"官股"之外,如"盐商"、"典商"、"钱行丝绸工业"、"商股"、"商"、"中商"、"吉商"股,均为商业资本和高利贷资本。"工商"一项如"立总商会"、"设商务局"固然是重商,就是"创工业赛会场",设劝工学堂,立缫丝厂、纺纱厂、设装茶公司,也不过是讲工艺以兴实业,尚属于工场手工业性质的。至于"开矿",本和重商为一件事。光绪以后士大夫竞言富强,华商之集矿股,正因为黄金和白银流出国外的数目太多了(参薛福成:《筹洋刍议矿政篇》,马建忠《适可斋记言上李伯相论漠河开矿事宜禀》)。由重商主义者看来,商业战争首先必须使流入国内的金银尽量的多,流出国外的尽量的少,所以开矿乃所以保护封建社会内新兴的资产阶级利益(参陈炽《续富国策维持矿政说》)。这是清道咸以来重商主义产生的背景,同时也是"戊戌维新思想"的背景。

中国商业资本的兴起,反映在清中叶以来的重商主义者的学说中,首先可以算到魏源。戊戌以前的维新思想,即继承其重商思想而来。毛泽东同志在《中国革命与中国共产党》中说:

> 事实上,由于外国资本主义的刺激和封建经济结构的某些破坏,还在十九世纪的下半期,还在六十年前,就开始有一部分商人、地主和官僚投资于新式工业。到了同世纪末年和二十世纪初年,到了四十年前,中国民族资本主义便开始了初步的发展。

> 由于一部分商人、地主和官僚是中国资产阶级的前身,所以中国资产阶级一产生便特别显出他的软弱性,尤其半殖民地的商业高利贷资产阶级,根本还是封建社会的产物。

> 帝国主义列强从中国的通商都市直至穷乡僻壤,造成了一个买办的和商业高利贷的剥削网,造成了为帝国主义服务

的买办阶级和商业高利贷阶级……

　　于买办阶级之外，帝国主义列强……首先和以前的社会制度的统治阶级——封建地主、商业和高利贷资产阶级联合起来，以反对占大多数的人民。（同上）

这就是说伴随着帝国主义的商品侵略，还有"中国商业资本的剥蚀"。在这里，那从帝国主义列强侵入中国以来所产生的买办阶级，首先是以洋务派的官僚资产阶级为代表，其次才是封建地主和商业资产阶级，也就是列宁所称为君主自由资产阶级，这是从洋务派中分化出来的改良主义。其初起时都和洋务派或多或少保持着一种关系，洋务派和他们都一样讲求富强之道，但洋务派首先讲的是"求强"，所谓强就是练洋操、用洋军器，所以提倡官办军用工业，购买外国的船和枪炮，设船政局、机器局，每年所耗费的巨大款项，全属军事性质。他们是在封建集团加入了极大的买办成分，因之他们所谓强也只是培养对内武力，所谓富也只是各自私饱贪囊而已。相反地戊戌以前的维新思想，虽和洋务派一样讲富强，正如薛福成所说"而既厕于邻敌之间，则富强之术，有所不能废"（《筹洋刍议》，《庸盦全集》光绪十三年刻本）。但欲求自强则必先致富，所以说："治国以富强为本，而求强以致富为先。"（马建忠：《适可斋记言·富民说》）求强在先练兵、采用洋操，致富则在于和外国通商（参何启、胡礼垣《新政真诠》四编，格致新报馆本）。在这里可以看出戊戌以前维新思想仍然没有跳出买办成份，但重要分别是洋务派的"新政"，是官僚而兼买办，维新派的通商，则一般是站在民族立场，所谓"为华民开一分生计，即为藩海塞一分漏卮，为间阎开一分利源，即为国家多一分赋税；为中国增一分物业，即为外国减一分利

权"（陈炽《续富国策自叙》），就这样成为所谓商业资产阶级的
代言人了。商业资产阶级的改良主义思想可以是封建地主阶级的
知识分子，如冯桂芬、王韬、陈炽、陈虬，也可以是从官僚转变
出来的如容闳、薛福成、马建忠、郭嵩焘；而更具有特色的则是
代表商人的，如郑观应、何启、胡礼垣。现在试就他们的思想史
料，分别介绍之如下：

冯桂芬——所著有《说文解字段注考正》十五卷（吴县冯氏
据原稿影印本）、《校邠庐逸笺四卷》（光绪十一年上海点石斋石
印本），均属于文字学类的。其关于思想方面有《校邠庐抗议》
二册，光绪十年吴县冯芳桂豫章刻本，又光绪癸未秋九月津河广
仁堂校刊书第十一册本。又《显志堂稿》十二卷，光绪二年校邠
庐刊本，此书卷十一卷十二与《校邠庐抗议》相同各篇，可互
看。冯桂芬是林则徐门生，《抗议变科举议》中有"昔年侍饮先
师林文忠公署"一语，可证。又郑观应《盛世危言三编》卷二
（光绪二十四年图书集成局铅印本页5—15）录《抗议》十三篇，
可见其影响。今据光绪癸未刊本，录其要目：

变科举议

制洋器议

善驭夷议

采西学议

寓兵于工议

上海设立同文馆议

王韬——所著书关于地理的，如《日本通中国考》之类，见
《小方壶斋舆地丛钞》。关于西学的，如《西学辑存》六种（英
伟烈亚力口译、王韬述，清光绪十六年淞沪既庐排印本）、《法国
志略》二十四卷（光绪十六年淞沪庐排印本）、《普法战纪》十

四卷（同治十二年排印本）、《火器略说》（光绪七年排印本）。
关于小说笔记的，如《甕牖余谈》八卷（《清代笔记丛刊》）、《后
聊斋志异图说》十二卷（光绪十七年上海鸿文书局石印本）、《遁
窟谰言》十二卷（见申报馆聚珍版丛刊）、《淞沪琐语》（光绪二
十三年商务铅印本）等。其关于思想方面，只有《弢园文录外
编》八卷，清光绪九年弢园老民刊于香港，共四册，要目如：

变法上（卷一）

重民下（同上）

兴利（卷二）

西人渐忌华商（卷四）

六合将混为一（卷五）

原道（卷一）

洋务一（卷二）火器说略后跋（卷十）

陈炽——所著《褒春林屋诗》一卷（见《四子诗录》）以
外，如《庸书》内编、外编各二卷（清光绪二十二年序刊本），
《续富国策》四卷（光绪丙申夏月刊本，署名瑶林馆主）。二者均
属思想史料。兹拟选《庸书》要目：

庸书内外篇自叙（《庸书》外篇卷下）

名实、自强、鳌金（内篇卷上）

学校（同上卷上）

洋务、商部（《庸书》外篇卷上）

税则（同上卷上）

考工（同上卷上）

商务（同上卷上）

税司（同上卷上）

公司（同上卷上）

轮船（同上卷上）

议院（同上卷下）

电学（同上卷下）

格致（同上卷下）

陈虬——所著除《治河议》、《筹边议》（见《小方壶斋舆地丛钞再补编》）外，关于思想史料有《蛰庐丛书》六册，光绪甲午瓯雅堂刊本，内容为《报国录》二卷、《经世博议》四卷、《救时要议》一卷、《治平三议》一卷、《蛰庐文略》一卷。《经世博议》以下又名《治平通议》，自序云"报国录为团防而作"，可见其地主立场。就中《经世博议》论法天，变法一至七，均拟选，《救时要议》中《富策》、《强策》，皆可选录。《蛰庐文略》拟选如下三篇：《求光社记》、《书校邠庐抗议后》、《书颜氏学记后》

就中《求光社记》叙其从事封建式的新村运动，至被人诋为布衣党事，甚可注意。

容闳——所著以《西学东渐记》（徐凤石、恽铁樵译，民国四年上海商务印馆版）为最有名。尚著《自立军对外宣言》，载冯自由《中华民国开国前革命史》上卷（第十一章）；《请创办银行章程》，见郑振铎《晚清文选》，皆可入选。兹特录《西学东渐记》要目：

第十章：太平军中之访察

第十一章：对于太平军战争之观感

第十三章：与曾文正之谈话

第十四章：予之教育计划

又前引冯自由书（民国三十五年沪版）第九章《正气会及自立会》、第十一章《庚子唐才常汉口之役》、第十五章《壬寅洪全福广州之役》，均可考容闳史实，可参看。

薛福成——所著关于地理的，如《滇缅分界疏略》之类，见《小方壶斋舆地丛钞再补编》。关于笔记的如《庸盦笔记》六卷，见《清代笔记丛刊》。《庸盦全集》十种四十七卷，清光绪十年至二十四年家刊本；又《庸盦内外编》十二册，清光绪二十四年长沙铸新垒校刊本，内容有《庸盦文编》四卷，《庸盦海外文编》四卷，《外编》四卷，《筹洋刍议》一卷，《续编》一卷，《出使英法义比四国日记》六卷，就中尤以《筹洋刍议》为最有思想史料价值。兹据内外篇录其要目：

应诏陈言疏——《文编》卷一

创开中国铁路议——《文编》卷二

代李伯相议请试办铁路疏——《庸盦文续编》卷上

英吉利用商务开垦荒地说——《海外文编》卷三

西法为公共之理说——同上

西法诸国导民生财说——同上卷三

用机器殖财养民说——同上

治术学术在专精说——同上

西洋各国教民立法——同上卷六

地球万国内治之治——同上卷五

筹洋刍议——《庸盦内外编》第九册，拟选下三篇：商政 船政 变法

论公司不举之病——《海外文编》

考旧知新说——同上

马建忠——所著《马氏文通》十卷（清光绪三十年成都官书局铅印本，民国十六年上海商务《万有文库》本），及见《小方壶斋舆地丛钞再编补》关于地理游记之类，与《法国海军职要》

一卷（见《质学丛书》）之外，关于思想史料有《适可斋记言记行》十卷，清光绪二四年著易堂石印本二册，兹选录《记言》要目：

富民说　铁道论　借债以开铁道说（卷一）

法国海军职要序　上李伯相言出洋工课书　巴黎复友人书玛赛复友人书（卷二）

上李伯相覆议何学士奏设水师书（卷三）

上复李伯相札议中外官交涉仪式洋货入内地免釐禀拟设繙译书院议（卷四）

郭嵩焘——所著有《养知书屋遗集》，清光绪十八年刊本三种，五十五卷，二十八册。内有《养知书屋文集》二十八卷，《养知书屋诗集》十五卷，《郭侍郎奏疏》十卷。兹选其思想史料要目：

伦敦致李伯相　《养知书屋文集》卷十一

致李傅相　同上卷十三

与友人论仿行西法　同上卷十三

铁路后议　同上卷二十八

郑观应——所著《防边危言》、《防海危言》见《小方壶斋舆地丛钞再补编》。《罗浮待鹤山人诗草》（上海著易堂排印本）、《陶斋志果》八卷（清光绪二十六年刊本）。关于思想史料有《盛世危言》六卷二编四卷三编六卷（清光绪二十四年香山郑氏铅印本）、《盛世危言新编》十四卷（光绪二十四年著易堂石印本）、《盛世危言后编》十五卷（清季香山郑氏自刊本八册）。兹拟选题如下：

自序（光绪十八年壬辰）见光绪二十四年三月图书集成局铅印本卷首

西学 《盛世危言》卷一

议院 同上卷一

商务 同上卷二

商战 同上卷三

纺织 同上卷四

开矿 同上卷五

商务 《盛世危言二编》一

开矿 同上卷一

议政 同上卷一

商务一 《盛世危言三编》卷一

商务二 同上卷一

商务四 同上卷一

商务五 同上卷一

商战下 同上卷二

开矿 同上卷二

公举 同上卷二

就中《农功》篇，和另外不知名目的一篇，相传是孙中山写的。说见陈旭麓《辛亥革命》（上海人民出版社）。

何启、胡礼垣——合著《新政真诠》六编七册，清光绪二十七年上海格致新报馆铅印本，卷前有朱印光绪上谕一道，内容为《曾论书后》、《新政论议》、《新政始基》、《康说书后》、《新政安行》、《劝学篇书后》、《新政通变》。又《中国宜改革新政论议》，有光绪二十一年香港文裕堂铅印本，封面题《新政议论附曾侯中国论》。又《胡翼南先生全集》六十卷，民国九年香江胡氏铅印本，十八册，亦收入《新政真诠》一书。兹据全集本卷十三、卷十四选要题如下：

前总序　后总序　曾论书后（作于丁亥之夏）

新政论议（作于甲午冬、刊于乙未春中日和约未订之前）

新政始基（戊戌春在政变前七月）

康说书后下（政变前五月）

劝学篇书后（己亥春）

由上从封建统治阶级中初步分化出来的具有资产阶级观点的改良主义思想史料，实即为戊戌维新的思想前导。以戊戌维新思想初起时，实际上亦只代表商业资产阶级。据康南海自编《年谱》，曾述其与陈炽（次亮）的关系（《中国近代史资料丛刊·戊戌变法》第四册），又述其与澳商的关系（同上）。据《梁启超年谱》，他在二十四岁时从丹徒马相伯、眉叔兄弟习拉丁文（同上）。可见康梁变法实为戊戌以前维新思想之一个继承和发展，从康、梁以后资产阶级性的改良主义才达到思想的高潮。然而戊戌维新运动主要还只是代表这个时期从地主官僚转化过来的具有初步资产阶级知识的改良主义的政治倾向。康、梁之外，更有西方资产阶级民主主义文化的传播者严复，与改良主义政治运动的激进分子谭嗣同，他们因尚局限于国际帝国主义的通商关系，因之他们的利益，对内可以和地主一致，而和封建官僚政治妥协，如康有为之拥护封建君主统治；同样对外亦可以和帝国主义的洋商买办妥协，如谭嗣同曾为安得马尼矿与英人傅兰雅（*John Freyer*）订立合同（见《谭嗣同书简》附录二《欧阳中鹄书》附录一《唐才常与欧阳中鹄书》），这告诉我们那时候中国资本主义尚未发达，华商必须依赖洋商，这就客观上规定了初期自由资产阶级只可能是商业资产阶级的性质。但尽管如此，戊戌维新运动毕竟是为中国在不同时期的不同程度上企图反对帝国主义与封建势力的改革运动。戊戌维新的社会背景，标志着自一八九四年中

日战争后中国社会的三种基本矛盾，第一在经济方面是中国民族
资本的开始萌芽和国际帝国主义经济侵略的矛盾。由于列强在经
济上、政治上瓜分中国，操纵了中国经济命脉，使中国民族工业
不发达，民族资产阶级被压迫。第二在政治方面，由于各帝国主
义间夺取中国斗争的阵线不统一，形成中国封建官僚间的不统
一，即封建统治间内在的矛盾，如亲英派和亲俄派的对立，帝党
和后党的对立，还有它外在的矛盾，即为国际资产阶级服务的统
治阶级集团和人民间的矛盾。第三在文化方面，这时一般知识分
子的知识来源，一方面从广学会所刊布的书报及西方名著介绍所
译诸书得来，一方面从儒学的传统，接受了古籍如《公羊春秋》、
《易》、《礼》、《四书》等影响，这是中西学之间的矛盾。由上三
种矛盾，主要矛盾是在经济方面。为着解决这些矛盾，便发生站
在统治阶级立场上的守旧与维新的反对运动，守旧派代表贵族、
军阀、旧官僚、大地主阶级、大买办阶级及旧式商人，是完全站
在反革命的帝国主义一边的。维新派代表新官僚、开明地主，地
主阶级知识分子和商业资产阶级，是属于不当权部分的统治集
团。他们虽不完全站在反帝反封建的立场，但就其企图自上而下
的政治改革，就其呼号奔走维新事业，卒能使中国思想界跳出旧
风气而造成新风气，这已经是为革命民主的思潮开了先路，是很
有进步的意义的。现在即从这一运动的中心人物，选录其思想史
料要目。

　　康有为——所著书，据《万木草堂丛书目录》（《沧海丛书》
第十一册）：经部十八种，史部六十二种，子部二十二种，集部
二十六种，共一百二十二种，合补目共一百三十七种，其中尚不
包括《万木草堂口说》（三卷抄本）与自著《年谱》。兹录其思
想史料方面：

（1）人生于地之乐（一八八四）　《诸天讲》"地篇"第二（第一册）

（2）地上人即天上人（一八八四）　同上

（3）大同书绪言（一八八四）　《大同书》甲部（第九行第十三字止）中华书局本

（4）人所尊尚之苦（一八八四）　同上

（5）戊子上皇帝书（一八八八）　见张伯桢《南海先生传》，《沧海丛书》第十七册。

（6）长兴学记（一八九一）　论性、论学二节见《蛰云垒斋丛书》第十四册。参叶德辉《长兴学记驳义》，见《翼教丛编》卷四。

（7）乙未上皇帝书（一八九五）　案光绪二十一年四月即甲午战争的下一年，联合十八省举人连名所上万言书，即所称"公车上书"。乙未刻，戊戌、庚子两奉伪旨毁版，载《清经世文编》卷十六。

（8）乙未上皇帝书（二）（一八九五年闰五月）　戊戌政变记(《饮冰室全集》专集之一)。又以上上皇帝书有《南海先生四上书记》，上海时务报石印本。又《中国近代史资料丛刊·戊戌变法》第二册。

（9）进呈俄罗斯大彼得变政记序（一八九八　戊戌正月）《戊戌奏稿》附，日本东京刊本。

（10）进呈日本明治变政考序（一八九八　戊戌正月）同上

（11）进呈突厥削弱记（一八九八　五月）　同上

（12）应诏统筹全局折（一八九八　正月初八日）　《戊戌奏稿补编》

（13）呈请代奏皇帝第七疏（一八九八　正月）　同上补编

（14）敬谢天恩并统筹全局折（一八九八　五月）　同上

（15）请告天祖、誓群臣、以变法定国是折（一八九八　四月）　《戊戌奏稿》

（16）请废八股试帖楷法，试士改用策论折（一八九八　四月）　同上

（17）请停弓刀石武试，改设兵校折（一八九八　四月）同上

（18）请开学校折（一八九八　五月）　同上

（19）请广译日本书、派游学折（一八九八　五月）·同上

（20）请厉工艺奖创新折（一八九八　五月）　同上

（21）请定立宪、开国会折（一八九八　六月）　同上

（22）请禁妇女裹足折（一八九八　六月）　同上

（23）请计全局、筹巨款，以行新政、筑铁路赴海陆军折（一八九八　七月二十日后）　同上

（24）请断发易服改元折（一八九八　七月二十日后）同上

（25）保国会章程（一八九八　三月）《戊戌政变记》中见《饮冰室全集专集》之一。又孙灏《驳保国会章程》，见叶德辉编《觉迷要录》卷四。御史文悌《严参康有为折》，见《翼教丛编》卷二，苏舆编本。

（26）保国会第一集演说辞（一八九八）　《戊戌政变记》见同上

（27）强学会序（一八九五）　《康南海文集》第五册（一九一四年上海共和编译局本），又《戊戌政变记》。

（28）日本书目志序（一八九七）　《日本书目志》中，丁

酉印于上海，又见《康南海文集》第五册。

（29）物质救国论序（一九〇五　二月）　见《物质救国论》第六版，一九一九上海长兴书局单行本。

（30）论欧人之强在物质、而中国最乏（一九〇五）　见《物质救国论》单行本。

（31）论中国古教以农立国，教化可美而不开新物质则无由比欧美文物（一九〇五）　见《物质救国论》单行本。

（32）六经皆孔子改制所作考　《孔子改制考》卷十中之一节，原书光绪丁酉印于上海，戊戌、庚子两次焚版禁行，此据庚申重印本。

（33）新学伪经考原序　见《新学伪经考》，光绪辛卯初刊于广州甲午毁版，戊戌、庚子再奉伪旨毁版，此据丁巳重印本。

（34）《礼运注》上"大道之行至是谓大同"一节（一八八四）　见《礼运注》，《演孔丛书》本。

（35）《中庸注》"成己仁也"一节（一九〇一）　见《中庸注》，《演孔丛书》本。

（36）《孟子微》"民为贵"一节、"尧以天下与舜"一节、"汤伐桀武王伐纣"一节（一九〇一）　见《孟子微》，万木草堂本。

（37）《论语注》"老者安之"一节、"子不语怪力乱神"一节（一九〇二）　见《论语注》，《万木草堂丛书》本。

（38）春秋笔削微言大义考（一九〇一）　有《万木草堂丛书》本。拟选卷三、卷六，共五节。

梁启超——所著收入《饮冰室合集》中，共文集十六册，专集二十四册，民国二十五年上海中华书局铅印本，共四十册。又关于其思想史料，均以早期所作为代表，如清光绪二十八年上海广智书局刊《饮冰室文集》上下二册，民国十三年商务印书馆刊行四版《饮冰室丛著》十三种，民国五年上海中华书局刊《饮冰室全集》四十八册亦尚可用。

（1）变法通议（三节）（一八九六） 《饮冰室合集》文集之一：（一）自序，（二）论不变法之害，（三）论变法不知本原之害。

（2）南学会序（一八九七） 同上文集之二

（3）知耻学会序（一八九七） 同上文集之二

（4）保国会演说辞（一八九八） 同上文集之三，又载入叶德辉编：《觉迷要录》卷四，作"梁逆保国会第二集演说"，系由《知新报》转录。

（5）上陈宝箴书（一八九七） 时务学堂钞稿，此据叶德辉《觉迷要录》卷四"逆迹类"三，未收入《饮冰室合集》内，为极珍贵之史料。

（6）湖南时务学堂课艺日记批语（一八九七） 见叶德辉编《觉迷要录》卷四"逆迹类"三，光绪辛丑孟冬编撰，乙巳夏五月刊行，题为"梁逆批时务学堂课卷"（刻本三则）、"梁逆批时务学堂日记"（手书本六则）。又《翼教丛编》卷五宾凤阳、彭祖尧等八人《上王益吾院长书》末附录，内容与《觉迷要录》同。

（7）自由书（拟选二节）《饮冰室合集》专集之二：（一）成败，（二）破坏主义。

（8）新民说（一九〇二）（拟选六篇） 《饮冰室合集》专集之四：（一）论新民为今日中国第一要务，（二）释新民之义，（三）论国家思想，（四）论自由，（五）论进步，（六）论政治能力。

（9）敬告我同业诸君（一九〇二） 《饮冰室合集》文集

之十一

（10）论专制政体有百害于君主而无一利（一九〇二） 同上文集之四

（11）保教非所以尊孔论（一九〇二） 同上文集之四，分八节：（一）论教非人力所能保，（二）论孔教之性质与群教不同，（三）论今后宗教势力衰颓之征，（四）论法律上信教自由之理，（五）论保教之说束缚国民思想，（六）论保教之说有妨外交，（七）论孔教无可亡之理，（八）论当采群教之所长以光大孔教。

严复——所译《严译名著丛刊》，内容：《天演论》、《原富》、《社会通诠》、《群己权界论》、《孟德斯鸠法意》、《群学肄言》、《名学浅说》、《穆勒名学》共八种，民国二十年上海商务印书馆版。著作有《愈懋堂诗集》二卷，民国十五年铅印本；《政治讲义》一册，上海金马书堂民国十九年改版；《评点老子道德经》二卷，民国二十二年上海商务印书馆本；《庄子评点》一卷，《岷云堂丛刊》第一种本。其关于思想史料最重要的是《侯官严氏丛刻》五种（清光绪二十七年读有用书斋排印本四册本），及《严几道文钞》二卷（见《当代八大家文钞》上海国学扶轮社本）。要目如下：

①上今皇帝万言书 《侯官严氏丛刻》卷一

②原强 同上卷三

③救亡决论 同上卷四

④论世变之亟 同上卷五

⑤辟韩 严几道诗文钞卷三

⑥主客评论 同上卷一

⑦论中国教化之退 同上卷二

⑧论中国之阻力与离心力　同上卷二

⑨论中国分党　同上卷二

⑩政治讲义自序　同上卷三

⑪国闻报缘起　同上卷四

⑫社会通诠序　同上卷四

⑬天演论序　见《严译名著丛刊·天演论》

⑭法意按语　见《严译名著丛刊·法意》

⑮评点老子道德经　参光绪乙巳夏曾佑序

⑯庄子评点　此为严氏未刊遗著之一，计分总评、评证、注释、圈点四项，评证中颇有精彩语。

谭嗣同——近刊《谭嗣同全集》一九五四年三联书店版较备。旧刊本可见者四种：（一）《东海褰冥氏三十以前旧学四种》，包括《寥天一阁文》、《莽苍苍斋诗》、《远遗堂集外文》、《石菊影庐笔识》，一八九七年金陵刊本，又一九一一年谭氏重刊本。《秋雨年华之余丛脞书》一种，一九一二年长沙刊本。（二）《戊戌六君子遗集》，一九一七年裴文济编，内第一册第二册收入《寥天一阁文》、《莽苍苍斋诗》、《远遗堂集外文》三种。（三）《谭浏阳全集》，陈乃乾校一九一七年初版，一九二五年四版上海文明局本，共六册。收入《文集》三卷、《诗集》一卷、《仁学》二卷、《笔记》二卷及《续编》一卷。三十以后所作诗，散见于各报者均加采辑。（四）《谭嗣同书简》，欧阳予倩编，一九四二年初版，一九四三年再版，桂林文化供应社本，所录《与欧阳瓣薑师书》第一函见《谭浏阳全集·文集》卷上《寥天一阁文》卷，第二函见《秋雨年华之馆丛脞书》，第三函、第二十七函初次收入。又附录一《唐才常书简》、附录二《欧阳中鹄书》，均为极珍贵的文献名料，兹拟要目如下：

①仁学自叙（一八九六）　《谭浏阳全集》第一册文集卷上。先述思想背景，后言当冲决各种网罗，是一篇思想革命宣言。

②仁学（一八九六）　同上第四册分上下二卷，卷上《仁学界说》二十七条，多谈哲学，卷下多谈政治。此书曾假名"台湾人所著书"，攻击清政府，在日本印后，影响很大。

③与唐绂尘书（一八九六年九月）　见《秋雨年华之馆丛脞书》，论中国所以不可为，由上权太重，民权尽失，对当时官办商办之事，力主商办，末唱欧美均贫富之说，颇为社会主义思想张目。收入《谭嗣同全集》卷二。

④兴算学议致欧阳瓣薑师书（一八九七）　见《丛脞书》，又《谭嗣同书简》，两史料比较，《书简》谭自注文字较多，《丛脞书》上有欧阳批语数千言，书简缺，可互校补。又《报贝元征书》见《谭浏阳全集续编》与此篇文亦有互见之处。

⑤谭嗣同书简（一八九七）上欧阳瓣薑师第三函　《书简》提出"杀身灭族"四字，并为今日中国能闹到新旧两党流血遍地，方有复兴之望。

⑥《湘报》后叙上（一八九八）　《谭浏阳全集》第六册续编，明日新之义，大旨谓昨日之新至今日而已旧，今日之新生明日而又旧，说明新是发展的。

⑦《湘报》后叙下（一八九八）　同上，述湖南新政，并主张"报纸即民史"之说。

唐才常——所著有《觉颠冥斋内言》四卷（光绪二十四年长沙刊本四册）最重要，散文所见有《正气会章程序文》，见冯自由《中华民国开国前革命史》上卷第九章；《唐宋黎夷得失论》，见郑振铎《晚清文选》；《江标传》、《致江标书》见《逸经》第三集第二十三期。兹拟选其思想史料要目：

①觉颠冥斋内言自叙 卷首

②弭兵会 卷一《各国政教公理论第四》

③民主表 卷一同上第七

④各国猜忌实情论证（节录） 卷二

⑤强种说 卷三《各国种类附录第二》

⑥湘报叙 卷四

⑦论势力上下 卷四

⑧质点配成万物说 卷四（案此篇颇具唯物主义思想色彩）

戊戌维新虽失败，而自庚子（一九〇〇）以后，清统治阶级知道非变法便将丧失人心，在那年十二月初十日便在西安下诏变法。这一方面是假变法来欺骗人民，减低人民的不满和革命风潮，一方面却是借变法来求"友邦"之见谅，"结与国之欢心"。由于这遮羞的变法诏旨所生的反响，我们可在一九零二年王绍康辑《维新奏议》（上海书局石印本卷十七至二十）中看到如下各省督抚的条陈变法折：

江督刘鄂督张会奏条陈法第一折（卷十七）

江督刘鄂督张会奏条陈变法第二折（卷十八）

江督刘鄂督张会奏条陈变法第三折（卷十八）

粤督陶覆奏条陈变法折（卷十八）

皖抚王覆奏条陈变法第一折（卷十九）

皖抚王覆奏条陈变法第二折（卷十九）

奏请广设算学专门学堂折（同上）

署浙抚覆奏条陈变法折（同上）

粤督陶覆奏变通武科折（卷二十）

粤督陶覆奏培养人材折（同上）

闽督许覆奏条陈变法折（卷二十）

东抚袁覆奏条陈变法折（卷二十）

就在这个时候，民族资产阶级以张謇为代表，也提出了他的变法主张，张謇是否即为江楚三折的起草人之一，虽还不敢作决定，但他无疑乎这时是在幕府帮助着刘坤一和张之洞。至张謇所作的《变法平议》，见《张季子九录》、《政闻录》卷二（案《张季子九录》，张怡祖编，八十卷，民国二十年中华书局仿宋印本三十册），时在戊戌（一八九八）后三年、庚子（一九〇〇）后一年。这是一篇很仔细斟酌中国的历史习惯所作的富于计划性、建设性的大文章，是从戊戌以至辛丑变法条陈的经验总结，虽然只主张在不流血革命的状态范围以内的改良主义，但基本精神却与维新派不同，即重工过于重商。他指出："中国庶而不富，厚民生者，工且尤切于商。日本以商业抗欧洲，输出数骤赢皆制造品，不愿以生货供欧厂也，以生货与人而我失工之利，以熟货与人而我得分人之利。……日本新政植基工商，工尤商之源矣。"（《政闻录》卷二《变法平议》）这重工主张，可见工业资产阶级已经起来代替了商业资产阶级了。

辛亥革命思想史料

戊戌维新的失败，证明了改良主义无前途，代替它的便是孙中山发起的资产阶级民主革命运动。原来自一八四〇年鸦片战争后，谁想打倒帝国主义，谁就必然会对清室举起革命的叛旗，然而毕竟举起反清革命旗手的，是共和革命资产阶级民主派的孙中山，而不是君主自由资产阶级民主派的康有为。列宁在《社会民主党在民主革命中的两个策略》中指出在批判火星派时，"必须善于分清共和革命资产阶级民主派与君主自由资产阶级民主派之间的差别"（新华书店版）。把列宁所举在俄国出现在民主主义旗帜之下的君主派即所设立宪民主党的特征，来和康有为的变法运动比较一下，变法即是以"立宪会议"看作彻底胜利，即是将实际政权保存在清帝手里，即是反对"起义"底不可避逃性，反对革命。康的弟子陆乃翔等给康作传记，说"先生为中国首倡民权之人，主张立宪法以维持于君臣上下之间。……先生心在立宪而行在专制，义在民权而事在保皇，似相反而实相成"（《南海先生传》上编），活绘出一个自相矛盾的君主自由资产阶级民主派即立宪派的面貌来。相反地孙中山所领导的民主革命，正如列宁在一九一二年《中国的民主主义与民粹主义》中所指出：

> 孙逸仙所代表的革命资产阶级民主派，正确地从政治改革和土地改革事业上尽量发展农民群众底自动性，坚决性和勇敢中间寻找中国更新的道路。

孙中山革命党所提出的口号，正是"君主制度底肃清与共和制度"（《两个策略》第四节），正是"应如何把革命推向前进"。它不但坚持临时革命政府必要性，而且提出有土地纲领的革命主张。这是站在农民群众的立场，而同时也代表了民族资产阶级、小资产阶级（包括手工业主、知识分子）、半无产阶级（包括小手工业者，店员、小贩等）、无产阶级（包括国际资本主义所雇佣的中国工人）乃至游民无产者（会党分子）所联合而成的反帝国主义反封建的革命势力。即因如此，所以当革命达到高潮，民族资产阶级，也渐从改良主义向革命转变，张謇就是好例。张謇所作《与洪汤蛰先复北方将士促进共和电》、《劝告袁内阁速决大计电》、《致库伦商会及各界电》（《政闻录》卷二、卷四）在辛亥革命时也表现了民族资产阶级的积极性。但辛亥革命时民族资产阶级大部分不在国内而在国外，首先就是华侨资本，这是孙中山提倡革命的主要经济力量。

关于辛亥革命的代表思想家，以孙中山为首，尚可举革命知识分子如章炳麟、邹容、秋瑾、陈天华、吴越诸人。关于这一时代的革命思想史料很多，现在只略为一述：

孙中山——《中山全书》，一名《中山丛书》，太平洋书店增补本，民国十八年八版四册，武昌光明书店铅印本二十版四册。甘乃光编《中山全集》，上海良友图书印刷公司版二册，民国十六年上海孙文学说研究社再版四册，同年上海中山书局本二册附图，十七年上海新文化书社二十版四册。尚有《孙文全集》、《中山文选》、《总理遗教全集》、《中山文集》、《中山演讲录》、《孙中山丛书》、《孙中山全集补编》之类，名目繁多，但可称为善本的，却只有民智书局民国十九年二月初版八月再版之《总理全集》一种。兹即根据于此，参照一九五七年人民出版社版《孙中山选集》，按时代先后，试拟要目如下：

（1）甲午上李鸿章书（一八九四，《总理全集》第三集，《孙中山选集》）

（2）兴中会宣言及章程（一八九四，《全集》第二集第一集，《选集》）

（3）伦敦被难记（一八九七，《全集》第一集，《选集》）

（4）三十三年落花梦序（一九〇二，《全集》一）

（5）敬告同乡书（一九〇四，《全集》三，《选集》）

（6）太平天国战史序（一九〇四，《全集》一，《选集》）

（7）中国问题的真解决（一九〇四，《全集》一，《选集》）

（8）中国民主革命之重要（一九〇五，《全集》二，《选集》）

（9）同盟会宣言（一九〇五，《全集》二，《选集》）

（10）民报发刊词（一九〇五，《全集》一，《选集》）

（11）三民主义与中国民族之前途（一九〇六，《全集》二，《选集》）

（12）共和与自由之真谛（一九一一，《全集》二，《选集》）

（13）民生主义与社会革命（一九一一，《全集》二，《选集》）

（14）社会革命之正道（一九一一，《全集》二，《选集》）

（15）提倡民生主义之真义（一九一四，《全集》二，《选集》）

（16）致黄兴书（一九一四，《选集》）

（17）讨袁檄文（一九一五，《全集》二，《选集》）

（18）二次革命后对国民之宣言（一九一六，《全集》二，《选集》）

（19）建国方略（一九一七——九二一，《全集》一，《选集》）①社会建设（民权初步）（一九一七），②心理建设（孙文学说）（一九一八），③物质建设（实业计划）（一九二一）

（20）护法宣言（一九一九，《全集》二）

（21）改造中国之第一步只有革命（一九一九，《全集》二，《选集》）

（22）民国八年国庆纪念词（一九一九，《全集》一，原名《八年十月十日》）

（23）救国之急务（一九一九，《全集》二，《选集》）

（24）钱币革命之通电（一九二〇，《全集》，参看《廖仲恺集》之《钱币革命与建设》）

（25）关于五四运动（一九二〇，《选集》，《全集》三）

（26）致俄罗斯苏维埃社会主义共和国外交部信（一九一一，此函一九五〇年十月在《布尔什维克杂志》第十九期发表，收入《选集》）

（27）实行三民主义改造新国家（一九二一，《全集》二，《选集》）

（28）党员不可存心做官发财（一九二三，《全集》二，《选集》）

（29）中国国民党改组宣言（一九二四，《全集》二，《选集》）

（30）要靠党员成功不专靠军队成功（一九二三，《全集》二，《选集》）

（31）党员应协同军队来奋斗（一九二三，《全集》二，《选集》）

（32）革命成功全须宣传主义（一九二三，《全集》二，《选集》）

（33）革命在最后一定成功（一九二四，《全集》二，《选集》）

（34）中国现状及国民党改组问题（一九二四，《全集》二，《选集》）

（35）主义胜过武力（一九二四，《全集》二，《选集》）

（36）国民党第一次全国代表大会宣言（一九二四，全集》二，《选集》）

（37）国民党宣言趣旨（一九二四，《全集》二，《选集》）

（38）复苏俄驻北京代表电（一九二四，《选集》）

（39）列宁逝世演说及电文（一九二四，《选集》）

（40）中国国民党第一次全国代表大会闭幕词（一九二四，

《全集》二,《选集》)

(41)救国救民之责任在革命军（一九二四,《全集》二,《选集》)

(42)女子要明白三民主义（一九二四,《全集》二,《选集》)

(43)建国大纲（一九二四,《全集》一,《选集》)

(44)五权宪法（一九二四,《全集》一,《选集》)

(45)俄国革命后民族主义与国际主义的新结合（一九二四,《民族主义》第一讲,《全集》一,《选集》)

(46)中国所受经济压迫（一九二四,《民族主义》第二讲,《全集》一,《选集》)

(47)反对民权必归灭亡（一九二四,民权主义》第二讲,《全集》一,《选集》)

(48)国民党员不可反对共产主义（一九二四,《民生主义》第二讲,《全集》一,《选集》)

(49)中国工人所受不平等条约之害（一九二四,《全集》二,《选集》)

(50)陆军军官学校开学演说（一九二四,《全集》二,《选集》)

(51)农民大联合（一九二四,《全集》二,《选集》)

(52)耕者要有其田（一九二四,《全集》二,《选集》)

(53)为广州商团事件对外宣言（一九二四,《全集》二,《选集》)

(54)向麦克唐纳政府抗议者（一九二四,《选集》)

(55)北伐宣言（一九二四,《全集》二,《选集》)

(56)北上宣言（一九二四,《全集》二,《选集》)

（57）国民会议为解决中国内乱之法（一九二四，《全集》二，《选集》）

（58）与长崎新闻记者之谈话（一九二四，《全集》二，《选集》）

（59）中国内乱之原因（一九二四，《全集》二，《选集》）

（60）与门司新闻记者的谈话（一九二四，《全集》二，选集》）

（61）致苏联遗书（一九二五，《选集》）

（62）总理遗嘱（一九二五，《选集》）

章炳麟——所著：《章氏丛书》（一名《章太炎先生所著书》，民国十三年上海古书流通处印本十四种二十册，又民国六年至八年浙江图书馆校刊本十四种二十四册，又上海古文社铅印本十二种二十四册）、《章氏丛书续编》（民国二十二年余杭章氏刊本七种四册）各种，其中如《国故论衡》、《检论》、《齐物论释》、《菿汉微言》、《菿汉昌言》及《太炎文录别录》均富思想性。兹录其与革命思想有关的：

①驳康有为论革命书（一九〇四）　　《章氏丛书》（古书流通处本）《文录》卷二

②记政闻社大会破坏状（一九〇七）　同上《别录》卷二

③革命道德说（一九〇〇后）　同上《别录》卷一

④中夏亡国二百四十二年纪念会启（一九〇二）　同上《文录》卷二

⑤社会通诠商兑（一九〇二——一九〇七）　　同上《别录》卷二

⑥讨满洲檄（一九〇七）　同上《文录》卷二

⑦驳建立孔教论　同上《文录》卷二

⑧代议然否论（一九〇七）　同上《别录》卷一

⑨无神论　同上《别录》卷二

⑩五无论　同上《别录》卷二

⑪国家论　同上《别录》卷二

⑫儒侠　同上《检论》卷三

⑬事变　同上《检论》卷三

⑭訄书　光绪已亥（一八九九木刻本，乙巳（一九〇五）铅印本，其中《序种》、《原教》、《算书》、《哀焚书》、《哀清史》、《解辫发》、《明农》、《明版籍》，均极精彩。

邹容——所著有《革命军》一种，章炳麟作序，一九〇三年癸卯刊本，分《绪论》、《革命之原因》、《革命之教育》、《革命必剖清人种》、《革命必先去奴隶之根性》、《革命独立之大义》及《结论》七章。又辛亥（一九一一年）石印小本，改题《光复论》。又民国元年（一九一二）又有与章炳麟《驳康有为书》的合订本。

秋瑾——有王芷馥编《秋瑾诗词》，章炳麟、苏子穀序，何震跋，收诗词各一卷。又有佚名编《秋瑾》一书，光绪丁未（一九〇七）铅印本，内容录《秋瑾传》及其部分作品。又无名氏编《鉴湖女侠秋瑾》，出版处及年月不详，较前一种略有增加。又黄民编《秋雨秋风》，光绪三十三年（一九〇七）鸿文书局刊，为秋瑾案文献总集，内有秋瑾所作弹词残篇。又《秋瑾遗集》，王燦芝编，民国十八年（一九二九）中华书局刊最完备，同年王绍基编《秋瑾遗集》，明日书店刊。兹据遗集本选录要目：

①致某君书

②自拟檄文（其一）

③自拟檄文（其二）

④中国女报发刊词

⑤诗词(《感怀》、《失题》、《感时》、《吊吴烈士樾》、《满江红》二首、《日人石井君索和即用原韵》)

陈天华——有《陈天华集》(一九四四年中国文化服务社版)。内容首传记、祭文,次本文分上中下三编,上编遗文,中编《猛回首》、下篇《狮子吼》,均为小说。又《警世钟》,见曹亚伯《武昌革命真史》,本集未收。兹拟选要目:

①中国革命史论　　(上编)

②论中国宜改创民主政体　　(同上)

③绝命书　　(同上)

④猛回首　　(中编)

⑤警世钟

吴樾——有《血花集》,兹拟选目为:

①暗杀时代有序

②敬告我同志

③敬告我同胞

④意见书

⑤与妻书一

⑥复妻书二(以上各文亦见《革命诗文选》,一九四一年刊本)

案辛亥革命为中国资产阶级革命。革命思想家一方面受我国传统的革命思想影响,如孙中山早年曾私自刊印黄梨洲《明夷待访录》等书,卷端加一小引,自称杞忧公子,为清吏所校,原疏文藏故宫博物馆;又一方面则受欧美资产阶级革命思想的影响,如邹容《革命军序》,既举郑成功、张煜言,又卢梭、华盛顿、威曼。吴樾《复妻书》,勉其妻为罗兰夫人行革命。当时书刊,据张於英所作《辛亥革命书征》（第六辑，一九四一年四月开明版，转载《中国近代出版史料初》）其中所收有《国粹文学丛书》（内容文天祥《指南录》、郑所南《心史》）、《国粹丛书》、《梨洲遗著汇刊》，亦有《路家别论》（杨廷栋译，文明版）、《弥勒约翰自由原理》（马君译，一九〇三年刊），斯宾塞、达尔文，社会主义、无政府主义及各国革命史、独立战史之类，这证明了辛亥革命时小资产阶级分子的革命的积极性，是中国传统的革命思想的发展，同时也受到欧洲的资产阶级与小资产阶级的革命思想的影响。即如孙中山所提出的三民主义，虽已超出旧的世界资产阶级民主主义革命的思想体系，但尚不免存在着许多弱点。孙中山的民主革命派虽然批判了维新派的改良主义，但还不能彻底反帝和反封建，正如毛泽东同志所指出"中国人的西方学很不少，但是行不通，理想总是不能实现，多次奋斗，包括辛亥革命那样全国规模的运动都失败了"（《论人民民主专政》）。于是从辛亥革命转到五四运动，由于五四运动，由于资产阶级小资产阶级革命思想的分化，和马克思主义在中国的传播，中国历史才走上新的阶段。五四运动时期涌现出许多新的革命思想，就中占统治地位的是马克思列宁主义，但关于这一个时期的思想史料，已经进到现代思想史的范围，这里只好表过不提。古典哲学史料学的终结，正是中国新兴哲学史料的开始了。

附　录

古典哲学著作要目

Ⅰ．古代哲学

（一）群经哲学

十三经注疏四百—十六卷　清乾隆四年武英殿刻附考证本，同治十年广州书局覆刻殿本，阮刻附校勘记本，上海扫叶山房石印本

周易正义十卷（魏王弼、晋韩康伯注，唐孔颖达等正义）

尚书正义二十卷（汉孔安国传，唐孔颖达等正义）

毛诗正义七十卷（汉毛亨传，郑玄笺，唐孔颖达等正义）

周礼注疏四十二卷（汉郑玄注，唐贾公彦疏）

仪礼注疏五十卷（汉郑玄注，唐贾公彦疏）

礼记正义六十三卷（汉郑玄注，唐孔颖达等正义）

春秋左传正义六十八卷（晋杜预集解，唐孔颖达等正义）

春秋公羊传注疏二十八卷（汉何休解诂，唐徐彦疏）

春秋穀梁传注疏二十卷（晋范宁集解，唐杨士勋疏）

孝经注疏九卷（唐玄宗注，宋邢昺疏）

论语注疏二十卷（魏何晏等集解，宋邢昺疏）

孟子注疏十四卷（汉赵岐注，宋孙奭疏）

尔雅注疏十卷（晋郭璞注，宋邢昺疏）

古经解钩沉三十卷（清余萧客辑）　　原刻本，鲁氏重刻本

古微书三十六卷（明孙瑴辑）　　守山阁本，墨海金壶本　又清赵在翰辑七纬三十八卷　福州小积石山房刻本

玉函山房辑佚书经编第一册至六十册（清马国翰辑）　　清光绪九年长沙重刊本，十八年湖南思贤书局本，济南新刻本

以上经总集

周易程氏传四卷（宋程颐撰）　　程氏全书本，光绪九年江南书局重刊本，古逸丛书覆元至正本六卷附系辞精义二卷

周易本义十二卷（宋朱熹撰）　　清曹寅扬州书局刻仿宋本，武英殿重刻宋大字本

杨氏易传二十卷（宋杨简撰）　　明万历中刊本，四库全书本

周易内传十二卷外传七卷（清王夫之撰）　　船山遗书本

周易述二十一卷易微言二卷（清惠栋撰）　　卢氏刻本，清经解本　又四部备要据经解本校刊，附江藩、李林松二氏周易述补

易章句十二卷易通释二十卷易图略八卷（清焦循撰）　　焦氏丛书本，清经解本

周易姚氏学八卷（清姚配中撰）　　汪守成刻本

以上易类

书集传六卷（宋蔡沈撰）　　通行本

尚书集注音疏十二卷（清江声撰）　　清经解本

尚书今古文注疏三十卷（清孙星衍撰）　　平津馆本，清经解本

今文尚书经说考三十二卷欧阳夏侯遗说考一卷（清陈乔枞撰）续经解本，左海续编本

洪范五行传三卷（清陈寿祺辑）　　左海集本

以上书类

春秋公羊通义十一卷（清孔广森撰）　　　顨轩所著书本

春秋正辞十三卷（清庄存与撰）　　清经解本，味经斋本

公羊何氏释例十卷（清刘逢禄撰）　　清经解本

公羊何氏解诂笺一卷（清刘逢禄撰）　　清经解本

公羊义疏七十六卷（清陈立撰）　　续经解本

春秋笔削大义微言考十一卷（康有为撰）　　万木草堂民国五年刊本

以上公羊春秋类

周官新义十六卷（宋王安石撰）　　钱仪吉刊新镌经苑本，民国二十四年沈卓然序刊本附考工记解二卷

周礼详解四十卷（宋王昭禹撰）　　民国二十四年商务印书馆影印四库全书珍本初集本

礼经会元四卷（宋叶时撰）　　乾隆五十年桐柏山房刊本

周礼正义八十六卷（清孙诒让撰）　　排印本附三家佚注一卷

以上周礼类

大戴礼记卢辩注十三卷　　雅雨堂校本

大戴礼记补注十三卷叙录一卷（清孔广森撰）　　顨轩所著书本，扬州局本，清经解本无叙录

大戴礼记解诂十三卷叙录一卷（清王聘珍撰）　　广雅书局本

以上大戴礼记类

礼记集说一百六十卷（宋卫湜撰）　　通志堂经解本

云庄礼记集说十卷（元陈澔撰）　　江宁五经大全刻本，明监本，扬州鲍氏、南昌万氏及武昌局本

续卫氏礼记集说一百卷（清杭世骏撰）　　活字版本

礼记补疏三卷（清焦循撰）　　焦氏丛书本，清经解本

以上礼记类

孝经郑氏注一卷（清严可均辑）　自著四录堂类集本

孝经郑注疏二卷（清皮锡瑞撰）　师优堂本，又四部备要本

孝经义疏补九卷（清阮福撰）　文选楼本，清经解本

以上孝经类

四书章句集注十九卷（宋朱熹撰）　通行本，清乾隆内府刊本十册附或问

四书纂疏二十六卷（宋赵顺孙撰）　通志堂经解本

读四书大全说十七卷（清王夫之撰）　船山遗书本

四书训义三十八卷（清王夫之撰）　船山遗书本，又清光绪十三年潞河唻柘山房重刊本附四书稗疏一卷四书考异一卷

四书讲义四十三卷（清吕留良撰，陈钑编）　清初刊本

以上四书总类

大学（礼记四十九篇之第四十一篇）

大学证文四卷（清毛奇龄撰）　西河合集本，龙威秘书本

大学古义说二卷（清宋翔凤撰）　浮溪精舍本

大学古本旁注（明王守仁撰）　函海第十九集

传习录、大学问（明王守仁撰）　阳明先生集要卷一、二、四

大学传注四卷（清李塨撰）　民国十二年四存学会刊颜李丛书本

大学辨业四卷（清李塨撰）　同上，又畿辅丛书本

以上大学类

中庸（礼记四十九篇之第三十一篇）

中庸传（宋晁说之撰）　清咸丰蒋氏校刊涉闻梓旧本

四书正误卷二中庸（清颜元撰）　颜李丛书本

中庸传注一卷（清李塨撰）　颜李丛书本

中庸注一卷（康有为撰）　清光绪二十七年序铅印本

以上中庸类

论语郑注十卷（清宋翔凤辑）　浮溪精舍本

论语义疏十卷（梁皇侃撰）　殿本，知不足斋本，经解汇函重刻本

论语正义二十卷（清刘宝楠撰）　江宁刻本

论语通释一卷（清焦循撰）　焦氏丛书本，清经解本，木樨轩丛书本

论语注二十卷（清戴望撰）　南菁书院丛书本

论语注二十卷（康有为撰）　民国六年京师美使馆美森院校刊本

论语集注补正述疏十卷（简朝亮撰）　广州刻本

以上论语类

孟子赵注补正六卷（清宋翔凤撰）　浮溪精舍本

孟子师说七卷（清黄宗羲撰）　梨洲遗著汇刊本，道光间刻本，光绪八年慈溪醉经阁冯氏重刻本，适园丛书第十一集吴兴刻本

孟子正义三十卷（清焦循撰）　焦氏丛书本，清经解本

孟子微八卷（康有为撰）　光绪二十七年自序铅印本

以上孟子类

（二）诸子哲学

二十二子　浙江图书馆据浙江书局本覆刻三百四十六卷

百子全书（一名子书百家）　湖北崇文书局刊本九类一百种一百一十册，又民国四年上海扫叶山房石印本九类一百种八十册

玉函山房辑佚书子编（清马国翰辑）

以上子部总集

老子古义三卷（杨树达撰）　中华书局仿宋聚珍印本附汉代老学者考

老子古注二卷（李翘撰）　　民国十八年芬薰馆印本

古本道德经校刊（何士骥编）　　一九三六年国立北平研究院史学研究会刊本

道德真经注疏八卷（汉河上公注，晋顾欢疏）　　吴兴刘氏嘉业堂刊本，道藏本

道德指归论十三卷（汉严遵撰）　　学津讨原第二十集本，唐鸿学成都怡兰堂据明钞本校刊本

老子注二卷（魏王弼撰）　　浙江书局本，古逸丛书集唐字本

道德真经传四卷（唐陆希声撰）　　指海本第二十集

道德经注二卷（唐玄宗撰）　　道藏本

老子注二卷（宋徽宗撰）　　道藏本

老子道德经古本集注二卷（宋范应元撰）　　续古逸丛书影印江安傅氏双鉴楼藏宋刊本

老子口义二卷（宋林希逸撰）　　道藏本，又明刊鬳斋三子口义本

道德真经注四卷（元吴澄撰）　　道藏本

老子翼三卷考异一卷（明焦竑撰）　　金陵丛书甲集本，万历刊本，渐西村舍本

评点老子道德经二卷（严复撰）　　光绪三十一年，日本东京朱墨印本

老子核诂四卷失文一卷（马叙伦撰）　　天马山房丛著本，又一九五六年古籍出版社本

　　　　　　　　　　　　　　　　　以上老子类

墨子十五卷（明李贽批点）　　明堂策槛刻本

墨子注十五卷目录一卷（清毕沅撰）　　经训堂本，四部丛刊影明本

墨子间诂十四卷（清孙诒让撰）　商务印书馆影印本，扫叶山房印本　又李笠定本墨子间诂校补，民国十四年商务印书馆印本

墨子经说解二卷（清张惠言撰）　茗柯集本，上海神州国光社本

墨子校释一卷（梁启超撰）　商务印书馆本

墨子校注十五卷（吴毓江撰）　一九四四年重庆独立出版社铅印本

以上墨子类

敦煌卷子残本庄子

南华真经注疏十卷（晋郭象注，唐成玄英疏）　古逸丛书影宋本

司马彪庄子注一卷补遗一卷（晋司马彪撰，清孙冯翼辑）　问经堂本，茆鲁山辑十种古逸书本

庄子口义三十二卷（宋林希逸撰）　道藏本

庄子翼八卷（明焦竑撰）　明刻本，金陵丛书本

南华真经正义四册附识余及古韵考一册（清陈寿昌撰）　上海古书流通处影印本

庄子集释十卷（清郭庆藩撰）　湖南思贤书局本，扫叶山房石印本

庄子补正（刘文典撰）　商务印书馆本

以上庄子类

列子注八卷（晋张湛注）　附殷敬顺释文，清汪继培校湖海楼本，又任大椿燕禧堂五种本列子释文考异

冲虚至德真经解二十卷（宋江遹撰）　道藏本

列子鬳斋口义八卷（宋林希逸撰）　明嘉靖间刊本，道藏本

列子解八卷（清卢重元撰）　秦恩复校刻本

以上列子类

荀子注二十卷（唐杨倞注）　古逸丛书影宋本，世德堂本

荀子补注二卷（清郝懿行撰）　郝氏遗书本，又据齐鲁先哲遗书本，见周秦诸子校注十种

荀子补注一卷（清刘台拱撰）　刘氏遗书本

荀子集解二十卷（清王先谦撰）　扫叶山房石印本

荀子简释（梁启雄撰）　一九三六年上海商务印书馆本，一九五七年古籍出版社本

以上荀子类

管子注二十四卷（唐尹知章撰）　明赵用贤校本附刘绩补注，浙江书局二十二子本，又上海商务印书馆万有文库本附戴望校正

管子榷二十四卷（明朱长春撰）　明万历刊本

管子义证八卷（清洪颐煊撰）　传经堂本

管子集校（郭沫若、闻一多、许维遹撰）　一九五六年科学出版社本

以上管子类

商子五卷（清严可均辑）　平津馆别刻本，指海本

商子解诂（清姚焕撰）　稿本

商君书解诂定本（朱师辙撰）　广州中山大学印本

以上商子类

韩非子二十卷　清吴鼒校刻本附顾广圻识误三卷，又明赵用贤校管韩合刻本，明周孔教刻大字本

韩非子集解二十卷（清王先慎撰）　上海商务印书馆万有文库本

韩非子校释十卷（陈启天撰）　上海中华书局铅印本

以上韩非子类

公孙龙子注三卷（宋谢希深撰）　守山阁丛书本，墨海金壶本，明梁杰订本，又道藏本

公孙龙子注一卷（清辛从益撰）　豫章丛书本

公孙龙子斠释六卷考证二卷解故一卷（张怀民撰）　民国二十六年中华国学会铅印本

公孙龙子悬解（王琯撰）　民国十七年上海中华书局本

以上公孙龙子类

孙子十家注十三卷（魏武帝等撰，清孙星衍、吴人骥校）岱南阁丛书本

以上孙子类

吕氏春秋注二十六卷（汉高诱注，清毕沅校）　经训堂本

吕氏春秋集释二十六卷（许维遹撰）　民国二十四年清华大学出版事务所刊本

以上吕氏春秋类

（三）子部伪书类

阴符经疏（汉张良注，唐李筌疏）　墨海金壶本，湖北先正遗书本

阴符经考异（宋朱熹撰）　朱子遗书本，指海本

阴符经解（明焦竑撰）　见宝颜堂秘笈

黄帝内经素问二十四卷（唐王冰注，宋林亿等校正）　四部备要据浙江局刻校刊本

鹖子二卷（唐逢行珪注）　守山阁本，墨海金壶本，道藏本

文子二卷（唐徐灵府注）　守山阁本，墨海金壶本，明吴勉学刻二十子本

文子缵义十二卷（宋杜道坚撰）　武英殿聚珍本，四部备要本

关尹子一卷（宋陈显微注）　明吴勉学刻二十子本，珠丛别录本

鹖冠子三卷（楚人撰，陆佃注）　学津讨原本，聚珍本，又道藏本

子华子二卷（明郎兆玉点评）　墨海金壶本，珠丛别录本，又道藏本十卷

计倪子一卷（周计然撰）　百子全书

申子一卷（清马国翰辑）　玉函山房辑佚书本

邓析子一卷（清钱熙祚校）　指海本，又邓析子五种合校，中国学会影印本二册

尹文子一卷附校勘佚文（清汪继培校本）　湖海楼丛书本，钱熙祚校守山阁丛书本，道藏本

慎子一卷附佚文（清严可均辑）　守山阁本，又慎子三种合帙，民国中国学会影印本

尸子一卷附存疑（清汪继培辑注）　湖海楼本，平津馆本，问经堂本

晏子春秋八卷（清孙星衍校本）　浙江书局经训堂丛本

晏子春秋（清苏舆校）　湖南思贤书局本

鬼谷子（晋陶弘景注）　秦恩复校本，四部丛刊，道藏本

於陵子一卷（齐陈仲子撰）　秘册汇函本

六韬七卷（周太公望撰）　武经七书本

司马法三卷（齐司马穰苴撰）　平津馆本，武经七书本

吴子二卷（周吴起撰，孙星衍校）　平津馆本，武经七书本

尉缭子二卷（周尉缭撰）　武经七书本，百子全书

孔丛子三卷（宋宋咸注）　明绵渺阁刊本，浙江刻影宋巾箱本，汉魏丛书本，指海本，四部丛刊据明翻宋本影印本

孔子家语十卷（晋王肃注） 汲古阁丛书本

孔子集语十七卷（清孙星衍、严可均辑） 平津馆本

子思子辑解七卷（清黄以周辑） 清光绪二十二年自序刊本

孟子外书四卷（熙时子注） 函海本，珠尘本，经苑本，又拜经楼丛书辑刻晋綦毋邃孟子外书注一卷

Ⅱ. 中古哲学

（一）两汉哲学

淮南鸿烈解二十一卷（汉刘安撰，高诱注，明陆时雍校） 明崇祯刊本，又清庄逵吉校通行本

许慎淮南子注一卷（清孙冯翼辑） 问经堂本，附淮南万毕术一卷

淮南鸿烈间诂（清叶德辉撰） 观古斋丛书本

淮南集证（刘家立撰） 中华书局本

淮南鸿烈集解二十一卷（刘文典撰） 商务印书馆本

春秋繁露十七卷（汉董仲舒撰，清戴震、卢文弨校） 聚珍本，福本，抱经堂本

春秋繁露注十七卷（汉董仲舒撰，清凌曙注） 古经解汇函本

春秋繁露义证（清苏舆撰） 原刻本

董子文集一卷（汉董仲舒撰） 畿辅丛书本，又董胶西集，汉魏六朝百三家集本

新语二卷（汉陆贾撰） 汉魏丛书本，四部丛刊影明本

新书十卷（汉贾谊撰） 清卢文弨校抱经堂本，四部丛刊影明本

贾长沙集（汉贾谊撰） 汉魏六朝百三家集本

新序十卷（汉刘向撰）　汉魏丛书本

说苑二十卷（汉刘向撰）　四部丛刊影明本

刘子政集（汉刘向撰）　汉魏六朝百三家集本

刘子骏集一卷（汉刘歆撰）　同上

盐铁论注十卷（汉桓宽撰，明张之象注）　四部丛刊影明本，又清张敦仁考证三卷，岱南阁丛书本

盐铁论集释十卷（徐德培撰）　民国间铅印本

扬子法言十三卷音义一卷（汉扬雄撰，晋李轨注）　清秦恩复仿宋大字本，徐养源校李赓芸刻本

法言五臣注十卷（晋李轨，唐柳宗元，宋宋咸、吴秘、司马光注）　明世德堂本

法言义疏二十卷（汪荣宝撰）　民国癸酉铅印本

太玄经集注十卷（汉扬雄撰，宋司马光、许翰注）　古棠书屋丛书本，湖北崇文书局本，四部备要本，道藏本

太玄经解赞（晋范望撰）　四部丛刊据明万玉堂翻宋本

桓子新论（汉桓谭撰，清严可均辑）　见全上古三代秦汉三国六朝文之全后汉文卷十二至卷十五，湖北黄冈王毓藻丛刊本，又四部备要据孙冯翼问经堂辑本，不全

白虎通疏证十二卷（汉班固撰，清陈立注）　清经解续编本

论衡三十卷（汉王充撰）　四部丛刊据明通津草堂影印本，又明刘光斗评，天启六年虎林阁氏刊本

论衡校释三十卷（汉王充撰，黄晖注）　民国二十七年长沙商务印书馆本

潜夫论笺（汉王符撰，清汪继培注）　四部丛刊影述古堂精写本，湖海楼本，汉魏丛书本无笺

昌言（汉仲长统撰，清严可均辑）　四录堂类集本，又马国

翰辑一卷，玉函山房辑佚书本

政论（汉崔寔撰，清严可均辑）　四录堂类集本

忠经（汉马融撰，郑玄注）　见二十二子全书本，又说郛本，百子全书本

申鉴五卷（汉荀悦撰，明黄省曾注）　汉魏丛书本，又四部丛刊影明本

魏子一卷（汉魏朗撰，清马国翰辑）　玉函山房辑佚书本

正部论一卷（汉王逸撰，清马国翰辑）　同上

中论三卷（汉徐干撰）　汉魏丛书本，四部丛刊影明本

牟子丛残（汉牟融撰，周叔迦辑）　民国十九年公记印书局铅印本

周易参同契一卷（汉魏伯阳撰，宋朱子考异）　守山阁本，汉魏丛书本

（二）**魏晋哲学**

典论一卷（魏文帝撰）　问经堂辑本

辨道论（魏曹植撰）　严可均辑曹子建集，见全三国文卷十八，又四部丛刊影印明活字本卷十及广弘明集卷五收此文，均不全

老子注（魏钟会撰，严可均辑）　四录堂类集本

无名论（魏何晏撰）　列子之仲尼篇张湛注引

周易略例一卷（魏王弼撰，邢璹注）　汉魏丛书本，学津讨原本，又四部备要本附周易后

老子指例略（魏王弼撰，王维诚辑）　铅印抽印本

论语释疑一卷（魏王弼撰，清马国翰辑）　玉函山房辑佚书本

道论一卷（魏任嘏撰，清马国翰辑）　同上

人物志三卷（魏刘劭撰）　　守山阁本，墨海金壶本，四部丛刊影明正德本，古籍出版社本

政要论（魏桓范撰）　　见群书治要第四十七，日本天明刊本，又玉函山房辑佚书本一卷

物理论一卷（晋杨泉撰）　　平津馆辑本

诸葛武侯文集四卷附录二卷（蜀诸葛亮撰，清张澍辑）　　沔县祠堂本，汉魏六朝百三家集本

嵇中散集十卷（晋嵇康撰）　　明嘉靖四年黄省曾南星精舍刻本，四部丛刊影明刊本，鲁迅据明吴宽丛书堂钞本影印本

阮嗣宗集十三卷（晋阮籍撰）　　明汪士贤刻汉魏六朝二十名家集本，又见严可均全三国文卷四十五至卷四十六

周易向氏义一卷（晋向秀撰，清马国翰辑）　　玉函山房辑佚书本

论语体略一卷（晋郭象撰，清马国翰辑）　　同上

傅子一卷（晋傅玄撰）　　聚珍本，又清光绪二十二年傅氏演慎斋重刊本

孙子一卷（晋孙绰撰，清马国翰辑）　　玉函山房辑佚书本

苻子一卷（晋苻朗撰，清马国翰辑）　　同上

少子一卷（齐张融撰，清马国翰辑）　　同上

陶靖节集十卷（晋陶潜撰）　　明万历十五年休阳程氏刊本，四部丛刊影印宋刊巾箱本

葛仙公老子序次（晋葛玄撰，武内义雄辑）　　见译注老子，岩波文库本

抱朴子内外篇八卷（晋葛洪撰，清孙星衍校）　　平津馆本，四部丛刊据明鲁番刊本，道藏本

神仙传十卷（晋葛洪撰）　　龙威秘书本

列仙传（旧题汉刘向撰，清王照图校）　　郝氏遗书本，古今逸史本，琳琅秘室本

华阳陶隐居集二卷（梁陶弘景撰，傅云编）　　道藏本

真诰七卷（梁陶弘景撰）　　学津讨原本二十卷，道藏本

支遁集三卷（晋释支道林撰）　　邵武徐氏丛书

世说新语三卷（宋刘义庆撰，梁刘孝标注）　　四部丛刊影明本

（三）六朝隋唐哲学

弘明集十四卷（梁僧祐撰）　　大正新修大藏经第五十二卷史传部四（关于佛经论有南北藏本，参释智旭编阅藏知津，下同，又金陵刻经处扬州藏经院等板本概从略）

广弘明集三十卷（唐道宣撰）　　同上

出三藏记集十五卷（梁僧祐撰）　　同上第五十五卷目录部，又金陵刻经处抽刻经序六卷

集古今佛道论衡四卷（唐道宣撰）　　同上第五十二卷史传部四

续集古今佛道论衡一卷（唐智昇撰）　　同上

开元释教录二十卷（唐智昇撰）　　同上第五十五卷目录部

高僧传十四卷（梁慧皎撰）　　同上第五十卷史传部二

续高僧传三十卷（唐道宣撰）　　同上

高僧法显传一卷（晋法显撰）　　同上第五十一卷史传部三

大唐西域记十二卷（唐玄奘述，辩机撰）　　同上

大慈恩寺三藏法师传十卷（唐慧立撰）　　同上第五十卷史传部二

大唐西域求法高僧传二卷（唐义净撰）　　同上第五十一卷史传部三

四十二章经一卷（传后汉迦叶摩腾、竺法兰同译）　同上第十七卷经集部四

肇论一卷（后秦僧肇撰）　同上第四十五卷诸宗部二

肇论疏三卷（唐元康撰）　同上

肇论新疏三卷（元文才述）　同上

宝藏论一卷（后秦僧肇撰）　同上

维摩诘所说经（后秦鸠摩罗什译）　同上第十四卷经集部一

注维摩诘经十卷（后秦僧肇选）　同上第三十八卷经疏部六

妙法莲华经七卷（后秦鸠摩罗什译）　同上第九卷法华部

大般涅槃经四十卷（北凉昙无谶译）　同上第十二卷涅槃部

首楞严义疏注经（唐般刺蜜帝译，宋子璿集）　同上第三十九卷经疏部七

金刚般若波罗蜜经一卷（后秦鸠摩罗什译）　同上第八卷般若部四

金刚般若经疏一卷（隋智颉说）　同上第三十三卷经疏部一

般若波罗蜜多心经一卷（唐玄奘译）　同上第八卷般若部四

般若纲要（葛䵵编）　扬州藏经院本

大乘义章二十六卷（隋慧远撰）　大正新修大藏经第四十四卷诸宗部一

十二门论疏三卷（后秦鸠摩罗什译，隋吉藏疏）　同上第四十二卷论疏部三

中观论疏十卷（后秦鸠摩罗什译，隋吉藏疏）　同上

百论疏三卷（后秦鸠摩罗什译，隋吉藏疏）　同上

三论玄义一卷（隋吉藏撰）　同上第四十五卷诸宗部二

二谛义（梁昭明太子撰）　说郛本

二谛章二卷（隋吉藏撰）　大正新修大藏经第四十五卷诸宗

部二

大智度论一百卷（后秦鸠摩罗什译） 同上第二十五卷释经论部上

大乘掌珍论二卷（唐玄奘译） 同上第三十卷中观部

妙法莲华经玄义二十卷（隋智颛撰） 同上第三十三卷经疏部一

妙法莲华经文句二十卷（隋智颛撰） 同上第三十四卷经疏部二

摩诃止观二十卷（隋智颛撰） 同上第四十六卷诸宗部三

四教义十二卷（隋智颛撰） 同上

大乘止观法门四卷（陈慧思撰） 同上

金刚錍一卷（唐湛然撰） 同上

楞伽经 刘宋求那跋陀罗译四卷本、北魏菩提流支译十卷本、唐实叉难陀译七卷本三种合刻，又同上第十六卷经集部三

解深密经（唐玄奘译） 同上经集部三，又敦煌本经疏十卷，唐圆测撰，见同上卷

瑜伽师地论一百卷（唐玄奘译） 同上第三十卷瑜伽部上

大乘阿毗达磨杂集论十六卷（唐玄奘译） 同上第三十一卷瑜伽部下

辩中边论（唐玄奘译） 窥基述记三卷 同上第四十四卷论疏部五

摄大乘论本三卷（唐玄奘译） 同上第三十一卷瑜伽部下

唯识三十论颂一卷（唐玄奘译） 同上

大乘五蕴论一卷（唐玄奘译） 同上

大乘百法明门论一卷（唐玄奘译） 同上 窥基论解二卷 同上第四十四卷论疏部五

观所缘缘论一卷（唐玄奘译）　同上第三十一卷瑜伽部下

成唯识论十卷（唐玄奘撰述）　同上

成唯识论述记二十卷（唐窥基撰）　同上第四十三卷论疏部四

因明入正理论一卷（唐玄奘译）　同上第三十二卷论集部

因明正理门论（唐义净译）　同上

正理门论述记一卷（唐神泰撰）　同上第四十四卷论疏部五

因明入正理论疏三卷（唐窥基撰）　同上

大方广佛华严经六十卷（东晋佛驮跋陀罗译）　同上第九卷华严部上

大方广佛华严经八十卷（唐实叉难陀译）　同上第十卷华严部下

大方广佛华严经疏六十卷（唐澄观撰）　同上第三十五卷经疏部三

大方广佛华严经随疏演义钞九十卷（唐澄观撰）　同上第三十六卷经疏部四

新华严经论四十卷（唐李通玄撰）　同上

大方广圆觉修多罗了义经一卷（唐佛陀多罗译）　同上第十七卷经集部四

大方广圆觉修多罗了义经略疏注二卷（唐宗密述）　同上第三十九卷经疏部七

华严一乘十玄门一卷（隋杜顺说，唐智俨撰）　同上第四十五卷诸宗部二

华严法界玄镜二卷（唐澄观撰）　同上

注华严法界观门一卷（唐宗密撰）　同上

华严经旨归一卷（唐法藏撰）　同上

华严一乘教义分齐章四卷（唐法藏撰）　同上

金师子章云间类解一卷（唐法藏撰，宋净源述）　同上

略释新华严经修行次第决疑论四卷（唐李通玄撰）　同上第三十六卷经疏部四

原人论一卷（唐宗密撰）　同上第四十五卷诸宗部二

大乘起信论（唐实叉难陀译）　同上第三十二卷论集部

大乘起信论义记五卷（唐法藏撰）　同上第四十四卷论疏部五

无量寿经义疏二卷（魏康僧铠译，隋慧远疏）　同上第三十七卷经疏部五

观无量寿经义疏二卷（隋慧远撰）　同上

观无量寿佛经疏四卷（唐善导撰）　同上

阿弥陀经义疏一卷（后秦鸠摩罗什译，宋元照疏）　同上

梵网经二卷（后秦鸠摩罗什译）　同上第二十四卷律部三

梵网经菩萨戒本疏六卷（唐法藏撰）　同上第四十卷律疏部

坐禅三昧经二卷（后秦鸠摩罗什译）　同上第十五卷经集部二

楞伽师资记（唐净觉撰）　敦煌本

六祖坛经（唐宗宝编）　敦煌本及大正新修大藏经第四十八卷诸宗部五

神会语录　敦煌本

三隐集（唐寒山子与拾得等撰）　四部丛刊本

禅源诸诠集都序（唐宗密述）　大正新修大藏经第四十八卷诸宗部五

景德传灯录三十卷（宋道原集）　同上第五十一卷史传部三，又四部丛刊影宋本

古尊宿语录四十八卷（赜藏主撰）　大藏经（南）本，又缩刷本

老子化胡经（第一第十）　同上大正新修大藏经第五十四卷外教部

梁武帝集十二卷（梁武帝撰）　明刊本

金楼子六卷（梁元帝撰）　知不足斋本

刘子新论十卷（北齐刘昼撰，唐袁孝政注）　汉魏丛书本，又道藏本

颜氏家训七卷（北齐颜之推撰，清赵曦明注，卢文弨补注）抱经堂本，知不足斋本

中说十卷（隋王通撰，宋阮逸注）　世德堂本

元经十卷（隋王通撰，薛氏传）　汉魏丛书苏州坊刻本，育文书局石印本，乾隆重刻本

帝范四卷（唐太宗撰）　武英殿聚珍版丛书本，又粤雅堂丛书本

臣轨二卷（唐武则天撰）　佚存丛书本

韩昌黎集五十卷（唐韩愈撰）　四部备要据东雅堂刊本

柳河东集四十五卷（唐柳宗元撰）　四部备要据蒋氏三经藏书本校刊

因论一卷（唐刘禹锡撰）　百川学海本

天论（唐刘禹锡撰）　全唐文本

李文公集十八卷（唐李翱撰）　三唐人文集本，又清光绪元年南海梁氏校刊日本文政二年本

续孟子二卷（唐林慎思撰）　知不足斋本

伸蒙子三卷（唐林慎思撰）　知不足斋本，珠尘本

元子（唐元结撰）　见全唐文

天隐子一卷（唐司马承祯撰） 百子全书，又道藏本甚四与素履子同卷

玄真子一卷（唐张志和撰） 同上，又道藏本

亢仓子一卷（唐王士元撰） 墨海金壶本

无能子三卷（唐无名氏撰） 百子全书本，又道藏本

两同书二卷（五代罗隐撰） 续百川学海本，又宝颜堂秘笈本，又二十二子全书本

谗书五卷（五代罗隐撰，清吴骞校） 见邵武徐氏丛书本，又拜经堂丛书七种本

罗昭谏集八卷（五代罗隐撰，张瓒辑刻本） 道光四年平江吴氏补刊本

化书六卷（五代谭峭撰） 宋刻本，明刻本，北京图书馆藏明刻二十子本，宝颜堂秘笈本，墨海金壶本，又道藏本

Ⅲ．近古哲学

（一）宋元哲学

宋元学案八十卷（明黄宗羲撰，全祖望修，王梓材增补）清道光中伍氏刻本，光绪中慈溪冯氏校刊本

宋元学案补遗一百卷（清王梓材、冯云濠撰） 四明丛书第五集本

司马文正公集八十卷（宋司马光撰） 四部丛刊影宋本

潜虚一卷（宋司马光撰）附潜虚发微论（宋张敦实撰） 四部丛刊影宋本，知不足斋本

范文正公集九卷（宋范仲淹撰） 正谊堂全书本

邵子全书二十四卷（宋邵雍撰） 明徐必达刊本

皇极经世书十二卷（宋邵雍撰） 明刊本，道藏本，性理诸

家解本十卷

　　伊川击壤集二十四卷（宋邵雍撰）　　四部丛刊影印明成化刊本

　　渔樵问答（宋邵雍撰）　　百川学海本

　　直讲李先生文集三十七卷外集三卷（宋李觏撰）　　四部丛刊影明成化本，康熙四年李氏刊本名盱江集

　　临川集一百卷目录二卷（宋王安石撰）　　四部丛刊影明嘉靖三十九年抚州刊本

　　苏老泉先生集二十卷附录二卷（宋苏洵撰）　　邵仁泓刻本原名嘉祐集，四部丛刊影抄本

　　东坡七集一百一十七卷（宋苏轼撰）　　四部丛刊影宋本，眉州祠堂本，江西明刻本

　　栾城集五十卷后集二十四卷三集十卷应诏集十二卷（宋苏辙撰）四部丛刊影明本

　　梦溪笔谈二十六卷（宋沈括撰）　　四部丛刊续编本

　　周濂溪集十三卷（宋周敦颐撰）　　正谊堂全书本，又周子全书九卷，彭洋中校本

　　太极图说述解（明曹端撰）　　清道光十二年刊曾月川遗书本

　　通书述解（明曹端撰）　　同上

　　张子全书十四卷（宋张载撰）　　明徐必达刊本，高安朱氏刊本，上元叶氏刊本，夏州张氏刊本内有易说三卷，止谊堂本所无

　　张子语录（宋张载撰）　　四部丛刊影宋本

　　张子正蒙注九卷（清王夫之撰）　　船山遗书本

　　正蒙会稿四卷（明刘玑撰）　　惜阴轩丛书本

　　正蒙初义十七卷（清王植撰）　　乾隆中刊本

　　正蒙集说十七卷（清杨方达撰）　　清乾隆间复初堂刊本

　　二程全书六十五卷（宋程颢、程颐撰，明康绍宗重编）　　明弘

治刊本，清康熙中刊本，光绪中澹雅堂重刊本，又四部备要据江宁刻本校刊本

上蔡语录三卷（宋谢良佐撰，曾恬、胡安国录，朱熹删定）吕氏刊朱子遗书本，正谊堂本

杨龟山集四十二卷（宋杨时撰）　宋刊本三十五卷，明弘治中李氏刊本十六卷，后常州东林书院刊本三十五卷，万历间林氏刊本四十二卷，又康熙中杨绳祖重刊本

胡子知言六卷附录一卷（宋胡宏撰）　明吴中坊刊本，又粤雅堂丛书本有疑义二卷

豫章文集十七卷（宋罗从彦撰）　元至正许氏刊本，明成化中冯氏刊本，又正谊堂全书本十卷

李延平集四卷（宋李侗撰）　正谊堂全书本

延平答问一卷附录一卷（宋朱熹撰）　明刊大字本，朱子遗书本

张南轩集七卷（宋张栻撰）　正谊堂全书本

朱子大全集一百一十二卷（宋朱熹撰）　四部丛刊影明本，又清李光地编朱子全书六十六卷，古香斋袖珍本

朱子语类大全一百四十卷（宋黎靖德编）　明成化中陈炜刊本，石门吕氏刊本

朱子议政录（清邢廷荚编）　光绪己亥刊本

近思录集解十四卷（宋朱熹、吕祖谦同撰，清江永注）　原刻本，武昌局本，吴氏望三益斋本，又清张伯行集注十四卷，正谊堂全书本

伊洛渊源录十四卷（宋朱熹撰）　正谊堂全书本

黄勉斋集四十卷（宋黄榦撰）　同上

至言一卷（宋蔡沈撰）　明嘉靖秦府刻本，十万卷楼丛书本

北溪先生字义四卷（宋陈淳撰，王隽编）　爱荆堂刻本，惜阴轩丛书本

象山全集二十八卷外集四卷（宋陆九渊撰）　明正德中李氏刊本，又三十二卷语录二卷，四部丛刊影明本

慈明遗书（宋杨简撰）　明刊本，四库全书本

先圣大训二十卷（宋杨简撰）　明万历中刊本，复性书院刊本

东莱吕太史全集四十卷（宋吕祖谦撰）　金华丛书本

止斋文集五十一卷附录一卷（宋陈傅良撰）　陈用光重刻本

水心文集二十九卷（宋叶适撰）　永嘉丛书本，四部丛刊影明本

水心别集十六卷（宋叶适撰）　武昌局本，四部丛刊影明本

习学记言（宋叶适撰）　瑞安黄体芳江陵刻本

龙川文集三十卷（宋陈亮撰）　金华丛书本，永嘉丛书本

昨梦录一卷（宋康与之撰）　顺治间重刊说郛本

伯牙琴一卷附遗书一卷（宋邓艾撰）　见武林德哲遗著本，又国粹丛书本，知不足斋丛书本

郑所南心史（宋郑思肖撰）　明崇祯十二年刊本

云笈七签一百一十卷（宋张君房撰）　明嘉靖间刊本，四部丛刊本，又道藏本

屏山李先生鸣道集五卷（金李纯甫撰）　北京图书馆藏明钞本

长春真人西游记上下二卷（元邱处机撰，王国维注）　清华大学研究院铅印本

长春子磻溪集六卷（元邱处机撰）　香山郑观应刊本

湛然居士文集十四卷（元耶律楚材撰）　四部丛刊影印写本

西游录一卷（元耶律楚材撰）　丁卯六月上虞罗氏印本

许鲁斋集六卷（元许衡撰）　正谊堂全书本，清康熙四十七年序刊本

静修先生文集十二卷（元刘因撰）　畿辅丛书本，又四部丛刊影元本

吴文正公集一百卷（元吴澄撰）　明刊本

辨惑编四卷附录一卷（元谢应芳撰）　守山阁丛书本，说郛本

（二）明代哲学

明儒学案六十二卷（清黄宗羲撰）　乾隆中慈溪郑氏刻本，又故城贾氏刻本

理学宗传十八卷（明周汝登撰）　吴兴刘承干影印明刻原本

宋学士全集四十二卷（明宋濂撰）　金华丛书本

王文忠公集二十卷（明王祎撰）　同上

华川厄辞一卷（明王祎撰）　同上

诚意伯文集二十卷（明刘基撰）　四部丛刊影明本

逊志斋集二十四卷（明方孝孺撰）　明正德刻本，成化刻本三十卷，又四部丛刊影明本

草木子一卷（明叶子奇撰）　百陵学山本，续说郛本卷二

读书录十一卷（明薛瑄撰）　正谊堂全书本

读书续录十二卷（明薛瑄撰）　乾隆丙寅薛氏家刻本

康斋先生集十二卷（明吴与弼撰）　道光乙未刻本

月川语录一卷夜行烛一卷（明曹端撰）　明刊月川亲著本

居业录八卷（明胡居仁撰）　正谊堂全书本

胡敬斋集三卷（明胡居仁撰）　同上

白沙子全集十卷附录一卷（明陈献章撰）　清康熙顾嗣协刻本，又乾隆辛卯陈俞等重校刊本

南川冰蘖全集十二卷（明林光撰）　东莞明伦堂刻本

湛甘泉先生文集（明湛若水撰）　清康熙丁酉江东黄楷重刊本，同治资政堂刻本

白沙子古诗教解上下二卷（明湛若水撰）　乾隆辛卯刻本，又附白沙子全集后

王文成公全集三十八卷（明王守仁撰）　明隆庆中新建谢氏刊本，清康熙中俞氏刊本

阳明先生集要十五卷（明王守仁撰，施邦曜辑）　四部丛刊彭明施氏刊本

阳明先生道学钞八卷（明李贽选）　明万历三十七年刻本卷八年谱上下

王龙溪先生全集（明王畿撰，王应斌、王应吉编）　清道光壬午会稽莫晋校刊本

龙溪先生文录钞九卷（明李贽选）　明万历二十七年山阴何继高刊本

双江聂先生文集十四卷（明聂豹撰）　明隆庆六年序刊本

罗念庵先生文录十八卷（明罗洪先撰）　光绪十二年喻震孟校刊本

王心斋先生全集十三卷附王一庵、王塘南、王东崖等集　（明王艮撰）　清末东台袁氏编订排印本，又心斋约言一卷，学海类编本，又清道光六年刊本王文贞公全集五卷

罗整庵集存稿二卷（明罗钦顺撰）　正谊堂全书本

困知记二卷续二卷三续一卷四续一卷续补一卷外编一卷附录一卷（明罗钦顺撰）　明万历七年刊二年重校印本，又正谊堂全书本四卷，不全

学蔀通辨十二卷（明陈建撰）　正谊堂全书本，又聚德堂丛

书本

胡子衡齐（明胡直撰）　豫章丛书本

衡庐精舍藏稿及续稿十一卷（明胡直撰）　光绪二十八年齐思书塾重刊本

家藏集三十卷（明王廷相撰）　明原刊本清顺治十二年杨氏补刊本

内台集七卷（明王廷相撰）　明嘉靖十五年刊本

慎言十三卷（明王廷相撰）　明嘉靖十二年成都焦氏校刊本

性理三解（明韩邦奇撰）　清乾隆十七年西河书院重刊本四册，内正蒙拾遗一卷、启蒙意见四卷、洪范图解一卷

阴阳管见一卷（明何塘撰）　百陵学山本

叔苴子内篇六卷外篇二卷（明庄元臣撰）　百子全书本，又粤雅堂丛书本

荆川文集十七卷（明唐顺之撰）　四部丛刊影明万历刊本

盱坛直诠（明罗汝芳撰）　德性书院本

梁夫山遗书（明何心隐撰，杨坦、周复编）　清同治元年梁继翰重刻本

李氏焚书六卷（明李贽撰）　国粹丛书本，又上海扫叶山房张氏据明原刊重印本

李氏藏书六十八卷（明李贽撰）　明万历二十七年金陵刊本

李氏六书六卷（明李贽撰，李维桢删订，顾大韶参订）　明刻本

疑耀七卷（明李贽撰，张萱订）　明万历刻本

易因上下二册（明李贽撰）　明刊本

李温陵外纪五卷（明潘曾纮编）　明刊本，北京市立图书馆藏

焦氏笔乘六卷续集八卷（明焦竑撰）　　粤雅堂丛书本

澹园集四十九卷续集二十七卷（明焦竑撰）　　金陵丛书本

管子惕若斋集四卷续集二卷（明管志道撰）　　明万历刻本

袁中郎全集四十卷（明袁宏道撰）　　明崇祯二年武林刊本，又上海中央书店排印本

张文忠公全集（明张居正撰）　　万有文库第二集本

海刚峰集二卷（明海瑞撰）　　正谊堂全书本

去伪斋文集十卷（明吕坤撰）　　清康熙十三年矩其居重刊本

一斋集（明陈第撰）　　道光二十八年陈斗初重刻本

顾端文公遗书十三种（明顾宪成撰）　　光绪三年泾里家祠重刊本

高子遗书（明高攀龙撰，陈龙正编）　　光绪二年，无锡重刊本

黄漳浦文集五十卷（明黄道周撰）　　陈寿祺重编本

榕坛问业十八卷（明黄道周撰）　　乾隆郭文焰重刊本

刘子全书四十卷卷首一卷（明刘宗周撰，董玚编）　　清道光四年至十五年会稽吴氏刊本

刘子全书遗编二十二卷（沈复粲辑本）　　沈复粲辑本

徐文定公全集五卷附李之藻文稿一卷上（明徐光启撰）　　慈母堂第二次排印本

徐氏庖言（明徐光启撰）　　一九三四年土山湾印书馆本

辟妄一卷（明徐光启撰）　　一九三五年土山湾印书馆本

农政全书六十卷（明徐光启撰）　　清道光十七年刊本

名理探十卷（明李之藻译）　　民国二十四年万有文库第二集本

寰有诠六卷（明李之藻译）　　明崇祯元年刊本

(三) 明清之际哲学

日知录三十二卷（顾炎武撰，黄汝成集释） 四部备要据原刊校刊本

亭林诗文集六卷（顾炎武撰） 四部丛刊影印康熙刊本

日知录残存卷一至八（自署蒋山佣稿本） 北京大学图书馆藏

明夷待访录二卷（黄宗羲撰） 清光绪二年据海山仙馆丛书校刊本，又梨洲遗著汇刊本一卷

破邪说一卷（黄宗羲撰） 昭代丛书本，又广雅丛书本，又梨洲遗著汇刊本，又北京图书馆藏清钞本戴望校并跋

孟子师说七卷（黄宗羲撰） 梨洲遗著汇刊本

易学象数论六卷（黄宗羲撰） 四麓堂刊本

南雷文案四卷外集一卷（黄宗羲撰） 梨洲遗著汇刊本

南雷文定前集十一卷后集四卷三集三卷诗历四卷（黄宗羲撰）粤雅堂丛书本，又梨洲遗著汇刊本

南雷文约四卷（黄宗羲撰） 梨洲遗著汇刊本

舜水先生文集二十八卷附录一卷（朱之瑜撰） 日本享保五年刊本，又稻叶岩吉编明治四十五年刊本，又马浮编民国二年刊本乃据明治本改编不全

霜红龛集四十卷附录三卷（傅山撰） 清末山阳丁氏刊本，又二卷附一卷清光绪年间平遥王晋荣刊本

翁山文外十六卷（屈大均撰） 民国九年吴兴嘉业堂刊本

翁山文钞四卷附翁山佚文辑三卷（屈大均撰，徐信符辑） 广东丛书第一集

道援堂诗集十二卷附词一卷（屈大均撰） 清道援堂原刻本

黄书一卷（王夫之撰） 船山遗书本，古籍出版社本与噩梦合刊，案船山遗书有清同治四年湘乡曾氏金陵节署刊五十种本与

民国二十四年上海太平洋书店铅印再版七十种本两种

噩梦一卷（王夫之撰）　　同上，又宝墨斋丛书本

俟解一卷（王夫之撰）　　船山遗书本，古籍出版社本与思问录合刊

思问录内外篇各一卷（王夫之撰）　　同上

搔首问一卷（王夫之撰）　　船山遗书本

读通鉴论三十卷（王夫之撰）　　同上

宋论十五卷（王夫之撰）　　同上

姜斋文集十卷（王夫之撰）　　同上，又四部丛刊本六册

物理小识十二卷卷首一卷（方以智撰）　　清光绪十年宁静堂刊本，又万有文库第二集本

博依集十卷（方以智撰）　　明崇祯间刊本

广阳杂记五卷（刘献廷撰）　　功顺堂丛书本，又国粹丛书本

费氏遗书三种五卷（费密撰）　　怡兰堂丛书本，内弘道书三卷

二曲全集五种四十四卷（李颙撰）　　关中书院刊本

夏峰先生集十六卷（孙奇逢撰）　　清道光二十五年大梁书院重刊本

潜书四卷（唐甄撰，王闻远编）　　清康熙四十二年华亭王氏刊本，古籍出版社本

吕用晦文集八卷续集四卷（吕留良撰）　　国粹丛书本

四存编十一卷（颜元撰）　　民国十二年北京四存学会铅印增补颜李丛书本，又畿辅丛书本

习斋记余十卷（颜元撰）　　同上，又畿辅丛书本

四书正误二十二卷（颜元撰）　　颜李丛书本

颜氏学记十卷（清戴望撰）　　清同治十年刊本，国粹丛书本，又清代学术丛书本，万有文库第一集本

论语传注二卷传注问一卷（清李塨撰）　颜李丛书本

瘳忘编二卷续编一卷（清李塨撰）　颜李丛书本，又国粹丛书本

拟太平策七卷（清李塨撰）　颜李丛书本，又畿辅丛书本

恕谷后集十三卷（清李塨撰）　同上

平书订十四卷（清李塨撰）　同上

圣经学规纂二卷附论学二卷（清李塨撰）　同上

颜习斋先生年谱二卷（清李塨撰）　清康熙四十六年跋刊本，又国粹丛书本，畿辅丛书本

（四）清代哲学

古文尚书疏证八卷（清阎若璩撰）　乾隆乙丑刊本，武亿刊本，续经解本

易图明辨十卷（清胡渭撰）　守山阁本，粤雅堂本，清经解续编本

禹贡锥指二十一卷（清胡渭撰）　清经解本

周官辨非一卷（清万斯大撰）　清嘉庆元年辨志堂刊万氏经学五书本

古今伪书考一卷（清姚际恒撰）　知不足斋丛书本，古籍考辨丛刊第一集本

河图洛书原舛编太极图说遗议（清毛奇龄撰）　西河合集本

古文尚书冤词八卷（清毛奇龄撰）　西河合集本

李穆堂诗文集一百五十卷类稿五十卷续稿五十卷别稿五十卷（清李绂撰）　清道光十一年奉国堂重刊本

鲒埼亭集三十八卷外编五十卷（清全祖望撰）　四部丛刊影印姚江借树山房本

东原集十二卷（清戴震撰）　经韵楼丛书本，又四部丛刊本

据经韵楼本影印，附年谱一卷、覆校札记一卷，段玉裁撰

　　孟子字义疏证三卷（清戴震撰）　　国粹丛书本，孔戴遗书本，又民国十三年北京朴社戴氏三种本

　　原善三卷（清戴震撰）　　孔戴遗书本，又国粹丛书本，又戴氏三种本

　　绪言三卷（清戴震撰）　　粤雅堂丛书本，又戴氏三种本

　　原象一卷（清戴震撰）　　孔戴遗书本

　　孟子私淑录三卷（清戴震撰）　　北京大学图书馆藏抄本

　　述学内外篇六卷（清汪中撰）　　粤雅堂丛书本，又四部备要据扬州诗局校刊本

　　容甫先生遗诗五卷（清汪中撰）　　四部丛刊据无锡臧氏影印本

　　校礼堂文集一卷（清凌廷堪撰）　　清经解本，不全，原三十六卷

　　雕菰楼集二十四卷（清焦循撰）　　文选楼丛书本，又文学山房丛书本

　　揅经室集七卷（清阮元撰）　　清经解本，不全，原六十卷

　　癸巳存稿四卷（清俞正燮撰）　　清经解续编本，又十五卷，连筠簃丛书本

　　癸巳类稿六卷（清俞正燮撰）　　清经解续编本，又安徽丛书本十五卷

　　章氏遗书十一种二十四卷（清章学诚撰）　　浙江图书馆据徐氏铸学斋排印本，又商务印书馆本

　　崔东壁遗书八十八卷（清崔述撰）　　上海古书流通处本，又顾颉刚编订考信录，上海亚东图书馆本

　　东塾读书记二十一卷（清陈澧撰）　　四部备要据原刻本校刊本

汉儒通义七卷（清陈澧撰）　番禺陈氏东塾丛书初集本

东塾集六卷（清陈澧撰）　清光绪十八年菊坡精舍刊本

无邪堂答问五卷（清朱一新撰）　广雅丛书本

佩弦斋杂存八卷（清朱一新撰）　清光绪葆真堂刊本

汉学商兑四卷（清方东树撰）　朱氏槐庐丛书本，又万有文库第二集本

书林扬觯（清方东树撰）　望三益斋所刻书本，又文学山房丛书本

刘礼部集十二卷（清刘逢禄撰）　清道光十年思误斋刊本

谪麟堂遗集文二卷诗二卷（清戴望撰）　风雨楼丛书本据会稽赵氏本校印

学案小识十五卷（清唐鉴撰）　四砭斋原刻本，光绪中重刊四部备要本

汉学师承记八卷（清江藩撰）　粤雅堂丛书本，淮南书局本

宋学渊源记二卷（清江藩撰）　附汉学师承记后

Ⅳ. 近代思想

林文忠公政书三十七卷（清林则徐撰）　清咸丰侯官林氏家刻本，光绪十一年刻本，万有文库第二集本

华事夷言（清林则徐译）　见小方壶斋舆地丛钞再补编册七十七

四洲志（清林则徐译）　同上

龚定盦全集十五卷（清龚自珍撰）　清光绪二十三年万本书堂精校本五种

古微堂内外集十卷（清魏源撰）　清光绪四年淮南书局刊本

海国图志一百卷（清魏源撰）　光绪六年邵阳急当务斋刻本，

又光绪二十八年文贤阁石印本附林乐知等海国图志续集二十五卷

圣武记十四卷（清魏源撰）　道光二十二年古微堂刻本，光绪七年粤垣椎署重刊本，又四部备要据原刻校刊本

原道救世歌（洪秀全撰）　见太平天国史料第一集，太平诏书

原道醒世歌（洪秀全撰）　同上

原道觉世歌（洪秀全撰）　同上

天条书　太平天国丛书第一集本

太平诏书　同上

太平礼制　太平天国诗文钞本，据柏林普鲁士国家图书馆藏本

太平军目　北京图书馆摄照普鲁士国家图书馆藏本

太平条规　太平天国丛书第一集本

天朝田亩制度　同上

天情道理书（以上十种太平天国旨准颁行诏书）　同上

太平天国诗文钞（罗邕、沈祖基编）　民国二十四年商务印书馆本

太平天国诏谕（附考释）　民国二十四年国立北平研究院印本

太平天日（洪仁玕撰）　太平天国官书十种影印剑桥大学藏本

资政新篇（洪仁玕撰）　同上

英杰归真（洪仁玕撰）　太平天国丛书第一集本

钦定军次实录（洪仁玕撰）　太平天国官书十种影印剑桥大学藏本

忠王李秀成自传（李秀成撰，罗尔纲笺证）　一九五一年开

明书店本

太平天国文选（罗尔纲编注） 一九五六年上海人民出版
社本

弢园文录外编八卷（王韬撰） 清光绪九年弢园老民香港
刊本

西学辑存六种（王韬述） 清光绪十六年淞隐庐排印本

西学东渐记（容闳撰，徐风石、恽铁樵译） 民国八年上海
商务印书馆本

自立军对外宣言（容闳撰） 见冯自由中华民国开国前革命
史上卷第十一章

请创办银行章程（容闳撰） 见晚清文选

校邠庐抗议上下二卷（清冯桂芬撰） 宝墨斋丛书本，又津
河广仁堂所刻书册

显志堂稿十二卷（清冯桂芬撰） 清光绪二年校邠庐校本

曾文正公全集五十六卷（清曾国藩撰） 清光绪二年传忠书局
刊本，又光绪二九年鸿宝书局石印本

李文忠公全集六种一百册（清李鸿章撰） 清光绪三十一年
至三十四年金陵刊本

养知书屋全集五十五卷（清郭嵩焘撰） 清光绪十八年刊本

庸庵内外篇十二册（清薛福成撰） 清光绪二十四年长沙铸
新斋校刊本

适可斋记言记行十卷（清马建忠撰） 清光绪二十四年著易
堂石印本

法国海军职要（清马建忠撰） 见质学丛书

拙尊园丛稿六卷（清黎庶昌撰） 清光绪二十三年石印本

江楚会奏变法折三卷（清刘坤一、张之洞同撰） 西湖书院

刊本

　　劝学篇内外篇各一卷（清张之洞撰）　　见渐西村舍丛刻，又光绪二十四年江苏书局刻本，西湖书院刻本

　　庸书内外编各二卷（清陈炽撰）　　清光绪二十二年序刊本

　　续富国策四卷（清陈炽撰）　　光绪丙申夏月刊本署名瑶林馆主

　　治平通议八卷（清陈虬撰）　　清光绪十九年瓯雅堂刊本

　　六斋卑议（清宋恕撰）　　民国十七年永嘉黄氏校印本

　　盛世危言六卷二编四卷三编六卷（清郑观应撰）　　清光绪二十四年香山郑氏铅印本

　　盛世危言新编增订十四卷（清郑观应撰）　　清光绪二十四年上海著易堂石印本

　　盛世危言后编（清郑观应撰）　　清末香山郑氏自刊本

　　危言四卷（清汤震撰）　　清光绪二十三年质学会刊本，见质学丛书

　　袁太常戊戌条陈一册（清袁昶撰）　　光绪二十九年刊本

　　采风记四册（清宋育仁撰）　　光绪二十二年刊本，附时务论一卷

　　经世财政学六卷（清宋育仁撰）　　未著年月及出版处，附录二十篇

　　新政真诠六编（何启、胡礼垣同撰）　　清光绪二十七年格致新报馆排印本

　　四益馆经学丛书四种（清廖平撰）　　光绪二十二年成都刻本

　　新学伪经考十四卷（清康有为撰）　　清光绪十七年广州康氏万木草堂刊本

　　孔子改制考十卷（清康有为撰）　　民国九年刊本

大同书十卷（清康有为撰）　民国二十四年上海中华书局刊本，古籍出版社本

诸天讲十五卷附图（清康有为撰）　民国十九年仿宋聚珍版本

南海先生四上书记四卷（清康有为撰，徐勤编）　见西欧丛书

南海先生戊戌奏稿一册（清康有为撰）　清末上海广智书局铅印本

康南海文集十二卷（清康有为撰）　民国三年上海共和编译局刊本

桂学答问一卷（清康有为撰，顾颉刚序）　民国十八年中山大学文史研究所铅印本

万木草堂口说（清康有为撰）　北京大学图书馆藏抄本三册

仁学（清谭嗣同撰）　日本大字铅印本，又文明书局谭浏阳全集本，一九五四年三联书店谭嗣同全集本卷一

东海赛莫氏三十以前旧学四种（清谭嗣同撰）　附秋雨年华之馆丛脞书，清末至民国元年谭氏刊本五册

谭嗣同书简三卷（清谭嗣同撰，欧阳予倩编）　一九四二年桂林铅印本

觉颠冥斋内言五卷（清唐才常撰）　光绪二十四年长沙刊本四册

正气会章程序文（清唐才常撰）　见冯自由中华民国开国前革命史上卷第九章

清儒学案二百零八卷（徐世昌撰）　民国二十八年北京修绠刊本

清代学术概论（梁启超撰）　商务印书馆本

中国近三百年学术史（梁启超撰）　同上

饮冰室文集八十卷（梁启超撰）　民国十五年中华书局聚珍仿宋本

饮冰室丛著十三种（梁启超撰）　民国十三年商务印书馆本

湖南时务学堂课艺批及上陈宝箴书（梁启超撰）　见叶德辉觉述要录卷四

政治讲义（严复撰）　上海金马书堂民国十九年改版本

侯官严氏丛刻五种四册（严复撰）　清光绪二十七年读有用书斋排印本

严译名著丛刊八种（严复译注）　民国二十年上海商务印书馆本

愈懋堂诗集二卷（严复撰）　民国十五年铅印本

汪穰卿遗著八卷（汪康年撰）　民国九年汪诒年辑印本

静盦文集（王国维撰）　清光绪三十一年海宁王氏排印本四册附诗稿

观堂集林二十卷（王国维撰）　民国十二年刊本

訄书（章炳麟撰）　清光绪三十年日本东京铅印本

国故论衡（章炳麟撰）　民国六年至八年浙江图书馆校刊章氏丛书十四种本，又民国十三年上海古书流通处刊本

检论（章炳麟撰）　同上

菿汉微言（章炳麟讲，吴承仕记）　同上，又民国五年铅印本

菿汉昌言六卷（章炳麟撰）　民国二十二年章氏丛书续编本

太炎文录初编五卷补编一卷（章炳麟撰）　浙江图书馆章氏丛书本，又上海古书流通处本

齐物论释一卷（章炳麟撰）　同上，又民国元年频伽精舍本

张季子九录八十卷附录十卷（张謇撰）　　民国二十年上海中华书局本

革命军（邹容撰）　　一九〇三年癸卯刊本，又民国元年共章炳麟驳康有为书合订本

陈天华集（陈天华撰）　　一九四四年中国文化服务社本

血花集（吴樾撰）　　一九二八年民智书局革命文库第三种本

秋瑾遗集（秋瑾撰）　　王绍基编民国十八年明日书店本

孙中山选集（孙文撰）　　一九五六年人民出版社本

朱执信集（朱执信撰）　　一九二一年上海民智书局本

廖仲恺集（廖仲恺撰）　　一九二六年铅印本

一九五四年六月初稿
一九五七年三月增补